LE DEVISEMENT DU MONDE

TEXTES LITTÉRAIRES FRANÇAIS

MARCO POLO

LE DEVISEMENT DU MONDE

Edition critique publiée sous la direction de
PHILIPPE MÉNARD

TOME III

L'empereur Khoubilai Khan

édité par

Jean-Claude FAUCON
Danielle QUÉRUEL
Monique SANTUCCI

LIBRAIRIE DROZ S.A.
11, rue Massot
GENÈVE
2004

Ouvrage publié avec le concours
du Centre national du livre.

Illustration de couverture:
　　Khoubilai Khan (portrait du XIIIe siècle: Musée national de Taipei).

www.droz.org

ISBN: 2-600-00859-4
ISSN: 0257-4063

Préface

Le tome III de notre édition nous fait entrer au cœur du récit de Marco Polo. La fréquentation de l'empereur Khoubilai Khan (appelé Shizu en chinois), qui a défait les Song en 1279 et fondé la dynastie Yuan, est pour le voyageur une aventure tellement extraordinaire qu'elle mérite d'être longuement racontée. On le comprend aisément. Le Fils du Ciel est un être sublime, entouré d'une foule de gardes et de serviteurs, doté d'un pouvoir infini, placé à la tête d'un immense empire, situé en quelque sorte au-dessus de l'humaine condition. Entrer dans cet univers est une chance prodigieuse, que le narrateur veut nous faire partager.

Les copistes de la famille *B* avaient compris le texte en ce sens puisqu'ils donnaient à l'ensemble du récit le titre de *Livre du Grant Caam*. Nous n'avons pas conservé cette appellation qui n'aurait pas été comprise et nous avons préféré maintenir le titre traditionnel *Devisement du Monde*, qui se rencontre dans plusieurs manuscrits.

Il est évident que les développements consacrés à l'empereur, à la capitale qu'il a fait bâtir (Dadu «grande cité» en chinois, Khanbalik «ville du Khan» en mongol, Beijing aujourd'hui), à son palais, à sa famille (le conteur ne condamne pas la polygamie et la multiplicité des concubines), à la vie de sa cour, notamment aux fêtes célébrées (le narrateur s'intéresse beaucoup aux loisirs et aux distractions) et aussi plus brièvement à quelques aspects de son administration (création de routes, distribution de vivres en cas de disette) constituent un ensemble passionnant et doté d'une indéniable unité (chapitres **76-104**). Le voyageur n'erre plus sur des chemins incertains. Il est arrivé au terme de son voyage. Il évoque l'homme le plus puissant du monde, le grand personnage qu'il a réussi à approcher, dont il a gagné la confiance, et qu'il a servi pendant dix-sept années (tome I, chapitre **16**, 14).

Certes, nous ne connaissons pas exactement les fonctions occupées par Marco à la cour du souverain. Etait-il un messager chargé de missions particulières? On ne saurait en douter. Le texte le déclare clairement (t. I, chapitres **15-17**). Avait-il, comme un chapitre ultérieur le prétend, une fonction officielle plus élevée? Le sinologue Luciano Petech, estime qu'il était un nökör, un homme libre au service du souverain, qu'il a souvent servi d'émissaire impérial (ch'u-shih) avec le droit d'utiliser la poste impériale et de commander aux autorités locales. Il s'agit vraisemblablement de missions temporaires, et non d'un emploi permanent. Marco a sans doute été également envoyé à Hangzhou (Quinsai), l'ancienne capitale des Song, en qualité d'inspecteur (chien-ch'a yü-shih). Nous le verrons plus tard. Paul Pelliot a suggéré que le voyageur vénitien y avait rempli une fonction officielle (mais de second ordre, et non de premier plan) dans l'administration du sel de cette ville. John Critchley en doute. Quoi qu'il en soit, Marco Polo a fréquenté longuement l'empereur et sa cour. Il n'est donc pas étonnant que Khoubilai soit la figure dominante du *Devisement du monde*.

Leonardo Olschki a justement relevé que Marco Polo non seulement idéalise le souverain, mais qu'il lui prête aussi des traits occidentaux. Il en va ainsi, par exemple, de son aspect physique. Les deux peintures sur rouleau de soie conservées à Taipei, peintes du vivant de l'empereur, l'une vers 1280 (couverture du livre), l'autre dans les dernières années du règne (planche X), nous montrent un homme de type mongol. La description faite par le narrateur est très différente. Ne reprochons pas à Marco Polo d'avoir trop exalté le souverain et d'avoir laissé dans l'ombre les défauts du régime: despotisme, bureaucratie, guerres de conquête, combats perpétuels dans le Xinjiang contre Arig Boke, puis contre Kaidu, travaux forcés imposés pour l'achèvement du Grand Canal, corvées exigées pour la construction des routes et des relais de poste, pressions fiscales excessives. Le narrateur n'est pas un spécialiste de l'histoire politique ou un libéral de notre temps. S'il n'en dit mot, c'est parce qu'il s'intéresse à d'autres choses et aussi parce qu'il se trouvait dans le monde des privilégiés. Il ne parle pas non plus des arts, de la culture, des métiers ou de l'agriculture, dont Khoubilai s'est beaucoup soucié. Après tout, il était naturel que le voyageur vénitien fît des choix. Un récit ne peut jamais être complet.

En qualité de témoin oculaire, l'auteur nous apprend une foule de choses. Marco Polo consacre des pages intéressantes aux fortifications de la capitale, au plan de la ville, à l'aspect imposant du palais impérial (la Cité interdite d'aujourd'hui, construite par les Ming et les Qing, en donne encore une certaine idée), au palais d'été de Shangdu, aux banquets organisés autour du Khan, à la remise des tributs et aux rites de prosternation et d'adoration du souverain (kotow en chinois), surtout aux loisirs de Khoubilai et particulièrement aux spectaculaires parties de chasse. Ces informations sont confirmées par Odoric de Pordenone, qui passe à Pékin une trentaine d'années plus tard. Sur certaines grandes actions de l'empereur (organisation de la monnaie et des messageries) le texte nous apporte des précisions indiscutables. La puissance du souverain, le faste de sa cour, la magnificence de ses fêtes nous transportent dans un univers extraordinaire. Faut-il parler de grandissement épique? d'embellissement exotique? On a surtout affaire à des descriptions réalistes. La peinture du personnage de Khoubilai, né mongol, mais devenu en partie chinois, est faite pour susciter l'étonnement et l'admiration. Tout au long de ces développements le réel se charge de mystère, de splendeur et de poésie. En disant le vrai, Marco Polo nous introduit dans un monde merveilleux.

Philippe MÉNARD

Introduction

Les tomes I et II du *Devisement du Monde*[1] racontent le voyage des Polo dans l'empire mongol et introduisent un certain nombre d'informations sur les pays qu'ils traversent. Le tome III (ch. **75** à **104**) est entièrement consacré au personnage exceptionnel qu'ils rencontrèrent en Chine, le Grand Khan, à ses coutumes et à la façon dont il exerçait son pouvoir à partir de la ville de Cambaluc, sa résidence principale. Le volume s'achève juste avant le moment où Marco Polo va partir au Catay, c'est-à-dire en Chine du Nord.

TRADITION MANUSCRITE

Pour établir le texte du tome III, les éditeurs sont partis des treize manuscrits complets présentant la version française du *Devisement du monde*:

A1: Paris B.N.F., fr. 5631, fol. 30-44, manuscrit de la seconde moitié du XIVe siècle, qui a appartenu au duc de Berry. Manuscrit publié par Pauthier en 1865, avec quelques corrections.

A2: Paris, B.N.F., fr. 2810, fol. 33 v°-48 v°, manuscrit composé en 1407 pour le duc de Bourgogne Jean sans Peur et offert

---

[1]   Marco Polo. *Le Devisement du Monde*, Edition critique publiée sous la direction de Philippe Ménard, tome I, *Départ des voyageurs et traversée de la Perse*, édité par Marie-Luce Chênerie, Michèle Guéret-Laferté et Philippe Ménard, Droz, Genève, 2001 et tome 2, *Traversée de l'Afghanistan et entrée en Chine*, édité par Jeanne-Marie Boivin, Laurence Harf-Lancner et Laurence Mathey-Maille, Droz, Genève, 2003.

à Jean de Berry en 1413. C'est un recueil de récits de voyages qui est illustré par 265 peintures dont 84 pour le seul texte de Marco Polo[2]. Manuscrit utilisé par Pauthier sous le sigle *B*.

A3: Paris, Arsenal, fr. 3511, fol. 34 v°-50 v°, manuscrit de la fin du XVe ou du début du XVIe siècle.

A4: New York, Pierpont Morgan Library M 723, fol. 133 v°-164 v°, manuscrit du début du XIVe siècle. Le texte de Marco Polo est précédé de *La Fleur des histoires d'Orient* de Hayton[3].

B1 (manuscrit de base): Londres, British Library, Royal 19 D.1, fol. 83-95 v°, manuscrit écrit et illustré à Paris vers 1330-1340. Sans doute d'abord destiné au roi de France, Philippe VI de Valois[4], il est ensuite parvenu en Grande-Bretagne. Ce volume contient une *Vie d'Alexandre* en prose suivie de la *Vengeance d'Alexandre* de Jean le Nevelon, le texte de Marco Polo, puis la traduction des *Merveilles d'Outremer* d'Odoric de Pordenone par Jean de Vignay, des extraits du *Miroir historial* de Vincent de Beauvais, la *Chronique* de Primat, le *Directoire* de Guillaume Adam et des extraits du *Livre des Rois* de la *Bible*.

---

[2]   Marco Polo, *Le Livre des merveilles*, ms. fr. 2810 de la Bibliothèque nationale de France, ed. fac-similé, suivie au tome II des commentaires de M. Th. Gousset et Fr. Avril, Lucerne, 1996. Sur les miniatures, consulter les articles de Philippe Ménard, «L'illustration du *Devisement du monde* de Marco Polo, Etude d'iconographie comparée», dans *Métamorphoses du récit de voyage*, Paris, Champion, 1986, pp. 17-31 et «Réflexions sur l'illustration du texte de Marco Polo dans le manuscrit français 2810 de la Bibliothèque nationale» dans *Mélanges in memoriam Takeshi Shimmura*, Tokyo, 1998, pp. 81-93.

[3]   En octobre 2002, Fr. Kosta-Thefaine a soutenu à l'Université de Paris-IV-Sorbonne une thèse sur ce manuscrit *A4: Etude et édition du manuscrit de New York, Pierpont Morgan Library, M 723, fol. 71-107, Du Devisement du Monde de Marco Polo,* sous la direction de Philippe Ménard.

[4]   Selon l'hypothèse de M.Th. Gousset, *op. cit.,* p. 355.

B2: Oxford, Bodleian Library 264, fol. 235 v°-244 v°, manuscrit anglais (1400-1410) réuni à un manuscrit d'origine flamande consacré au *Roman d'Alexandre*, enluminé par Jean de Grise entre 1339 et 1344[5].

B3: Berne, Bürgerbibliothek 125, fol. 33 v°-48 v°, manuscrit de la première moitié du XVᵉ siècle qui contient la même collection de récits de voyages que le ms. 2810 de la B.N.F. (*A2*).

B4: Paris, B.N.F., fr. 5649, fol. 48 v°-69, manuscrit du début de la seconde moitié du XVᵉ siècle, utilisé par Pauthier sous le sigle *C* (manuscrit de base de l'édition de P.Y. Badel[6]).

B5: Genève, Bibliothèque publique et universitaire, fr. 154, fol. 63 v° -88 v°, ms. du dernier tiers du XVᵉ siècle.

C1: Stockholm, Bibliothèque royale, Holm, M. 304 (ancien ms. XXXVII), fol. 31 v°-45, ms. de la première moitié du XIVᵉ siècle, écrit en dialecte lorrain. Il se trouvait dans la bibliothèque du roi Charles V (inventaire de 1411).

C2: Paris, B.N.F., nouv. acq. fr. 1880, fol. 47 v°-69, manuscrit de la fin du XVᵉ siècle ou du début du XVIᵉ siècle.

C3: Paris, Arsenal 5219, fol. 58 v°-81, ms. du premier tiers du XVIᵉ siècle. Miniatures en tête de tous les chapitres.

D: Bruxelles, Bibliothèque royale, 9309, fol. 31-41 v°, ms. de la fin du XIVᵉ siècle qui a appartenu à la bibliothèque des ducs de Bourgogne.

---

[5]   M. R. James, *The Romance of Alexander*, Oxford, 1933, fac-similé en noir et blanc des parties consacrées au *Roman d'Alexandre*.

[6]   Marco Polo, *La description du monde*, texte édité et traduit par P.Y. Badel, *Lettres gothiques* n° 4551, Paris, 1997.

Ont été consultés également :

F: Paris, B.N.F., fr. 1116, fol. 34-47 v°, ms. franco-italien, considéré par Benedetto[7] comme le plus proche de l'original,

TA, version toscane[8],

VA, version vénitienne[9],

Z, manuscrit de Tolède, Archives du chapitre de la Cathédrale, ms. 49, 20, Zelada, qui présente une rédaction latine du texte de Marco Polo[10],

La version de Pipino[11],

L'édition de Ramusio[12] de 1559 qui conserve sans doute des notations supplémentaires ajoutées par Marco Polo au cours de sa vie.

Les manuscrits de la version française se répartissent en trois familles : *AD, B, C.*

---

[7]   L. F. Benedetto, *Marco Polo, Il Milione,* Firenze, 1928.

[8]   V. Bertolucci-Pizzorusso, Marco Polo, *Milione,* 2ème édition, Milano, 1994.

[9]   Ms. CM 211 de la Biblioteca Civica de Padoue (Cf. t. 1, introduction, pp. 11 et 12, note 12). Voir l'édition récente de A. Barbieri et A. Andreose, Marco Polo, *Il Milione veneto*, Venise, 1999.

[10] Alvaro Barbieri, Marco Polo, *Milione, Redazione latina del manoscritto Z,* Parma, 1998.

[11] Voir le tome 1, p. 11, note 10.

[12] Voir le tome 1, pp. 16 et 17. Ramusio, *Navigazioni e Viaggi*, éd. Marica Milanesi, Torino, t. 3, 1980, pp. 9-297.

FAMILLE A

Les quatre manuscrits de la famille *A* forment à l'évidence une famille bien identifiable au sein de laquelle des regroupements peuvent être faits.

Fautes et innovations communes de A

1) Seuls *A1, A2* omettent *il convient* en **85**, 71.

A1 et *D* omettent *entour quatre vins cinq anz si que il pot bien avoir d'aage* (**76**, 18). Ils omettent, comme *B3, B4, B5, en euls contraliant* (**79**, 27).

On constate un malheureux saut du même au même *(riche et porte…riches qui sont* (**87**, 26-27). Il est clair que la vaisselle d'or n'est pas posée directement sur le caparaçon des éléphants, mais bien dans les *escrins* posés sur ces caparaçons. Il s'agit d'une faute commune à *A* et *D*.

2) Les ms *A* et *D* ajoutent *en l'air* en **79**, 10.

En **92**, 21, *A* et *D* sont seuls à couper le texte après *terre assez* et à insérer une nouvelle rubrique de chapitre. Mais si *A3, A4* disent *comment le Grand Khan va a la chasse pour son plaisir*, *A1, A2* et *D* offrent la leçon suivante : *comment le Grand Khan vait en trace*. Toutefois *D* dit *cace* au lieu de *trace*.

A contient une phrase omise par tous les autres manuscrits, sans doute après un saut du même au même : *g. c. et seigneur après la mort de son aieul et c'est raison pour ce que il fut du greigneur filz du Grant Caan* (**82**, 7).

Alors que *B1* et *B2* déclarent qu'ils vont *laisser a conter du Grant Caan* (**80**, 15), ce qui ne correspond pas à la réalité du récit, *A* comme *B3, B4* ajoute d'une manière plus logique : *l. a. c. de ceste matiere et retournons a conter des grandismes faiz du Grant Caan car vous avons compté de quel lignage il fu et son aage. F* confirme cette correction. *C* est très différent.

Tous les mss. *A* utilisent le verbe *cueuvre souz terre* (**94**, 20) pour exprimer le fait d'enterrer un corps alors que les mss. *B* disent *enterrer* ou *soubzterrer*.

A remplace *sarrazins* par *mescreans* (**79**, 46).

La famille *A* ajoute *sesnes* (cygnes) à la liste des oiseaux (**92**, 132).

3) Toutefois certaines leçons sont propres à *A1* et *A2*:

Alors qu'*A1, A2* de même que *B, C, F* écrivent *.X. ou .XII. jours* (**77**, 8)*, A3* donne *en onze ou douze jours* et *A4* écrit *en deux jours*.

Les *hanaps a pié* (**85**, 48) deviennent des *hanaps a mances* dans *A1, A2* et *D* (simplement des *hanaps* dans *A3, A4*).

4) *A3* fait preuve d'une indépendance relative; il est le seul dans la famille *A* à ajouter pour plus de clarté *et* dans les titres de Khoubilai: *le grant seigneur des seigneurs et des seigneurs empereur* (**75**, 5).

A3, plus tardif que les autres manuscrits *A*, remplace *breteche* par *engin* (**78**, 16). *A3* et *A4* remplacent *liez* par *joyeux* (**77**, 28; **79**, 2).

A3 présente souvent des leçons isolées, des omissions ou des corrections, ce qui laisse apparaître des liens occasionnels entre *A1, A2* et *A4*. Ainsi, contrairement à *B1* et *B2, A3* omet les mots *de cui il est* en **92**, 33 et fait un saut du même au même en **92**, 18-19, sautant de *qui vaut a dire* à *qui demeurent*. *A3* est seul à développer *pour ost* par *pour aller en bataille quant le cas y eschiet* (**89**, 17), le seul à corriger *des leurs* par *de leurs femmes* (**92**, 82).

A3, ms. récent de la fin du XVe siècle ou du début du XVIe siècle, recourt à un vocabulaire moderne. Il utilise *forains* (**94**, 8) au lieu de *forestiers, forgier* (**94**, 61) pour *batre monnoie, bois* (**95**, 12) pour *fust, aroustez* (**96**, 39) pour *appareilliez, se logent* (**97**, 11) pour *herbergent, fourniture* (**97**, 38) pour *fournement, se tirent* (**101**, 2) pour *se cave*, etc.

5) Une parenté entre *A1* et *A4* peut se déceler, mais rarement et sur des points mineurs: ainsi on trouve *ces* au lieu de *telles* (**84**, 6), *vivra* au lieu de *vit* (**84**, 9), *conté et devisé* au lieu de *devisé* (**84**, 10).

A2 et *A4* semblent liés plus solidement : ils ajoutent *en l'air* avant *a la terre* (**79**, 10) lorsqu'on explique que les Khans ne voulaient pas répandre le sang de l'un des leurs sur le sol. *A2* et *A4* traduisent l'idée de mettre de cöté des céréales par les deux termes *poursongnier et garder* (**102**, 5) alors que les autres manuscrits emploient *estuier* (*B, C*), *essuier* (*D*), *estudier* (*F*). *A2* et *A4* se trompent sur le nombre des fils du Grand Khan en indiquant *.IIII.* au lieu de *.XXII.* (**82**, 1). *A2* et *A4* omettent des groupes de mots : *garder le seigneur* (**85**, 14), *et ainsi font il* (**92**, 19), *une autre chose* (**92**, 140) ou présentent des variantes communes : *m. si grant quantité que c'est sans nombre s. q.* (**92**, 136).

Ces exemples confirment le lien étroit qui unit *A2* et *A4*, comme cela a été indiqué déjà au tome I, p. 56.

6) *A1* présente quelques leçons autonomes : comme *B3, B4* et *B5* il omet de préciser que les adversaires de Naian parlent aux chrétiens *en euls contraliant* (**79**, 27), pour se moquer des nestoriens *qui dolent estoient* (**79**, 33). Il supprime trois emplois de *grans* (**84**, 10-12) pour éviter sans doute des répétitions.

On notera que *A1* et *A4* comme *C1, C2, C3* ajoutent après *fist fere* en **78**, 16 *a cellee* ou *celeement*.

De même *A2* est le seul à dire que Naian aimait sa femme *oultre mesure* ; *A3, A4* omettent cette expression (**77**, 43), comme pour ne pas porter de jugement.

La famille *A* et le ms. *D*

L'examen du manuscrit *D* confirme à la fois sa parenté avec la famille *A* (et plus particulièrement *A1, A2*) et son originalité.

A et *D* ont comme d'ailleurs *B3 braconniers* (**77**, 22) ; *A1, A2* et *D* ont *qui de la seignourie du dit Naian avoient esté* (**79**, 16). Tandis que *A* parle du *pois des tables, D* écrit que la table *poise* (**80**, 37), *F* que la table *posse* ou *poisse* ce qui est assez proche et, en tout cas, très éloigné de l'*espes* (*B1, 80*, 37). *A* et *D* ont une phrase omise par *B1 : et seigneur après la mort de son aieul et*

c'est raison pour ce qu'il fut du greigneur filz du G. C. (**82**, 7-9).
A, C, D ont *mur* et non *mont* (**83,** 63). *A* et *D* ajoutent *querre*
après *mande* en **83**, 85.

D comme *A3, A4* évite de dire que Naian aimait sa femme *a
desmesure* (**77**, 43). *D* comme *A2, A3, A4* évite de répéter *.III.
jours et .III. nuits* (**85,** 9-10).

D comme *A4* omet *du monde* dans *pour riens du monde* (**92**,
153). En **93**, 37, *D* propose comme *A* la leçon *e. la grant chace
sus la mer.* En **93**, 48, *D* omet *soy en son païs* comme *A1, A2, A4*
devant *a son plaisir. D* recourt à l'italianisme *seque* comme *A1,
A2* en **94**, 58. Il désigne les feuilles de papier-monnaie par le
terme de *chartretes* (**95**, 15, 24, 64) comme *A* et emploie le terme
fascié au sens d'envelopper avec des bandes comme *A1, A2, A4,
B4*, alors que *B1, B2* écrivent *faussé.* Enfin en **102**, 6 la liste des
céréales est développée par *D* comme *A* (et *C* et *F*): *forment,
orge, mil, riz et aultres grains* et *A1* et *A2* comme *D* ajoutent le
mot *panise* à la liste des céréales.

D est seul avec *A1* à adopter la *lectio*: *seau d'empire* (**84**, 7)
au lieu de *son empire*, rejoignant par là *TA, VA, F* et *Z*, d'où la
correction proposée dans notre édition. *D* est le seul à remplacer
un petit roy par un *roy chrestien* (**92**, 114) comparaison qui a
pour effet d'accentuer considérablement la richesse du Grand
Khan. Le copiste de *D* fait un effort pour résumer d'une manière
claire, comme le montrent les variantes, le système des tours de
garde des *quesitans* (**85**, 12-16 *les autres … tout l'an*). Il lui
arrive de réécrire certaines phrases sans en modifier le sens, par
exemple, pour décrire la vaisselle d'or du Grand Khan: *qui est
entre deux et ainssi sont servies les dames et y a grant cantité de
vesselle d'or et d'argent et tant y en a que nulz ne le poroit croire
qui sont au Grand Khan et vallent un moult grant tresor* (**85**, 49-
55).

Pour décrire le plaisir de la chasse, *D*, certes comme *A,*
ajoute *et d'oisiaus* après *venoison* (**92**, 135), mais il termine le
paragraphe par une leçon qui lui est propre: *v. d'o. de plusieurs*

*manieres dont le seigneur a grant largeité et ne poroit nuls
croire le deduit s'il ne l'avoit veu.*

D abrège un certain nombre de passages pour éviter des
redites, par exemple en **93**, 26 (*du premier jour de mars jusques
en my may que*) ou bien pour raccourcir la présentation des monnaies et de leur valeur (**97**, 22-23), ou encore pour simplifier
l'explication sur l'usage du papier-monnaie par les sujets de
Khoubilai (**95**, 47-51). Il choisit de ne pas expliquer le mot *iamb*
comme le font les autres manuscrits, mais *D* précise que le seigneur aide ses sujets en difficulté : le Grand Khan *fait tirer de ses
blez pour secourir les diseteux* (**102**, 9) et suit le cours du marché
tant qu'il aient bon marchié communal (**102,** 11). *D* est également original dans le choix du lexique : il désigne l'écorce du
mûrier par *fayel et escorche*, nomme *clocquettes* les sonnettes
accrochées à la ceinture des messagers. Il éprouve aussi le besoin
de se référer à un élément connu en Occident en comparant la
boisson des gens du Catay au *vin de vingne* (**100**, 7).

FAMILLE *B*

Il convient de rappeler que le ms. *B1* a été choisi comme
manuscrit de base (voir le t. 1).

1) Les manuscrits *B* présentent un certain nombre de leçons
communes : ils précisent *en françois* (**75,** 4) alors que *A, C, D,
VA, TA, Ram., F* disent *en nostre language.* Ils disent, comme *A,*
que les habitants des provinces gouvernées par Naian étaient
ydolastre et sarrazin alors que *C* passe cette indication sous
silence (**79**, 23).

Fautes communes à toute la famille *B*:
Cublay serait le *.XVI.*[e] descendant de Gengis au lieu du *.VI.*[e]
(**76**, 5). Cublay aurait régné *.XL.* ans (**76**, 15), au lieu de *.XLII.*
ans. *B1, B2* parlent de *l'espes* des tables (**80,** 37), *B3, B4* de *l'espesse, B5* de *l'espese, A, D* et *C* en revanche ont *pois; F* emploie
le verbe *posse* (fol. 36 a) et *poisse* (fol. 36 b).

En **83**, 83, les manuscrits *B* expliquent que le Mont Vert est couvert d'arbres dont les feuilles ne *pendent* pas, alors que tous les autres textes parlent d'arbres qui ne *perdent* pas leurs feuilles. *B* écrit à tort *mont* (**83**, 63), alors que *A, C* et *D* ont *mur*.

En **93**, 19 tous les manuscrits *B* donnent l'ordre des mois suivant: *novembre et octembre et delier* alors que *A, C, D* écrivent *octobre, novembre et decembre*. Le même saut du même au même (*milles*) se retrouve dans les manuscrits *B* en **97**, 33-35: *l'une loing de l'autre et si sont de .XXXV. a .XLV. milles.* Tous les manuscrits *B* omettent l'énumération des céréales en **102,** 6-7 et se contentent de l'expression *de touz blez.* Il s'agit sans doute ici d'un saut du même au même.

La parenté des manuscrits *B* est donc une nouvelle fois clairement établie. L'existence de deux groupes *B1, B2* et *B3, B4, B5* est manifeste. Ainsi, en **84**, 14, *B3, B4, B5* sont les seuls à introduire après *Cambalut* un nouveau chapitre. Du fait de cette innovation commune, la numérotation de tous les chapitres suivants se trouve décalée d'un chiffre dans ces trois manuscrits par rapport à *B1, B2* et à tous les autres. *B3, B4, B5* s'accordent parfois pour des omissions de mots ou de groupes de mots avec *A* ou *C* contre *B1, B2*. Exemples: *du monde* est omis (**92**, 103), *que c'est une grant merveille* est omis (**92**, 125-126). *B3, B4, B5* ont *regions* au lieu de *regnes* (**87**, 12). On remarquera que *F* dit *regionz* et *reignés* mais pas *royaumes*.

2) Fautes communes à *B1, B2*:

On lit dans *B1, B2 contentent* (**75**, 12) au lieu de *content*.

B1, B2 disent que Khoubilai a eu 80 ans en 1298, tandis que les autres manuscrits indiquent 85 ans (**76,** 18).

Ils omettent d'expliquer le geste de rébellion de Naian par *s'en orguillist* (**76**, 29), d'employer *ne* (**79**, 8), lorsqu'on explique pourquoi l'empereur fait étouffer Naian dans un tapis: tous les autres manuscrits disent clairement que les Khans ne voulaient pas voir répandre le sang de leur lignage sur la terre.

Ils écrivent *baconnier,* au lieu de *braconnier* (**77**, 22), *donne un de leur estrumens* alors que *A, B3, B4, C* écrivent *sonne u. d. l. i.* (**78**, 36), *partout* au lieu de *pourtrais* (**83**, 48).

B1, B2 parlent de *quatre* commandements alors que partout ailleurs on lit *un* commandement (**80**, 42). Sans doute s'agit-il d'une mauvaise lecture de *un.*

B1, B2 écrivent *priviles* au lieu de *privileges* (**80**, 48). Peut-être est-ce une abréviation que les copistes auraient oublié d'indiquer.

B1, B2 ont *faucons,* B5 *faulcons,* tandis que *A, B3, B4,* ont *façons* (**80**, 69).

B1 et B2 sont seuls à dire que la bataille de Khoubilai contre Naian dura *jusqu'a la nuit* (**78**, 70). *B5* se rapproche d'eux en disant jusques *au soir.* En revanche *A, B3, B4, C* et *TA, VA, F* indiquent *jusqu'a midi,* ce qui a justifié notre correction.

Autres graves fautes communes à *B1, B2*: *septembre* au lieu de *decembre* (**89**, 3), des erreurs de chiffres : *.V.* au lieu de *.III.* (**84**, 35), *.IIII.* au lieu de *.XII.*^{m} (**86**, 19) ; *.XXIIII.*^{e} au lieu de *.XXVIII.*^{e} (**93**, 12), *.CC.* au lieu de *.CC.*^{m} (**97**, 42). Omission du mot *chapitre* (**84**, rubrique), de *jour* (**86**, 3), de *se vest* (**86**, 7), de *ordonnez* (**86**, 31), de *entrer* (**87**, 41), de *clamer* (**92**, 22), de *aller* (**92**, 26), de *sont* (**92**, 111).

Les fautes communes à *B1, B2* peuvent souvent être corrigées par les leçons de *B3, B4, B5.* Ainsi nous avons rétabli *la feste de* (**93**, 18) devant *sa nativité, poise* au lieu de *vault* (**95**, 39) pour le poids du papier-monnaie, *plaines* omis dans *chambres plaines de moult riches lis* (**97**, 13). Nous avons supprimé la proposition *c'est a dire qu'il y a plus de .X.*^{m} *palés* (**97**, 44) qui répétait ce qui précède, corrigé l'expression *a la terce casau* (**97**, 60) par *a l'autre casau,* remplacé *touz* par *tant* (**97**, 111) et rétabli *lor fait donner* omis par *B1, B2* devant *de son blé* (**98**, 8).

3) Leçons communes *à B1, B2 :*

B1, B2 comme *A1, A2* écrivent *revelez* (**76**, 40).

Seuls, ils ont *le grand seigneur des seigneurs <u>et</u> des seignours empereours* (**75**, 5) ; *contre raison et droiture* (**77**, 3) alors que *et droiture* est omis dans *A, B3, B4, B5, C.*

B1 et B2 précisent que les adversaires de Naian s'adressent
à lui en se moquant (**79**, 27) : *en euls contraliant*, ce que ne font
pas *B3, B4, B5*. Seuls *B1, B2* écrivent *l'onnour et la victoire en*
77, 27-28, alors que *B3, B4* disent *l'onnour et l'autorité. B1, B2*
sont seuls à dire *decaor,* alors que *B3, B4, B5* ont *tostaor* (**92**,
18) et que tous les autres manuscrits donnent une leçon peu différente. *B1 et B2* sont assurément très proches, mais faut-il avec
C.W. Dutschke[13] affirmer que *B2* est une copie de *B1* ou être de
l'avis de L.F. Benedetto[14] et nous prononcer pour une source
commune aux deux manuscrits ? Il nous semble qu'aucune
leçon propre à *B2* soit déterminante. Sans doute en **77**, 30, *B2 et
C2* écrivent-ils *.IIII. mil h.,* alors que *B1* écrit très clairement :
.IIII.^{C} mil h. On peut supposer que la source commune avait
sans doute *.IIII.^{C} mil,* chiffre que *B1* a transcrit fidèlement alors
que *B2* aurait mal lu l'exposant ^{C}. En général *B2* n'innove pas,
il suit *B1* le plus souvent fidèlement sauf dans de rares cas. En
86, 26, le copiste corrige intelligemment, puisqu'il a compris
que *le jour de la sainte nativité* au lieu de *sa nativité* était une
erreur. En **90**, 16, il a bien vu qu'il s'agissait des *aigles* et non
des *angles.* Mais la plupart du temps, le copiste de *B2* ne se pose
pas de question et semble recopier mécaniquement le même
modèle que *B1.*

4) Particularité de B5 :

Il a tendance à être plus concis que les autres manuscrits par
exemple pour évoquer l'alliance de Naian avec Kaidu (**76**, 25-
35). Il résume en deux lignes au lieu de six (**78**, 74-81) la déroute
de Naian : *e. d. car il fut prys en fuyant et tous ses barons
avecques luy et fut rendu au Grand Khan. Et s.* Il omet la présentation des hommes à cheval du Grand Khan (**77**, 20-22) ou
encore l'expression *et sa terre en justice* (**75**, rub., 5). Il passe

---

[13]   Dutschke C.W., « The truth in the book : The Marco Polo texts in Royal 19
         D1 and Bodley 264 », *Scriptorium* 52, 1999, pp. 278-300.

[14]   Benedetto L.F., *La tradizione manoscritta del Milione di Marco Polo*, Turin,
         1962, p. LXVI.

sous silence les protestations de véracité de l'auteur à partir de *l. que c'est tout voir... orendroit soit* (**75**, 11-14).

Il abrège volontiers les formules narratives concluant les chapitres : il omet ainsi *or vous ay conté de la ville* (**84**, 58), *dure en celui jour la joie et la feste de sa nativité* (**86**, 39-40)*, pour venir a ces ordenees festes que je vous ay dit* (**87,** 72).

B5 supprime tout le passage où le seigneur lance ses gerfauts à la poursuite des grues, c'est-à-dire depuis *et aucune fois* jusqu'à *le pouoir de faire le* (**92**, 64-78). Au début du chapitre **90**, pour évoquer la façon dont le seigneur chasse avec les loups et les lions, le copiste de *B5* a réécrit le passage et l'a abrégé en quatre lignes au lieu de onze : *Le Grand Khan a loups servins, lyons et liepars affaittez et bons pour chacier et prendre bestes sauvaiges et sont moult bons pour chace. Les lyons sont affaittez pour sangliers et buefs sauvages, cerfs et autres g. b.*

B5 supprime en **92**, 42-51 les réflexions concernant les risques encourus par les voleurs et l'obligation faite à tout sujet de rapporter au seigneur ce qu'il trouve. Il omet également le développement sur le nombre de voyageurs étrangers (*forestiers*) entrant dans Cambaluc (**94**, 8-11), le commentaire sur la salubrité de la terre due à l'éloignement des cadavres (**94**, 23-24), les remarques sur la distribution des chemins dans chaque province (**97**, 3-4) ou sur le nombre des chevaux qui sont dans les relais de poste (**97**,16-18) ou encore sur l'allure des messagers (omission de *a grant cours* **97**, 60). Ce faisant le copiste de *B5* se prive de certains détails pittoresques, mais lorsqu'il réécrit complètement certains développements, il recherche la clarté. C'est le cas dans le passage consacré aux marchandises apportées au Grand Khan (**95**, 35-42), aux livraisons de soie (**94**, 42-51) ou encore à l'organisation des relais de poste (**97**, 58-73). Il est le seul à préciser parfois un détail concret comme le gain obtenu par l'emploi du papier-monnaie (*et en achatent d'autres denrees ou ilz gaignent plus de la moictié* **95**, 49) ou la façon dont le Grand Khan laisse les dépenses à la charge des villes proches des relais de poste (**97**, 118-120).

Le ms. *B5*, tardif (fin du XVe s.), prouve que le copiste a voulu rajeunir le texte par souci de clarté. Le vocabulaire de *B5* est relativement moderne : il donne (**76**, 48) *nouvele* comme la famille *A* mais se distingue d'une part de *B3, B4 (messagerie)* et d'autre part de *B1, B2 (message)* ; il ne dit ni *revelez (B1, B2)* ni *rebelle (B3, B4)* mais *hayneux et desobeissant* (**76**, 40) ; il remplace l'italianisme s*ousposts* (**87**, 3) par *subgets*. *B5* ajoute un détail précis, par souci de clarté, en disant que le *nacaire* du Grant Caan (**78**, 39) sonne *sa trompette*, mais, ce faisant, il laisse entendre qu'il ignore le sens du mot *nacaire*.

FAMILLE C

Comme dans les volumes précédents (voir les tomes 1 et 2), *C* est caractérisé par une tendance à l'abrègement. Des ajouts et des omissions communes rassemblent les manuscrits *C1, C2, C3*.

1) Omissions communes à *C* :

Au début du ch. **78**, les copistes des mss. *C* ne disent rien des sentiments de Naian qui se croit en sécurité loin du Grant Caan tandis que *B1* y consacre treize lignes : *u. g. t. au plain, la ou N. estoit. . . sus le tertre* (l. 2-15), la répétition du mot *tertre* est sans doute à l'origine d'un saut du même au même.

On constate un autre saut du même au même sur dix lignes de **92**, 94 *et sont* à **92**, 102 *dedans sont*.

Tous les manuscrits *C* omettent *a grant delit* à la fin du ch. **92**. *C* à la fin de **80** omet la phrase de transition : *or vous lairons de ce et vous conterons des façons du Grand Khan et de sa contenance* (**80**, 68). En **85**, 13-16 *C* écourte le décompte des gardes qui se relaient auprès du seigneur et omet de *et reviennent* jusqu'à *et ainsi veit tout l'an*. La fin du chapitre **86**, 39-44 (*Et en telle maniere...Blanche Feste*) manque de même que la fin du chapitre suivant (**87**, 65-72) *et quant ils ont mangié. . . que je vous ay dit*. Tout se passe comme si les formules de transition narratives ne retenaient pas l'attention des copistes des manuscrits *C*.

2) Ajouts propres à *C* :

Les manuscrits *C*, comme le prouvent les variantes, sont les seuls à ajouter un commentaire à la fin du chapitre **75**, pour dire de façon plus développée la puissance du Grand Khan. Ils précisent que les *hommes a cheval* (**77**, 10) sont des *h. d'armes*. Ils ajoutent aussi en **79**, 37 : *saintisme chose ne doit aidier a desloyauté*, pour dire avec plus de force pourquoi Dieu a eu raison de ne pas aider Naian. *C* comme *B1* en écrivant *trop a desmesure* condamne l'amour excessif de Naian pour sa femme (**77**, 43).

3) Leçons communes :

La famille *C* comme *F, TA, VA,* remplace *braconnier* (**77**, 22) par *gent qui si sont entour* alors que *F* dit *autres homes qui estoient entour lui. C* propose *ecu* au lieu d'*enseigne* (**78**, 81), *chamois* au lieu de *chameux* (**87**, 30). *C* donne un chiffre différent à propos des jours de chasse en **89**, 4 : *.LX.* au lieu de *.XL.*
Parfois tous les mss. *C* donnent une mauvaise leçon : *faucons* au lieu de *gonfanons* (**92**, 48). La famille *C* évite les italianismes, comme le mot *ombrel* et parle d'un *paile* (**80**, 58) *qui lour tient (l' C1) ombre (C1, C2),* ou *qui leur fait ombre (C3).* De même *C* remplace le mot *vernigal* d'origine vénitienne par *hanap* (**85**, 47).

4) Traits propres à chaque manuscrit :

– Particularités de *C1* :

Alors que, à tort, *A, B, C3* désignent les serviteurs de l'épouse du Grand Khan du nom *d'escuier* et que *C2* les appelle *varletz,* seul *C1* (**81**, 15), en accord ici avec *F,* donne la bonne leçon : *escolié,* eunuque (voir t. I, pp. 53-54).
C1 saute tout un paragraphe qui rappelle que le seigneur demeure dans son palais et s'y consacre à la chasse (**92**, 128-139).

– Particularités de *C2* et de *C3* :

C2 omet un long passage qui évoque, dans un style épique, la bataille de Naian et du Grand Khan (**78**, 49-60). *C2 et C3*

finissent le chapitre **88** à *sans nulle cheenne* (**88**, 41) et omettent
huit lignes qui comportent un jugement de valeur sur cette scène
montrant un lion sans chaîne à genoux devant l'empereur ainsi
que les formules de transition avec le chapitre suivant. *C2* ne
semble pas remarquer l'absurdité de sa copie lorsqu'à la fin du
chapitre **92**, il laisse en suspens une relative en écrivant que le
Grand Khan *s'en va a sa maistresse cité et comme vous avés ouy
de Cambalut qui du Catay. Et quant il chante tousjours va chantant et oysellant.*

   C3 se démarque de *C1, C2* en écrivant *astrologiens* et non
*astronomiens (***77***, 24 ; ***92***, 124).*

   C3 en **79**, 10 reprend l'idée que les Khans ne veulent pas que
le sang impérial soit répandu sur la terre mais il ajoute *en la mer.*

   D'une manière générale la famille *C* se caractérise par une
tendance très forte à l'abrègement. Cependant *C1*, manuscrit
plus ancien et plus fidèle, malgré quelques omissions, mérite
plus de crédit que *C2 et C3* (cf. t. I, p. 67).

LANGUE DU MANUSCRIT

   Comme dans les tomes précédents, il s'agit d'une scripta
franco-picarde. On y relève des picardismes et quelques italianismes.

1) Picardismes

   Quelques picardismes assez courants ont été relevés.
   Plusieurs mots ont une finale en *iau*: *chevriaux* (**90**, 17),
emperiaus (**76**, 2), *piaulz* (**89**, 15), *piaux* (**92**, 100) ; ce mot n'est
employé que sous cette forme.
   Finale en *iau* alternant avec *el : bel* (**83**, 98), *biau* (**83**, 73, 95),
biaux (**83**, 65 ; **87**, 25), *biax* (**83**, 89 ; **87**, 27), *chastel* (**97**, 116) et
chastiaux (**97**, 119).
   E ouvert entravé > *ié : gierfaux* (**92**, 7) ; *lierre* (**92**, 44).
   Maintien isolé de la gutturale devant *a : casau* (**97**, 54).
   Palatalisation de *t + y* derrière consonne : *escorches* (**95**, 7).

Réduction de *ié* à *é* dans *matere* (**97**, 50) et *maitere* (**100**, 10).

Un seul exemple d'absence de dentale : *venra* (**77**, 25) alors qu'on trouve plusieurs *vindrent* (**77**, 29, 31).

Contrairement aux tomes précédents, pas de réduction de *ez* à *és* : partout on lit *sachiez*.

Pronom personnel féminin atone au c. r. sing. *le : se vous le (buche) metez* (**101**, 5).

2) **Phénomènes non caractéristiques**

La forme *paupier* (**95**, 14) qui vient du latin médiéval *palperium* est répandue en Lorraine et en Champagne. (God. 482, 2 et F.E.W., p. 590 c).

Alternance *rl/ll* : les occurrences de *pelles* (**86**, 15) où *r* s'assimile à *l* (ce qui est courant en ancien français) sont plus nombreuses que celles de *perles* (**95**, 58).

Alternance assez fréquente entre *l* et *r*. La forme *gourpil* (**90**, 17) vient de *vulpiculum* qui a donné *goupil*.

Les futurs du type *mousterrai* (**75**, 10), *moustrerray* (**94**, 62) sont présents dans tous les dialectes.

Réduction courante de *il* à *i* devant consonne : *qu'i estoient* (**77**, 14), *qui n'a* (**84**, 21).

3) **Graphies diverses d'un même mot**

afaitiez (**90**, 2) et *affaitiez* (**90**, 9, 19) ; *ainssi* (78, 22, 25 ; **79**, 21) et *ainsi* (83, 51 ; **92**, 128) (variation graphique du *s* sourd) ; *apareilla* (**77**, 1) et *appareillié* (**97**, 61) ; a*vec* (**81**, 17 ; **91**, 13) et *aveuques* (**89**, 20 ; **97**, 102) ; *chainture* (**88**, 13 ; 97, 56) et *çaintures* (**97**, 82) ; *car* (**77**, 12) et le plus souvent *quar* (**77**, 3, 17 ; 78, 42, 58) ; *chace* (**88**, 45 ; **91**, 12) et *chasce* (**91**, 8) ; *chascier* (**89**, 19 ; **90**, 5) et *chacier* (**90**, 2) ; *chevetaingnes* (**85**, 6) et *chevetain* (**85**, 7) ; *crois* (**79**, 34, 48) et *croiz* (**79**, 43) ; *cui* (**92**, 33, 35) et *qui* (**92**, 36) ; *dejouste* (**85**, 21 ; **91**, 15) et *dejoste* (**84**, 21) ; *demoure* (**83**, 1), *demourroit* (**92**, 85) et *demeure* (**83**, 31), *demeurent* (**92**, 87) ; *faire* (**84**, 2) et *fere* (**84**, 4) ; *gerfaux* (**92**, 16) et *jerfaut* (**97**, 103) ; *greingneur* (81, 8 ; **82**, 21 ; **83**, 43) et *greigneur* (**82**, 8) ; *letres* (**80**, 52) et *leitre* (**97**, 94) ; *lyon*, (**80**, 37, 40 ; 89, 7) et *lion*

(**90**, 6; **92**, 62); *matere* (**97**, 50) et *maitere* (**100**, 10); *marchean-dise* (**94**, 57; **95**, 36) et *marchandise* (**94**, 54); *meilleur* et *melleur* (**82**, 20); *menjüent* (**85**, 9) *mengüent* (**85**, 34, 71) et *mengier* (**98**, 9); *metre* (**76**, 31), *meitre* (**83**, 74), *meittre* (**83**, 87); *ocirre* (**78**, 60) et *occis* (**79**, 5); *ordener* (**83**, 56) et *ordonnez* (**86,** 31); *ost* (**77**, 28) et *os* (**94**, 39; **96**, 25); *piaux* (**92**, 100) et *piaulz* (**89**, 15); *pluiseurs* (**76**, 21) et *plusieurs* (**96**, 9); *postes* (97, 111) et *poeste* (**97**, 96); *pooir* (**76**, 30, 41, 48) et *pouoir* (**86**, 27); *provinces* (**82**, 15; **97**, 84; **101**, 1) et *prouvinces* (**94**, 46; **95**, 30; **98**, 3; **101**, 7); *resplendissans* (**83**, 59) et *resplendisans* (**83**, 61); *seignor* (**79**, 38), *seigneur* (**76**, 21, 27) et *seignour* (**76**, 29), *seingnour* (**81**, 9) et *seingneur* (**96**, 27; **97**, 56), *seignorie* (**80**, 34), *seignourie* (**76**, rub. 3) et *seingnourie* (**102**, 16); *soulaçoit* (**77**, 42) et *soulagant* (**93**, 48); *une* (**92**, 140) et *unne* (**92**, 109; **94**, 53); *usage* (**92**, 127) et *usaige* (**87**, 4); *vaisselemente* (**87**, 27) et *vesselemente* (**85**, 52); *vait* (**92**, rub.) et *veit* (**85**, 16); *y* (**78**, 11; 80, 52) et *i* (**78**, 12).

Participe présent écrit *an* ou *en*: *errans* (**99**, 11) et *cheminent* (**99**, 10).

4) **Graphies du moyen français**:

A côté de *bele* (**80**, 24), on trouve de nombreuses formes avec géminée *belle* (**81**, 2, 4, 13, 14, 22, 29; **84**, 44). De même, à côté de *tel* employé au féminin (**87**, 66) et *tele* (**96**, 22) ou encore *la tel poste* (**97,** 113), *la tel cité* (**97**, 114), se rencontrent de nombreux emplois avec géminée de *telles* (**84**, 6). De même on trouve *celle* (**84**, 22) à côté de *cele* (*cele lignie* **76**, 3; *cele eschiele* (**78**, 38).

H superflu (hypercorrection): *habondance* (**84**, 44).

Graphie *y* au lieu de *i* dans beaucoup de mots: *yroient* (**76**, 46); *ydolastre* (**79**, 23); *ymages* (**83**, 49); *lyon* (**80**, 37, 40).

Quelques graphies latinisantes: *scevent* (**89**, 5), *sceivent* (**95**, 48), *sceue* (**96**, 27).

Multiplication en finale des *z*: *appelez* (**75**, 3), *anz* (**76**, 18), *foiz* (**76**, 24).

5) **Variations dans la graphie des noms propres:**

Caam (**75**, rub. 2) et *Caan* (**75**, rub. 3), *Kaan* (**97**, rub.), graphie exceptionnelle; *Cambalut* (**80**, rub. et 3), *Cambaluc* (**80**, ru.b.; **84**, 21: **88**, 47; **93**, 2, 16), *Cambalus* (**84**, 14); *Chingui* (**82**, 3), *Chinguy* (**82**, 2), *Chingins* (**76**, 2); *Ciandu* (**93**, 8) et *Cianbu* (**93**, 41); *Naam* (**76**, rub.), *Naiam* (**78**, 27), *Naian* (**76,** 26, 36).

MORPHOLOGIE

La flexion à deux cas, état de langue ancien, survit mais très fréquemment le cas régime est employé en fonction de cas sujet: *sires* au c. s. sing. (**75**, 13) désigne uniquement le Khan: *grant sires* (**76**, 38), *li plus granz sires* (**75**, 13) *li sires* (**87**, 70), mais on trouve aussi au c. s. *le sire* (**88**, 19), *le grant sire* (**85**, 60); *sire* apparaît encore au c. r. (**85**, 25, 60; **92**, 14); *seigneur* au c. r. est aussi employé pour désigner le Khan (**84**, 2, 59; **85**, 4). *Chascuns* dans la fonction de sujet (**75**, 6, 12) alterne parfois avec *chascun* au c. s. sing. (**87**, 63, 68).

L'adjectif *grant* est le plus souvent épicène: *les granz merveilles* (**75**, 2), *grant porte* (**83**, 22), *granz salles* (**84**, 37) mais le scribe peut écrire dans la même phrase: *grandes et de grant puissance* (**90**, 19, 20). Devant un nom féminin, on trouve *principaus ou principaux* (**97**, 24 *principaus voies; 97*, 26 *principaux provinces).*

Extension du *s* du c. s. sing. à *hom*: *il estoit homs* (**78**, 83).

Pronom personnel sujet de la 3ᵉ pers. pl. *il: il aient* (**84**, 53*); il vont* (**84**, 30); *il enclinent* (**78**, 29; **87**, 49); pronom personnel sujet de 3ᵉ pers. pl. *il* correspondant à *elles* (**101**, 6).

Emploi courant de l'article *li* au c. s. sing. (**75**, 12), mais on trouve fréquemment *le* (**75**, 7). Au c. s. pl. la forme ancienne *li: li autres* (**78**, 47; **85**, 25) est moins fréquente que la forme *les* (**75**, 2).

Emploi du pronom personnel atone masculin *li,* mais, contrairement au tome II, les emplois de *lui* sont assez fréquents après préposition : *a lui* **87**, 3 ; *de lui* **87**, 12 ; *devant lui* **88**, 38, 41 ; **92**, 71 ; *sous lui* **91**, 5 ; *entour lui* **92**, 17 ; *avec lui* **78**, 79 ; **92**, 62, 63.

Emploi régulier du pronom personnel atone masculin *li* contre quelques emplois de *lui* : *avec lui* (**78**, 78), *dejouste lui* (**85**, 21). Forme tonique du pronom devant l'infinitif : *de lui encontrer* (**78**, 14).

Emploi du possessif *ses* au c. s. sing. et survivance de *si* au c. s. pl. : *ses freres et si parent* (**76**, 10) ; *tuit si ancestre* (**78**, 84).

Démonstratifs : *cil* est fréquent : *cil Cublay* (**76**, 1), *cil ne sorent* (**77**, 33), *cil message* (**97**, 11), *cele lignie* (**76**, 3), *cele eschiele* (**78**, 37), *cele cite, celle poste* (**97**, 10) mais on rencontre aussi *celui* : *celui an* (**76**, 7) et *cestui* : *cestui jour* (**86**, 33) à côté de *celui jour* (**86**, 40 ; **87**, 6, 15), aucune différence n'existant entre *cestui* et *celui* : *cest livre* (**76**, 6), *ceste salle* (**85**, 34), *ceste poterie* (**85**, 41), *ceste meïsmes cité* (**94**, 60), *cestui juge et ces escrivainz* (**96,** 12) et *celi* au c. s. fém. pl. : *celi choses* (**92**, 40).

Survivance de *lor* adj. : *lor proie* (**92**, 14), *lor table* (**80**, 39), à côté de *tout leur plaisir* (**97**, 39) ; du pl. *lor* : *lor granz fais* (**80**, 55*),* alternant avec *leurs et leur* : *leur eschieles* (**78**, 29), *leurs chief* (**85**, 24), *leur dieux* (**86**, 36), *leurs choses* (**94**, 53)), *les leurs* (**85**, 50), *des leurs* (**92**, 82). Survivance de *lor* pronom : *ne lor fu* (**79**, 46) ; *besoing lor est* (**97**, 36) ; *lor fait prendre* (**9**8, 6, 8) ; *si lor en fait donner* (**102**, 10) à côté de *leur* : *ne leur fait* (**98**, 14, 15).

Tuit est employé le plus souvent au c. s. pl. (**87**, 31, 61). Mais on trouve *tous* aussi bien au c. s. pl. (**87**, 36) qu'au c. r. (**85**, 32 ; **87**, 62), et même *tout* en c. s. pl. : *tout li autre baron* (**92**,73). Comme adverbe, le terme est écrit *tout* ou *touz* : *touz plainz d'ars* (**83**, 18) *et tout plain de selles* (**83**, 19) ; *touz blans et crenelez tout entour* (**83**, 8) et *tous couvers et tout plain d'arbres* (**83**, 82).

Cui et *qui* : *a cui* (**92**, 35, 40) ; *de cui* (**92**, 33) ; *de qui* (**92**, 36).

Comparatifs et superlatifs : *mieulz* (**83**, 56) ; *le mieulz* (**96**, 17), mais aussi *meilleur* (**82**, 20 ; **102**, 11). *Mainz* (**101**, 10) et *la mendre* (**95**, 16), *une mendre* (**85**, 41) ; *graindre* (**82**, 4) et *la greigneur* ou *le greigneur* (**81**, 8 ; **82**, 8, 21 ; **83**, 43) et *grandismes* (**80**, 16).

Survivance de passés simples anciens : *sorent* (**77**, 33) ; *porent* (**78**, 75) ; survivance du subj. impft. : *vousist* (**80**, 65).

Désinences en *-istrent* conservées : *mistrent* (**78**, 76), *distrent* (**77**, 26). On trouve au futur : *lairons* (**80**, 68 ; **86**, 41 ; **96**, 37) à côté de *laisserons* (**80**, 15) et la forme *avra* (**77**, 27), *avront* (**97**, 64).

Le participe passé *sentu* (**97**, 64) est attesté dans plusieurs textes médiévaux (Voir P. Fouché, *Le Verbe,* éd. Klincksieck, Paris, 1967, p. 372).

SYNTAXE

1) **Survivances de l'ancien français**

Postposition du sujet lorsque la proposition commence par un complément : *et ce vous mousterrai je* (**75**, 10), *pour ce la vestent il* (**87**, 9). Cette inversion du sujet, trait caractéristique de la syntaxe médiévale, entraîne souvent l'omission du sujet lorsque ce dernier est un pronom personnel : *toutes telles manieres et telles coustumes puisse avoir aprés son decés* (**84**, 6) ; le sujet sous-entendu est *il*, le fils du Grand Khan.

Pronom sujet *il* employé pour annoncer un sujet explicitement mentionné après le verbe : *comment il tient court le seigneur* (**84**, 59).

Ordre des pronoms conforme aux habitudes de l'ancienne langue : le pronom personnel régime de la 3e pers. précède le pronom personnel de la 2e pers. : *je les vous nommeray* (**96**, 35).

Postposition du c. r. de la 3e pers. après l'infinitif : *de faire le* (**92**, 78) à côté de *ordené a ce faire* (**94**, 19).

Cui c.r. : *a celui a cui il est* (**92**, 35)*, a cui celi choses sont* (**92**, 40) ; *cui* alterne avec *qui* : *de qui il est* (**92**, 36).

Qui doit parfois être transcrit *qu'i*: *qu'i n'a que un flun* (**84**, 21) où il a le sens causal. Autre exemple où *que* est un relatif: *harnois qu'i a besoing* (**87**, 28), «dont il y a besoin».

Que répété marque l'idée distributive; parfois ces ligaments relatifs ne sont plus sentis comme des pronoms relatifs mais comme des morphèmes marquant un parallélisme: *que pour le Seingneur, que pour sa court, que pour la cité...que pour les barons que pour les chevaliers* (**94**, 37-40).

La conjonction *que* est répétée lorsqu'une complétive reprend son cours, après avoir été interrompue par une incidente: *il se deussent reconforter que, se la crois n'avoit aidié Naian, que ele avoit grant raison* (**79**, 34).

Ligature: l'adverbe *si* est souvent en tête de principale au sens de «alors» (**85**, 79; **89**, 18). *Et* introduit une phrase: **75**, 10, 14; **76**, 5, 10. Souvent *ne* a le sens de *et* dans un contexte négatif: *ne nulz* (**95**, 78).

Tant comme, conjonction comparative (**85**, 40) et au sens temporel de «tant que» (**84**, 9).

Proposition infinitive courante en a. fr.: *pour eulz faire domage* (**78**, 5).

2) **Faits de syntaxe tardive**

Substantifs et déterminants ne sont pas toujours accordés. Mélange du sing. et du pl.: *leur eschieles* (**78**, 29); *font prieres a leurs dieux... qu'il leur sauve leur seigneur* (**86**, 37); ici le scribe met peut-être *il* au singulier parce que pour lui il n'y a qu'un dieu.

Usage fréquent de la forme composée du relatif notamment en emploi de démonstratif: *lequel mont* (**83**, 83); *lequel gierfaut (**92**, 69); *liquel* (**97**, 3); *en laquelle tablette* (**92**, 32; **93**, 8); *par laquelle* (**97**, 7); *esquels* (**93**, 28); *esquelles* (**92**, 117; **97**, 55); *ouquel* (**84**, 45; **93**, 20); *quelz qu'il soient* (**95**, 78).

Lesquels relatif de liaison: **92**, 151.

A côté des *si que* à valeur consécutive (**78**, 24; **85**, 20; **92**, 97; **95**, 62) beaucoup de *si que* servent à relancer de longues phrases: *si que sachiez* (**85**, 50; **92**, 74; **94**, 11; **95**, 58) avec la même valeur que *et sachiez* (**85**, 55). Parfois dans la même phrase on trouve deux *si que* à valeur consécutive : *si que il monteplient si que la terre en est plainne* (**92**, 153).

Emploi de *car* au sens consécutif : *il siet en telle maniere car...* (**85**, 19). Voir *La Syntaxe de l'ancien français* de Ph. Ménard, éd. Bière, Bordeaux, 1994, p. 220, § 248, Remarque.

A ce que au sens de *afin que* (**87**, 9, 19).

ITALIANISMES

Asur (**83**, 91), « couleur du lapis-lazzuli ». Il s'agit d'un italianisme (*azurro*). Le mot existait en persan *lazaverd* avec le même sens ;

canton (**84**, 36), « coin », de l'italien *cantone* ;

fascié (**85**, 57) de l'italien *fascarer*, « bander, envelopper d'un linge » ;

forestier (**94**, 28) « étranger », italianisme (*forestiaro* est attesté avec cette unique valeur dès le XIIIe siècle, cf. Cortelazzo-Zolli, *Diz. Etim. della lingua italiano*, p. 449) ;

peut-être *generation* (**81**, 21), « race d'hommes » (voir t. 1, p. 88, note 160) ;

peut-être le superlatif de *grand* : *grandisme* (**80**, 16) qui est attesté aussi en ancien français (voir t. 1, p. 88 et God. IV, 335) ;

ombrel (**80**, 59) « petit parasol », de l'italien *ombrello* ; le mot est un italianisme attesté chez Martin da Canal, *Estoires de Venise*, éd. Limentani, p. 6, pour désigner le parasol porté au-dessus de la tête du doge dans les processions ;

primeveille (**92**, 129), déformation de *primevere, primevoire*, « printemps », de l'italien *primavera* ;

seique, seque (**95**, 2) de *zeccha*, « l'hôtel des monnaies », terme vénitien ;

souspost (**87**, 3) « subordonné, soumis », de l'italien *sottoposto* ;

tramontane (**83**, 79 ; **85**, 19) « la direction du nord » de l'italien *tramontana* ;

vernigal (**85,** 48) « grande coupe vernie », terme vénitien qui pour Yule (*op. cit.*, p. 384) désignerait une coupe de bois destinée à de la nourriture. Le mot est attesté par God. VII, 199.

MOTS D'ORIGINE ASIATIQUE

borgal (**88**, 15), du persan *bulgarí,* du nom des Bulgares de la Volga, désigne un « cuir tanné fait pour des bourses et autres objets » ;

bulargusi (**92**, 36), du turc *burlarguci* fait sur *burlargu* « objet perdu », désignant « l'officier chargé de récupérer les objets perdus ou animaux abandonnés et d'en retrouver les propriétaires » (cf . P. Pelliot, *Notes on Marco Polo*, pp. 112-114 et G. Cardona, *Indice ragionato*, p. 570) ;

camut (**88**, 15) du persan *kimuxt* désignant le « cuir fait avec la peau du dos du cheval » (cf. G. Cardona, *Indice ragionato*, p. 579 et P. Pelliot, *op. cit.*, I, pp. 156-157) ;

cuiuci ou *cunicy* (**91**, 3), transcription du mot mongol *qüyükzi* (en chinois *kuei-yu-chih*) qui désigne un « coureur rapide » (cf. les explications de P. Pelliot, *op.cit.*, I, pp. 572-573 et G. Cardona, *Indice ragionato*, pp. 740-741) ;

iamb (**92**, 153) mot mongol désignant un « relais pour les chevaux de poste » (cf. P. Pelliot, *Toung Pao*, t. 27, 1930, pp. 192-195) ;

quesitan (**85**, 4 ; **88**, 2), terme d'origine mongole *kesikten* qui signifie « sentinelle, garde ». Selon Yule (*op. cit.*, p. 380) il désigne « une garde prise à tour de rôle ». Marco Polo le glose à la fois par « homme à cheval » soit cavalier et par « chevalier feel au seigneur » soit chevalier dévoué au seigneur (cf. sur ce mot P. Pelliot, *Notes* …., t. II, p. 815 et G. Cardona, *Indice ragionato,* p. 704) ;

strainz (**96**, 29), mot d'origine chinoise signifiant « grand secrétariat, conseil des ministres » (cf. P. Pelliot, *op. cit.*, p. 827) ;

toscaor (**92,** 18), mot d'origine turque signifiant « gardien, sentinelle » (cf. P. Pelliot, *op. cit.*, II, pp. 859-860 et G. Cardona, *Indice ragionato*, p. 746).

LE LIVRE DU GRAND KHAN KHOUBILAI

Les tomes I et II de l'édition du *Devisement du Monde*, consacrés à la traversée de l'Asie, de la Perse à la Chine, se terminent au moment où Marco Polo, son père et son oncle, pénètrent dans les provinces situées aux confins de la Chine du Nord. Le jeune homme découvre ébloui (**74**) la ville de Ciandu, bâtie sur l'ordre du Grand Khan vers 1256, son palais de marbre, ses prairies et ses jardins pleins de fraîcheur. Le chapitre **74** se termine sur l'annonce d'un récit qui va s'attarder sur ce grand personnage qui, environ quinze ans[15] avant l'arrivée de Marco Polo en Orient, s'est imposé comme le nouvel empereur de Chine. Les mots choisis alors par le narrateur sont riches de promesses et de rêves, annonçant des faits incroyables et des prodiges tous liés à la grandeur de Khoubilai : *Or (…) vous conterons des granz fais et des granz merveilles du Grant Seignour des seignors, ce est le Grant Caan, qui est sires de touz les Tartars, liquelz est appelez Cullay, tres noble seigneur et puissant* (**74**, 155-159).

C'est en effet un véritable *Livre du Grand Khan*[16] que Marco Polo insère ici au cœur de son ouvrage. Les chapitres **75** à **104** sont entièrement consacrés à ce personnage exceptionnel que le jeune Vénitien a rencontré et observé, qu'il a servi et qui l'a incontestablement fasciné. D'emblée il le présente comme *le plus puissant homme de gent et de terre et de tresor qui onques fust au monde* (**75**, 7-8) et le place parmi les plus grands princes de tous les temps. Le portrait dessiné par Marco Polo est constamment élogieux et célèbre l'envergure et la personnalité

---

[15] C'est en 1256 que Khoubilai se fit reconnaître comme empereur. Partis en 1271 de St Jean d'Acre, les Polo arrivèrent sans doute à Ciandu en 1274.

[16] D'ailleurs les manuscrits *B* ouvrent l'ouvrage par cette expression, preuve que la figure du Grand Khan est centrale et que c'est à partir du séjour en Chine que s'organise l'ensemble du *Devisement du Monde* (« Ci commence li livres du Grant Caam, qui parole de la Grant Ermenie, de Persse, et des Tartars et d'Inde et des granz merveilles qui par le monde sont.» cf. tome I, *Prologue, Rubrique*).

hors du commun de Khoubilai ainsi que son destin exceptionnel.
Il souligne son habileté politique et stratégique tout autant que
ses qualités humaines ; la complexité du personnage est suggé-
rée. Certes son despotisme est présenté comme une autorité
bénéfique pour l'empire et Marco Polo ne dit rien des rébellions
et des oppositions auxquelles l'empereur eut à faire face, encore
moins de ses échecs militaires en Extrême-Orient. La réalité his-
torique est le plus souvent respectée, mais transcendée par la narration. L'idéalisation systématique à laquelle se livre Marco Polo
le conduit à donner du Grand Khan une image qui n'est pas
exempte d'erreurs ou de lacunes, mais le témoignage apporté par
Le Devisement du Monde est précieux et a contribué à donner à
l'empereur Khoubilai la dimension prestigieuse, voire légendaire, que l'histoire et la critique ont perpétuée jusqu'à nos jours.

Tout au long de ce volume, le récit de Marco Polo progresse
de façon logique, expliquant d'abord comment Khoubilai s'empara du pouvoir en s'imposant par le droit de l'hérédité, mais
aussi par sa valeur militaire et son sens politique. Après sa victoire sur ses opposants, Khoubilai a affermi son pouvoir en dis-
tribuant aux barons qui lui avaient été fidèles des tables de commandement (**75-80**). Le portrait du Grand Khan est alors
dessiné ; ses femmes et ses favorites, puis ses fils sont évoqués ;
le palais de Cambaluc, c'est-à-dire de Pékin, où il passe trois
mois de l'année, est décrit, ainsi que le rôle des gardiens qui
assurent sa sécurité (**81-85**). Le récit s'attarde ensuite sur les
deux grandes fêtes qui sont célébrées avec faste à la cour du
Grand Khan : celle de son anniversaire de naissance, le 28 août,
et celle qui marque le début de l'année, la *Blanche Fest*e (**86-88**).

La chasse, l'une des occupations favorites du Grand Khan,
est longuement évoquée (**89-92**) avant que Marco Polo ne
résume les activités qui rythment l'année du seigneur (**93**). Enfin
le récit évoque à nouveau la cité de Cambaluc, le pouvoir qui en
émane et les différents usages – surprenants pour un Occidental
– institués par le Grand Khan pour assurer sa puissance et le
fonctionnement de l'empire : la fabrication et l'utilisation du
papier-monnaie, le système des relais de poste, l'usage consistant à planter des arbres le long des routes pour que les voya-

geurs ne s'égarent pas (**94-99**). Marco Polo note également des singularités telles que le vin de riz (**100**) ou l'emploi du charbon (**101**). Le volume s'achève sur l'évocation des mesures à la fois économiques et humanitaires décidées par le Grand Khan pour maintenir le niveau de vie de ses sujets et sur la mention de la charité qu'il exerce à l'égard de ceux qui sont dans le besoin (**103-104**).

Le récit présente une unité incontestable. Marco Polo accorde une large place à ce puissant seigneur qui semble l'avoir fasciné et il nourrit son récit de renseignements de premier ordre sur les usages chinois de l'époque aussi bien que sur la politique de l'empereur. Le tome II (**74**) avait annoncé les fastes de la cour du Grand Khan. Les chapitres qui composent le tome III confirment l'intérêt que le jeune Vénitien a porté à la Chine et la richesse des informations qu'il rapporta de son séjour là-bas. Marco Polo dit lui-même que pendant les dix-sept ans passés en Orient, il a parcouru la plupart des provinces de l'empire afin de rapporter au seigneur toutes les informations possibles (cf. tome I, ch. **15** et **16**). C'est là assurément qu'il put observer les usages de ce pays. Certains critiques ont douté de la réalité du voyage de Marco Polo[17]. Or ce qui se dégage de ce texte et en particulier des chapitres consacrés à la Chine, c'est tout d'abord une impression d'authenticité. Les renseignements qui concernent Khoubilai et son règne sont exacts et recoupent le plus souvent les données fournies par les *Annales* de Chine et de Mongolie. Il ne peut s'agir de coïncidences: Marco Polo multiplie les dates et les repères qui permettent au lecteur de situer les grands moments du règne du Grand Khan. Sans doute commet-il une inexactitude en disant que Khoubilai a commencé à régner en 1256 (**76**, 7), puisque Möngké, son prédécesseur, vit encore à cette date et que c'est en 1260 seulement que les *Annales mongoles* font commencer le règne de Khoubilai, après le décès de Möngké. Si Marco Polo dit 1256, c'est sans doute parce que c'est cette

---

[17] Voir la mise au point apportée à ce sujet par Philippe Ménard, tome 1, pp. 96-97.

année-là que fut commencée la construction de Ciandu, ville
destinée dans la pensée de ses fondateurs à devenir la nouvelle
capitale de l'Empire mongol[18]. De même il prend le temps d'expliquer que l'une des guerres les plus difficiles que l'empereur
eut à mener pendant les dernières décennies de son règne fut
celle où il dut combattre Naian, son neveu, en 1286 (**76,** 24).
Marco Polo sait aussi que le fils aîné de l'empereur, Chingui,
mourut de façon prématurée en 1285 et que c'est Temur, son
petit-fils, qui fut désigné comme son héritier (**82,** 1-10). Le récit
évoque ainsi tout naturellement certains grands événements qui
se passèrent en Chine alors que Marco Polo s'y trouvait encore.
En revanche au moment où, sur le chemin du retour, les trois
Polo quittèrent la Perse, la nouvelle de la mort du Grand Khan,
survenue le 18 février 1294, n'était pas parvenue jusqu'à eux et
en 1298 alors que Marco Polo compose son ouvrage, il parle de
l'empereur comme s'il était toujours vivant[19], calculant que
l'empereur devrait alors avoir quatre-vingt cinq ans (**76,** 18).

Tout au long du *Devisement du Monde*, mais tout particulièrement dans les chapitres qui relatent son séjour en Chine, Marco
Polo montre sa détermination à convaincre de la véracité de ses
propos. Il multiplie les affirmations (*c'est tout voir* **75,** 11, **76,** 1,
81, 21, **91,** 1), s'efforce d'expliquer (*et ce fut la raison pourquoi*
77, 36), en appelle à la compréhension du lecteur (*sachiez que*,
78, 80, *entendez que* **83,** 1, 17, 43, et *si vous di que* **82,** 9, 14, **83,**
76). Le plus souvent c'est la première personne qui est employée
comme si Marco Polo avait à cœur de prendre à son compte le
contenu et l'organisation du récit. Il dit volontiers *je* et affirme
avec force son projet : *Or vous veul commencier a conter* (**75,** 1),
insistant dès ces premières lignes sur la valeur de son témoignage et son désir d'être cru : *Et ce vous mousterrai je… que
c'est tout voir ce que je vous ai dit* (**75,** 10). Il revendique également à plusieurs reprises un récit organisé et clair où chaque

---

[18]   Cf. A. J. H. Charignon, *Le livre de Marco Polo*, éd. Nachbaur, Pékin, livre
       II, p. 5.
[19]   Sur ces dates, voir P. Pelliot, *op. cit.*, t. I, p. 567.

chose trouve sa place logique: *tout apertement* (**75**, 10), *orde-neement* (**88**, 44), *clerement* (**94**, 62). Il justifie pleinement les propos qui reprennent ce qui a déjà été dit auparavant (**75**, 11), annonce ses arguments et son raisonnement (**75**, 14, **79**, 15, **80**, 16). On a souvent dit que la relation de Marco Polo pouvait donner l'impression d'être impersonnelle ou neutre, que les indications concernant son séjour ou ses déplacements étaient complètement gommées. Cependant de cette écriture émerge l'impression d'une expérience vécue, d'une rencontre véritable entre un homme venu d'Occident et le monde oriental.

Certes une seconde voix semble se faire entendre parfois[20]. Au début de ce volume, dans le chapitre qui sert d'ouverture au récit sur le Grand khan, l'auteur dit: *nostre livre* (**75**, 1, 11). Faut-il penser ici à Rustichello de Pise et à la collaboration[21] qui donna naissance à ce récit? Faut-il accorder de l'importance à ce *nostre* ainsi qu'aux quelques formules qui paraissent faire allusion à un travail fait en commun[22]? Que penser de réflexions comme celle-ci: *Encore vous conteray je autre chose que je vous avoie oublié a dire qui bien fait a ramentevoir* (**97**, 48)? S'agit-il d'un ajout de Marco Polo à un récit préalable qu'il aurait corrigé? Il est difficile de se prononcer sur ce point. En tout cas certains épisodes portent la marque d'une écriture maîtrisée et proche de certaines traditions littéraires; par exemple, les chapitres (**76-79**) qui relatent le combat de Khoubilai contre son

---

[20]   Voir V. Bertolucci Pizzorusso, «Enunciazione e produzione del testo nel *Milione*», dans *Studi mediolatini e volgari*, t. 25, 1977, pp. 5-43.

[21]   Sur cette collaboration et sur Rustichello de Pise, voir le t. 1, pp. 19-24 et l'article de Ph. Ménard, «Le problème de la version originale du *Devisement du Monde* de Marco Polo» dans *De Marco Polo à Savinio, écrivains italiens en langue française, Etudes réunies par François Livi,* Presses de l'Université de Paris-Sorbonne, Paris, 2003.

[22]   On relève six exemples de verbe déclaratif employé au pluriel (**80**, 68; **86**, 41-42; **90**, 36; **97**, 122; **100**, 9; **103**, 16). Le pluriel alterne cependant avec le singulier dans des formules telles que: *Or vous laisserons a conter* (**80**, 15) en face de *Si vous dirai* (**80**, 18), *Et si vous di* (**80**, 47). Voir aussi **82**, 14; **82**, 23-24; **85**, 90, etc. Le singulier l'emporte alors de très loin sur le pluriel, mais il est impossible de savoir qui dit *je*.

neveu Naian ont des accents épiques et pourraient être davantage
marqués par le talent de Rustichello de Pise, écrivain de métier,
que par celui de Marco Polo. Le texte du *Devisement du Monde*
est le fruit d'une collaboration qui ne se cache pas mais qui
n'empêche pas la voix de Marco Polo de se faire entendre.

C'est sans doute lorsqu'il parle de la Chine et de l'empereur
qu'il a servi et admiré que cette voix se laisse le mieux percevoir.
Le personnage de Khoubilai a fait rêver le jeune Vénitien: la
puissance et la richesse de ce seigneur en font un être de légende.
Probablement est-ce pour cette raison que *Le Devisement du
Monde* se trouve fréquemment à côté du *Roman d'Alexandre*
dans certains manuscrits copiés pour des grands seigneurs occidentaux[23]. Ces manuscrits, souvent véritables anthologies consacrées à l'Orient, se plaisent à raconter les exploits légendaires du
roi de Macédoine, qui après avoir conquis la Perse, s'enfonça
dans les déserts de l'Inde fabuleuse, c'est-à-dire aux extrémités
du monde connu. Comme le héros antique, Khoubilai échappe à
la dimension habituelle des hommes et, en conquérant des terres
où règnent tant de *granz merveilles*, il prend une dimension
mythique.

D'autres voyageurs fascinés eux aussi par l'Asie et par la
civilisation mongole avaient organisé leurs récits autour de
grands personnages. Ainsi Jean de Plan Carpin dans son *Histo-
ria Mongalorum* vers 1247 avait écrit un véritable «roman de
Gengis». Marco Polo quelques années plus tard se livre à l'apo-
logie de l'un de ses successeurs, Khoubilai, qui réunit en lui
toute l'étrangeté de ses origines mongoles et le poids des traditions chinoises qu'il respecta et adopta une fois devenu empereur[24].

La technique du récit de voyage adoptée dans les chapitres
précédents (cf. les tomes I et II) qui permettait de suivre les

---

[23]   C'est en particulier le cas pour *B1* et *B2*. Voir la description détaillée de ces
        manuscrits dans le tome 1, pp. 43-44.

[24]   Cf. Olschki, Leonardo, *L'Asia di Marco Polo*, Firenze, 1957 (nouv. éd.
        Venezia, 1978).

voyageurs de ville en ville, des confins de la Perse à la Chine, n'est plus de mise ici. L'évocation du Grand Khan et de sa cour est une sorte de halte éblouie dans l'itinéraire asiatique de Marco Polo. Le temps de la narration est suspendu laissant la place à une description émerveillée de la cour du Grand Khan. Ce n'est plus que description ponctuée de superlatifs, d'hyperboles, de nombres extraordinaires, d'énumération de richesses et de récurrentes protestations de l'impuissance à dire et à être cru. Tout l'ensemble concourt en effet à dire la « merveille ».

C'est dans ce tome III que nous voyons le mieux le marchand vénitien céder le pas à l'homme de cour, à l'officier du palais qu'est devenu Marco Polo, désormais au service du Grand Khan. Il se révèle fasciné par la grandeur, par le décor luxueux, par les symboles de la puissance, tout autant que par l'organisation de la cour impériale[25].

La grandeur, c'est avant tout celle du palais de Khoubilai à Cambaluc[26] (**83**). Elle est toute contenue dans le quantitatif, exprimée en une énumération de données chiffrées : quatre milles de murs d'enceinte de dix pas d'épaisseur, cinq portes par mur, un «*palés*», c'est-à-dire ici une tour, à chaque angle, huit autres tours sur une seconde enceinte fortifiée, puis le palais proprement dit, au sol surélevé de dix paumes, une salle prévue pour des dîners de six mille personnes … L'estimation chiffrée atteint même l'indicible : il y a *tant de chambres que c'est merveilles a veoir* (**83**, 54). Un autre palais tout semblable, destiné au fils du Grand Khan (**84**) est décrit avec la même admiration[27].

La cité de Cambaluc participe à cette grandeur, par ses innombrables demeures, auberges et belles maisons, et par ses rues si droites et si larges (**84,** 39) qu'elles permettent de voir les portes en enfilade, laissant deviner un projet architectural raf-

---

[25] Cf. Rossabi, Morris, *Kubilai Khan empereur de Chine*, Paris, Perrin, 1991.

[26] Voir l'article de Nancy Shatzman Steinhardt, « The Plan of Khubilai Khan's impérial city », dans *Artibus Asiae*, 44, 1983, pp. 137-158.

[27] Cependant les informations données sur la superficie, les tours et les portes des palais sont en gros justes et confirmées par d'autres sources.

finé, sans doute conforme à la construction des villes chinoises du temps des Song. Les remparts de Cambaluc, symboles de la puissance militaire du Grand Khan, abritent une armée de protection sans pareille : mille hommes à chaque porte de la cité, garde prétorienne à cheval de douze mille hommes au palais, et dans les tours tout l'armement et l'équipement du seigneur : *Ce sont ars et carquois, selles et frainz, cordes et dars a ost* (**84**, 11-12).

Mais ce qui semble avoir le plus séduit Marco Polo, c'est qu'à l'intérieur de ce formidable appareil militaire tous les signes renvoient finalement autant à la puissance proprement dite du Grand Khan qu'à l'éminente dignité de la fonction impériale. Les maîtres mots sont *grandesce* (**84**, 54), *onnourance* (**84**, 55), *hautesce* (**85**, 1, 5). Sans arriver à cacher la méfiance qu'éprouve Khoubilai envers ses barons et sa crainte d'éventuelles rébellions populaires, Marco Polo ne veut voir dans cette organisation très centralisée que déférence et obéissance devant le Grant Khan. Il suggère très habilement que ce dernier a su asseoir sa puissance en déléguant aux *granz barons*, munis des fameuses tablettes de commandement, les mêmes pouvoirs administratifs et militaires (**80**, 64) qu'à lui-même : *Et n'entendez pas pour paour qu'il aient de nulle gent, mais le font pour grandesce et pour l'onnourance du seigneur qui leenz demeure* (**84**, 53). Villes et palais disséminés dans les provinces les plus éloignées dessinent ainsi en cercles concentriques le siège du pouvoir souverain dont le Khan occupe la place centrale.

Dans cet esprit, bien évidemment, jouent un rôle de premier plan les rites de cour ainsi que le cérémonial et les fêtes qui suscitent l'éblouissement du jeune Vénitien. La *Blanche Feste* en début d'année (**87**) ou bien la *feste de la nativité* du Khan (**86**) s'ordonnent autour de la remise des *granz presens d'or et d'argent, de pierres et de pelles et de mainz riches draps* (**87**, 13-14) qui sont autant de tributs versés par de lointains vassaux. Toutes ces richesses étalées publiquement sont ici des signes d'allégeance et de soumission à l'empereur.

La dimension sacrée transparaît alors, à la fois par la symbolique des couleurs, le blanc principalement, ainsi que par les rites alimentaires de pureté comme ces masques de soie à fils d'or portés par les serviteurs afin que *leur aleine ne leur odour n'entrast en leur viande ne ens ou buvrage au Grant Sire* (**85,** 59-60). Les sujets accomplissent des gestes d'adoration en se prosternant devant le Seigneur[28], ce qui ne choque pas, loin de là, le chrétien de Venise : *il enclinent tout maintenant et meittent leurs testes en terre et font leur oroison vers le seigneur et l'aourent aussi comme se il fust dieu, et en telle maniere l'aourent par .IIII. fois* (**87,** 50-53). Les us et les rites de la cour imposent délibérément cette soumission apparente à tous les Mongols : *Et quant il tient la coupe en sa main tous les barons et tous ceulx qui la sont s'agenouillent et font signe de grant humilité* (**85,** 63-65). Marco Polo, se souvenant d'avoir vu un guépard apprivoisé s'agenouiller lui aussi devant le Grand Khan, glisse, en toute conscience, vers le récit merveilleux : *Encore vous dirai je d'unne autre chose que je vous avoie oubliee a conter, qui bien vous semblera une grant merveille en cest livre : li lyons tantost que il le voit se gete a terre devant lui et fait signe de grant humilité* (**88,** 33-39). Rappel d'une scène vécue ou souvenir littéraire, motif biblique ou légendaire, le récit se nourrit ici autant de la mémoire que de la fiction.

Par empathie, Marco Polo devine le monde mental de Khoubilai et se fait le chantre de sa grandeur comme il en fut sans doute l'acteur en le servant. L'ordonnance des fêtes, depuis l'arrivée des seigneurs avec leurs chameaux ou leurs éléphants jusqu'aux réjouissances des jongleurs, tout nous est montré comme convergeant vers la plus grande gloire du seigneur. L'étiquette la plus stricte préside à la table du Khan, aussi bien dans la place allouée à ses femmes, fils, neveux et féaux que dans les gestes et comportements du Seigneur, l'ensemble s'inscrivant dans une véritable dramaturgie du repas : *Et quant le Grant Sire doit boire, tous les instrumens dont il y a grant quantité de toutes manieres commencent a sonner* (**85,** 60).

---

[28] Il s'agit là d'un usage qui dura des siècles en Chine jusqu'à l'avènement de la République.

Cette stratégie séductrice du Grand Khan s'exprime tout particulièrement par la mise en scène du luxe : milliers d'habits identiques offerts aux barons, ceintures de pierreries, etc…L'or est cité trente-trois fois, l'argent quatorze fois, le mot trésor sept fois…L'estimation des fourrures distribuées atteint des chiffres prodigieux : deux mille besants d'or pour une belle fourrure de zibeline, mais, ajoute le narrateur qui parle alors en commerçant, mille seulement pour une pelisse de qualité moyenne ! Il y a là pour un public occidental des marques aisément identifiables de l'Orient fabuleux, tout autant que de la suzeraineté naturelle que donne l'extrême prodigalité des richesses. Enfin, dernier signe de la puissance de cet empire du bout du monde, le Khan est souverain de toutes les religions qui cohabitent pacifiquement dans son empire : *tous les ydolastres et tous les Sarrazins et tous les Crestiens et toutes les autres generations font orations et grans congregacions et grans prieres chascun a leur dieux, avec grans chanz et grant luminaire et grans encenz, que il leur sauve leur seigneur et li donnent longue vie et joie et santé* (**86**, 33-38). Khoubilai en fait n'abandonna jamais totalement les croyances et rituels mongols, mais il encouragea pendant son règne la pratique des rites bouddhistes et confucéens, accueillit favorablement les chrétiens aussi bien que les islamistes et se montra ouvert à toutes les croyances.

La dernière fascination à faire partager au lecteur occidental, c'est l'évocation des chasses impériales. Jugeant sans doute que tout un public aristocratique et connaisseur pouvait recevoir le récit à l'aune de ses propres critères, Marco Polo y consacre, fait remarquable, cinq chapitres (de **89** à **93**). Il relate avec une minutieuse précision l'organisation de ces chasses. La profusion et la diversité du gibier sont indiquées : cerfs, daims, biches, sangliers, tigres, ours, bœufs et ânes sauvages, loups et renards, chevreaux, lièvres, grues et mille sortes d'oiseaux. Les animaux exotiques et familiers s'y côtoient. Différents types de chasses sont pratiquées : chasse à l'aide de chiens mâtins, de léopards, de tigres, de loups-cerviers mais aussi chasses à l'oiseau : aigles, faucons, autours, gerfauts ou encore chasse à cheval ou spectaculaire chasse à dos d'éléphant[29] que les enlumineurs ont souvent essayé de représenter. Lions et léopards, animaux souvent représentés dans le bestiaire occidental, sont ici bêtes réelles et redoutables, tantôt gibier, tantôt auxiliaires de chasse. Marco Polo fait éclater le cadre traditionnel du songe cynégétique et il rend merveilleux les animaux exotiques que l'imaginaire dote d'un symbolisme moral, tout en parant de merveille des animaux ordinaires[30].

Profusion encore de chasseurs : le Khan a bien dix mille rabatteurs près de lui auxquels s'ajoutent dix mille fauconniers (**92**, 6) et dix mille veneurs menant dix ou vingt mille mâtins…Tout est démesuré, y compris le luxueux campement de dix mille tentes qui reproduit la cité impériale avec tous ses corps de métiers[31]. L'espace de majesté n'a fait que se déplacer. La tente principale, aux cordages de soie, dressée sur trois piliers recouverts de peaux de tigre et pouvant recevoir mille personnes, est recouverte elle aussi de peaux de tigre à l'extérieur et garnie d'hermine et de zibeline à l'intérieur. D'autres tentes abritent les barons et leurs amies. Marco Polo sait fort bien quelle stupéfaction va saisir tous les seigneurs européens à la réception de son texte, puisque de tous les détails de la chasse du Khan, il ne retient que les plus incroyables. Ainsi au cri de : « Sire, grues passent ! » le Khan, dans sa vaste cabine en bois juchée sur quatre éléphants, fait écarter les tentures de cuir de tigre doublées de soie à fils d'or puis lâche ses douze gerfauts. Nous sommes loin des chasses occidentales, fussent-elles royales[32]. Marco Polo n'a pas toujours été cru, peut-être pour n'avoir pas assez intégré son

---

[29]   Voir par exemple la miniature du manuscrit *A2*, B. N., fr. 2810, au fol. 42 v° dans Marco Polo, *Le Livre des Merveilles du monde*, par Marie-Thérèse Gousset, Bibliothèque de l'Image, 2002, p. 57.

[30]   Voir à ce sujet J. Cl. Faucon, « La représentation de l'animal par Marco Polo », *Médiévales*, n° 32, Printemps 1997, *« Voix et signes »*, pp. 97-118.

[31]   Les chiffres sont naturellement hyperboliques et donc faux. Ils ne sont là que pour signifier « beaucoup ».

[32]   Voir par exemple le début du *Roman de la Rose ou de Guillaume de Dole*, de Jean Renart, édité par F. Lecoy, Paris, Champion, 1962.

récit dans l'immensité des territoires giboyeux de Mongolie. Il a en fait dessiné un colossal parc de chasse, expression de la domination symbolique du Grand Khan sur la faune, la flore et les hommes.

Le plus étonnant se trouve peut-être dans l'organisation rigoureuse de ces chasses. Tout semble parfaitement réglé, chaque officier est à sa place et affecté à une tâche bien précise. Ainsi les uns, appelés les *toscaor* (**92**, 18), veillent sur les oiseaux de chasse et sont chargés d'identifier leurs maîtres, grâce à la plaquette attachée à une patte de chaque animal. D'autres, les *bulargusi* (**92**, 37), tiennent une sorte de bureau des objets trouvés : la réglementation est telle que nul Mongol n'oserait l'enfreindre en gardant pour lui un oiseau identifié ou toute autre chose (**92**, 40). Marco Polo n'évoque toutefois aucune sanction, si ce n'est le risque d'être traité de voleur (**92**, 44). Emporté par son admiration, il se garde d'émettre tout jugement négatif sur la société de cour dont il fit si longtemps partie. Sans jamais se mettre en scène, à son habitude, il tente de chanter en simple observateur les louanges de l'empereur mongol, mais nous sentons aisément en arrière-plan sa fierté d'avoir participé activement à cette splendide vie de cour.

L'étonnante souveraineté d'ordre cosmique du Grand Khan a, au moins dans la période que sa mémoire lui fait revivre, peut-être séduit Marco Polo plus intensément que ne pouvait le faire la brillante république marchande de Venise. On comprend alors que cette fascination ait pu être reçue en Europe comme extravagance et que la crédibilité de Marco Polo ait souffert de ces écritures hyperboliques. Et pourtant, peu à peu, ses informations ont trouvé confirmation et ne peuvent plus être négligées. Ainsi, pour la vie au palais du Grand Khan, il a été possible de croiser son récit avec d'autres témoignages, notamment de voyageurs proches dans le temps. Odoric de Pordenone[33] confirme par

---

[33]   Voir H. Cordier, *Les voyages en Asie au XIVe siècle du bienheureux Odoric de Pordenone, religieux de Saint-François*, (Traduction française d'Odoric de Pordenone par Jean le Long d'Ypres, éditée dans *Recueil de voyages et de documents pour servir à l'histoire de la géographie*, t.X, Paris, 1891).

exemple le nombre des portes de Cambaluc, le rôle des *quesitan*, la place des dames à la table du Khan, les chasses avec les éléphants. Ibn Battûta[34] explique ce qu'est le *borgal* (**88**, 15) dont parle Marco Polo. Guillaume de Rubrouck[35] aussi bien que Jean du Plan Carpin[36] attestent la coutume étonnante qui exige, aux fêtes de l'Empereur, que tous les participants changent la couleur de leurs vêtements en même temps que l'Empereur. Ces usages surprenants à la cour de Khoubilai Khan, existaient également du temps de Küyük Khan et de Möngké Khan. Par ailleurs les *Annales* officielles des dynasties mongoles et chinoises, examinées depuis longtemps par les historiens spécialistes de la Chine, confirment également l'authenticité de certains renseignements fournis par Marco Polo : les tours de garde des *quesitan*, l'année lunaire, l'extraordinaire garde-robe de l'empereur, les fêtes du début de l'année ainsi que le calendrier du séjour du Seigneur dans ses différentes résidences. La magnificence évoquée dans le *Devisement du Monde* n'apparaît alors comme exagérée.

Au dix-neuvième siècle, M. G. Pauthier[37] a donné la traduction du *Cérémonial général pour les réceptions à la cour mongole* qui s'attarde sur les réceptions, les fêtes anniversaires de la naissance du Khan, l'offre des présents, etc. Ce *Cérémonial* très détaillé, établi par deux Chinois, fut appliqué par Khoubilai Khan à partir de 1277 et diffère du simple cérémonial mongol en usage jusqu'alors. Tout ce que rapporte Marco Polo, qui fut témoin de la mise en œuvre de ce *Cérémonial*, est conforme à ces prescriptions, notamment les saluts, les révérences et les prosternations.

---

[34] Voir *Ibn Battûta. Voyages*, trad. de l'arabe par C. Defremery et B.R. Sanguinetti, 1858. Nouvelle édition de Stéphane Yerasimos, Paris, Maspéro, 1982 (3 vol.).

[35] Voir Cl. et R. Kappler, *Guillaume de Rubrouck, envoyé de saint Louis. Voyage dans l'empire mongol (1253-1255)*, trad. et comm., Paris, Payot, (Bibl. hist.), 1985.

[36] Jean de Plan Carpin, *Histoire des Mongols*, trad. et annotée par Dom Jean Becquet et L. Hambis, Paris, Adrien-Maissonneuve, 1965.

[37] M. G. Pauthier, *Le livre de Marco Polo, citoyen de Venise*, Paris, 1865, 2 vol., Genève, Slatkine Reprints, 1978, p. 291.

Quant aux chasses du Khan, organisées comme de véritables expéditions guerrières, avec sans doute l'idée, répandue également en Occident, qu'elles entraînent à la guerre en temps de paix, elles ne surprennent pas si nous les comparons aux récits de chasse orientaux de Chine ou d'Inde du XVe au XVIIIe siècles, qui décrivent eux aussi d'immenses armées en marche. Même les quarante journées de distance que Marco Polo assigne au territoire de chasse impérial paraissent vraisemblables aux historiens.

De même, des recherches entreprises il apparaît que tous les noms fournis par Marco Polo (*bulargusi, toscaor, cunicy...*), tout déformés qu'ils puissent avoir été par les copistes successifs, sont à prendre très au sérieux et se trouvent tous confirmés[38], directement ou indirectement, de même que les noms de certains officiers mongols, comme *Mingam* ou *Baia* (**91**, 2).

Restent les chiffres qu'il fournit en grand nombre et auxquels il ne faut pas accorder une valeur mathématique, mais qu'il faut plutôt recevoir comme un ordre de grandeur, pratique habituelle à tout discours oral comme celui qui sous-tend le *Devisement du monde*. L'estimation des distances est approximative, du moins dans la mémoire de Marco Polo. Sa formation de marchand vénitien tout autant que ses missions dans l'empire du Khan ne devaient certes pas l'inciter à évaluer des valeurs de façon fantaisiste. On reste pourtant perplexe devant certaines estimations de prix qui semblent démesurées, comme celles des fourrures de zibeline (2000 livres d'or la pièce) ou de certaines pierres (10000 besants d'or). Ce serait oublier que le *Devisement du monde* n'est ni un compte-rendu ni un récit détaillé de voyage. Il n'en demeure pas moins que sur l'essentiel, le témoignage de Marco Polo dans ces épisodes mérite d'être, tout comme dans les autres tomes, considéré comme digne de foi[39]. Les érudits qui, depuis le

---

[38]   Cf. Ph. Ménard, «L'itinéraire de Marco Polo dans sa traversée de la Chine», in *Medioevo Romanzo*, vol. XXVI, fasc. III, pp. 321-365.

[39]   Le livre de Morris Rossabi, *Kubilai Khan empereur de Chine* (Paris, Perrin, 1991) fournit sur ce point un grand nombre de renseignements ainsi que celui de Leonardo Olschki, *L'Asia di Marco Polo* (éd. Venezia, 1978).

XIXe siècle, ont étudié l'histoire de l'Orient et de la Chine ont eu souvent recours aux renseignements fournis par Marco Polo. Géographes et ethnologues, voyageurs même, ont lu avec intérêt *Le Devisement du Monde* et les pages consacrées à Khoubilai et à son empire et leur ont accordé foi.

Le récit composé par Marco Polo à la fin du XIIIe siècle répond à l'attente d'un public qui accorde une importance relative à l'exactitude, mais qui a envie de savoir ce que sont les limites du monde connu et pour qui l'Orient garde tout son attrait. L'existence en Chine d'un prince qui est lui-même curieux de l'Occident et du monde chrétien intrigue et surprend. Khoubilai a indéniablement fasciné Marco Polo qui a brossé de lui un portrait étonnant, certes idéalisé, mais qui était destiné à un public prêt à rêver des fastes de l'Orient et à s'émerveiller des faits et gestes du Grand Khan. Aucune réserve, aucune critique sur ce seigneur et sa politique n'apparaît dans le récit. A l'homme puissant qui a réuni sous son autorité un immense empire, à l'administrateur habile qui a édifié une nouvelle capitale, un nouveau code de lois, favorisé une administration efficace, bien qu'elle reposât sur une bureaucratie centralisatrice, Marco Polo superpose ici l'image d'un souverain qui a voulu être populaire et se faire respecter et aimer par les divers peuples qui vivaient alors en Chine. Le voyageur qui a choisi de rester tant d'années dans ce pays semble avoir éprouvé une admiration sans faille pour celui qu'il a servi : le monde qu'il dessine autour de Khoubilai est magnifié, voire transcendé. L'Occident n'est plus qu'une référence lointaine et *Le Devisement du Monde* s'ouvre sur une poésie de l'ailleurs, sur un merveilleux qui n'est pas exempt d'exotisme, nourrissant les rêves que suscitaient alors l'Orient et les confins du monde.

BIBLIOGRAPHIE SÉLECTIVE

I – Editions et traductions du texte de Marco Polo

Rédaction franco-italienne

Marco Polo, *Il Milione*, éd. L. F. Benedetto, Firenze, 1928.

Marco Polo, Milione, Le Divisament dou monde. Il Milione nelle redazioni toscana e franco-italiana, éd. G. Ronchi, introd. C. Segre, Milano, Mondadori, 1982.

Marco Polo, *The Book of Ser Marco Polo, the Venitian, concerning the Kingdoms and Marvels of the East*, trad. angl. H. Yule et H. Cordier, 2ᵉ éd. Londres 1903, 2 vol., rééd. New York, Dover Publications, 1993.

Rédaction française

Le livre de Marco Polo, citoyen de Venise, éd. M. G. Pauthier, Paris, Firmin-Didot, 1865, 2 vol., Slatkine Reprints, Genève, 1978.

Le livre de Marco Polo, trad. A. I. H. Charignon (d'après le texte de Pauthier), Pékin, 1924-28.

Marco Polo. La description du Monde, éd. et trad. P. Y. Badel, Paris, Livre de Poche, Lettres Gothiques, n°4551, 1997.

Marco Polo, *Le Devisement du monde,* édition critique publiée sous la direction de Philippe Ménard :
- *Tome I, Départ des voyageurs et traversée de la Perse*, éd. M. L. Chênerie, M. Guéret-Laferté et Ph. Ménard, Genève, Droz, T.L.F., 2001.
- *Tome II, Traversée de l'Afghanistan et entrée en Chine*, éd. J. M. Boivin, L. Harf-Lancner et L. Mathey-Maille, Genève, Droz, T.L.F., 2OO3.

Rédaction toscane

Marco Polo, Milione, éd. V. Bertolucci-Pizzorusso, Milano, Adelphi, 1994 et 1995.

Marco Polo, *Il Milione, Le Divisament dou monde. Il Milione nelle redazioni toscana e franco-italiana*, éd. G. Ronchi, Milano, 1982.

Rédaction vénitienne

Marco Polo, Il Milione veneto, éd. A. Barbieri et A. Andreose, Venezia, Marsilio, 1999.

Rédactions latines

Marco Polo, Milione, redazione latina del manoscritto Z, éd. A. Barbieri, Parma, 1998.

J. V. Prasek, *Marka Pavlova z Benatek Milion*, édition du texte de frère Pipino avec une traduction tchèque, Prague, 1902.

Rédaction de Ramusio

Ramusio, *Navigazioni e Viaggi*, éd. Marica Milanesi, Torino, vol. 3, 1980, pp. 9-297.

Reconstructions modernes

Marco Polo, *The Description of the World*, trad. angl. de A.C. Moule et P. Pelliot, 2 vol., Londres, 1938-39.

Marco Polo, *La Description du Monde*, trad. L. Hambis, Paris, Klincksieck, 1955, rééd. Découverte et Phébus, 1996, trad. fr. du texte de Moule et Pelliot.

Autres textes

Becquet Jean et Hambis Louis, *Jean de Plan Carpin, Histoire des Mongols*, trad. Paris, Maisonneuve, 1965.

Cordier, H., Traduction d'Odoric de Pordenone par Jean Le Long, *Les voyages en Asie au XIV* siècle du bienheureux Odoric de Pordenone, religieux de Saint-François*, Paris, 1891.

Jacquet, E., éd. «Lettres du Grand Kaan», *Le Nouveau Journal Asiatique*, t. 7 (1831), pp. 414-426.

Kappler C. et R., *Guillaume de Rubrouck, envoyé de saint Louis. Voyage dans l'empire mongol (1253-1255)*, trad. et comm., Paris, Payot (Bibl. hist.), 1985.

Omont, H., *Le Livre des Merveilles, Marco Polo, Odoric de Pordenone, Mandeville, Hayton...*, Reproduction en facsimile, 2 vol., Paris, 1907.

Trotter, D. A., éd. *Les merveilles de la terre d'Outremer* de Jean de Vignay, Univ. of Exeter, Textes Litt. 75, 1990.

II – Etudes générales

1) Manuscrits et iconographie

Benedetto, L. F., *La tradizione manoscritta del Milione di Marco Polo*, Turin, 1962.

Bertolucci-Pizzorusso, V., «Enunziazione e produzione del testo nel *Milione*», dans *Studi mediolatini e volgari*, 25, 1977, pp. 5-43.

Gousset M. Th. et Avril Fr., *Marco Polo, Le livre des Merveilles*, éd. fac-similé du ms. fr. 2810 de la BNF, suivie de commentaires, Lucerne 1996.

Harf-Lancner, L., «Divergences du texte et de l'image: l'illustration du *Devisement du Monde* de Marco Polo», *Ateliers*, n° 30, Maison de la Recherche de l'Université de Lille 3, 2003, pp. 39-52.

Kosta-Théfaine, Fr., *Etude et édition du manuscrit de New York, Pierpont Morgan Library M 723, fol. 71-107. Du Devisement du monde de Marco Polo*, Paris, 2002 (Thèse préparée sous la direction de Philippe Ménard, Paris IV).

Ménard, Philippe, «L'illustration du *Devisement du Monde* de Marco Polo, Etude d'iconographie comparée», dans *Métamorphoses du récit de voyage*, Paris, Champion, 1986, pp. 17-31.

Ménard, Philippe, «Le problème de la version originale du *Devisement du Monde* de Marco Polo», dans *De Marco Polo à Savinio. Ecrivains italiens en langue française, Etudes réunies par François Livi*, Presses de l'Université de Paris-Sorbonne, Paris, 2003, pp. 7-19.

2) Sur Marco Polo et «Le Devisement du Monde»

Badel, Pierre-Yves, «Lire la merveille selon Marco Polo», dans *Revue des Sciences humaines, Moyen Age flamboyant*, 183, 1981, pp. 7-16.

Buenger Robbert, Louise, «Il sistema monetario», in *Storia di Venezia dalle origine alla caduta della Serenissima*, t. II, *L'età del Comune*, a cura di G. Cracco e G. Ortalli, Roma, 1995, pp. 409-430.

Cardona, G., *Indice Ragionato*, in Bertolucci-Pizzorusso, V., *Marco Polo, Milione*, Milano, 1975, 2ᵉ éd. 1994.

Chklovski, Victor, *Le voyage de Marco Polo*, traduit du russe par Marc Slonim. Introduction de K. Kounine, Paris, Payot, 1980.

Dutschke, C. W., «The truth in the book: The Marco Polo texts in Royal 19 D1 and Bodley 264», *Scriptorium*, 52, 1999, pp. 278-300.

Faucon, Jean-Claude, «La représentation de l'animal par Marco Polo», dans *Médiévales*, n°32, Printemps 1997, «Voix et signes», pp. 97-117.

Faucon, Jean-Claude, «Marco Polo et les enchanteurs», dans *Chant et Enchantement au Moyen A*ge, EUS, Champion, 1997, pp. 205-222.

Faucon, Jean-Claude, «Feux de l'ailleurs: les rites de crémation du *Devisement du Monde*», dans *Feux et lumières au Moyen Age*, Toulouse, EUS, Champion, 1998, pp. 103-120.

Guéret-Laferté, Michèle, *Sur les routes de l'empire mongol. Ordre et rhétorique des relations de voyage aux XIIIe et XIVe siècles*, Paris, Champion, 1944.

Haeger, John W., «Marco Polo in China: Problems with Internal Evidence», dans *Bulletin of Sung and Yuan Studies*, 14, 1978, pp. 22-30.

Heers, Jacques, *Marco Polo*, Paris, Fayard, 1983.

Pelliot, Paul, *Notes on Marco Polo*, Paris, Maisonneuve, 3 vol., 1959-73.

Petech, Luciano, «Les marchands italiens dans l'empire mongol», dans *Journal asiatique*, 1962, t. 250, pp. 549-574.

Sasaki, Shigemi, «Faune et flore dans le *Devisement du Monde*: Mont Vert du Grand Khan et verger de *Deduit*», dans *Mélanges J. Cl. Faucon*, Paris, Champion, 2000, pp. 380-388.

Stahl, Alan M., *The Venetian Tornesello, A medieval Venetian Coinage*, New York, 1985.

Stahl, Alan M., *Zecca: The mint of Venice in the Middle Ages*, American Numismatic Society, New York, 2000.

T'Sterstevens, A., *Les précurseurs de Marco Polo*, Paris, Arthaud, 1959.

Wood, Frances, *Did Marco Polo go to China?*, London, Secker & Warburg, 1995.

3) Sur Khoubilai et la Chine

Aubin, F., «Entre Ciel et Terre. L'idéal du cheval en Chine», dans *Le petit livre du cheval en Chine* (sous la dir. de V. Courtot-Thibault, Lausanne, Caracole, 1989),

Barbieri, Alvaro, «Il populo degli arcieri: l'organizzazione militare e le techniche di combattimento dei Mongoli nel libro di Marco Polo», *Istituto Romano di Cultúra i Ricerca Umanistica*, Annuario, 2, 2000, ed. S. Marin e I. Bulei, pp. 21-38.

Beurdeley, Cécile, *Sur les routes de la soie. Le Grand voyage des objets d'art*, Office du Livre S. A., Fribourg, Suisse, 1985 ; Paris, éd. Olizanne, 1986.

Brincken, Anne-Dorothée von den, *Nationes Christianorum orientalium*, Köln, 1973, pp. 287-336.

Bushell, S. W., « Notes on the Old Mongolian Capital of Shangtu », dans *Journal of the Royal Asiatic Society of Great Britain and Ireland, 7*, 1875, pp. 329-338.

Cleaves, Francis W., « The Biography of Bayan of the Bâtin in the Yüan shih », in *Harvard Journal of Asiatic Studies*, t. 19, 1956, pp. 185-303.

Cleaves, Francis W., « The Biography of the Empress Cabi in the Yüan shih », in *Harvard Journal of Ukrainian Studies*, 3-4, 1979-80, pp. 185-303.

Cordier, Henri, *Histoire générale de la Chine*, 4 vol., Paris, 1920-21.

Demiéville, P., « La situation en Chine au temps de Marco Polo », dans *Choix d'études sinologiques*, Leiden, 1973, pp. 166-209.

Drège, J. P., *La route de la soie, Paysages et légendes*, Lausanne, Bibl. des Arts, 1986.

Drège, J. P., *Marco Polo et la Route de la Soie*, Paris, Découvertes Gallimard, n°53, Gallimard, 1989.

Francisque Michel, *Recherches sur les étoffes de soie, d'or et d'argent pendant le Moyen Age*, Paris, 1852-1860.

Franke, H., *Geld und Wirtschaft in China unter der Mongolen-Herrschaft*, Leipzig, 1949.

Franke, H. and Twitchett D., *The Cambridge History of China*, vol. 6, *Alien Regimes and Border States 907-1368*, Cambridge, 1994, pp. 418-411.

Gazagnadou, Didier, « Les postes à relais de chevaux chinoises, mongoles et mameloukes au XIIIᵉ siècle : un cas de diffusion institutionnelle », in *La circulation des nouvelles au Moyen Age, XXIVᵉ Congrès de la S.H.M.E.S.* (Avignon, juin 1993), Ecole française de Rome, Rome, 1994, pp. 243-250.

Gernet, J, *la vie quotidienne en Chine*, Paris, Hachette, 1978.

Goepper, Roger, *La Chine ancienne. L'Histoire et la culture de l'Empire du Milieu,* (éd. fr. sous la direction de Marthe Engelsborghs-Bertels), Bordas Civilisations, Paris, Bordas, 1988.

Goldstein, Jonathan, *The Jews of China, Historical and Comparative Perpectives*, Amonk, New -York, 1999.

Grousset, René, *Histoire de l'Asie*, 3 vol. Paris, Crès et Cie, 1921.

Grousset, René, *Histoire de la Chine*, Paris, Fayard, 1942.

Grousset, René, *L'empire des steppes*, Paris, Payot, 1944.

Gulik van, K., *La vie sexuelle dans la Chine ancienne*, Paris, 1971.

Hallberg, Ivar, *L'Extrême-Orient dans la littérature et la cartographie de l'Occident des XIIIe, XIVe et XVe siècles*, Göteborg, 1907.

De Mailla, P., *Histoire générale de la Chine ou Annales de cet Empire*, Vol. IX, Paris, 1779.

Langlois, John, D., *China under Mongol Rule*, Princeton, Princeton University Press, 1981.

Le Coz, R., *Histoire de l'Eglise d'Orient: Chrétiens d'Irak, d'Iran et de Turquie*, Paris, 1995.

Leslie, Donald D., *The Survival of the Chinese Jews: The Jewish Community of Kai-feng,* Leiden, Brill, 1972.

Lopez, R. S., « China silk in Europe in the Yuan Period », dans *Journal of the American Oriental Society*, t. LXII, 1952, pp. 72-76.

Lo Jung-Pang, « The Controversy over Grain Conveyance during the reign of Qubilai Qagan, 1260-1294 », in *Far Eastern Quaterly*, 13, 1954, pp. 263-285.

Ménard, Philippe, « L'itinéraire de Marco Polo dans sa traversée de la Chine », in *Medioevo Romanzo*, vol. XXVI, fasc. III, Salerno Editrice Roma, 2001, pp. 321-360.

Mostaert, Antoine, « A propos de quelques portraits d'empereurs mongols », dans *Asia Major*, 1927, pp. 147-156.

Ohsson, Constantin Mouradgea d', *Histoire des Mongols depuis Tchinguiz-Khan jusqu'à Timur-Bey ou Tamerlan,* 4 vol., The Hague-Amsterdam, Les Frères Van Cleef, 1834-35.

Olbricht, P., *Das Postwesen in China unter der Mongolen-Herrschaft im 13. und 14. Jahrhundert*, Wiesbaden, 1954.

Olschki, Leonardo, *Marco Polo's Precursors*, Baltimore, Johns Hopkins University Press, 1943.

Olschki, Leonardo, *L'Asia di Marco Polo*, Firenze, 1957 (nouv. éd. Venezia, 1978).

Pariset, E., *Histoire de la soie*, Paris, 1962.

Pelliot, Paul, «Les Mongols et la Papauté», dans *Revue de l'Orient Chrétien*, 3e Série, t. III (XXIII), 1923-24, pp. 35 et sqq. et t. IV, 1924, pp. 225 et sqq.

Pelliot, Paul, «Sur *yam* ou *jam*, «relais postal», in *Toung Pao*, t. 27, 1930, pp. 192-197.

Pernot, François, *Les routes de la soie*, Paris, Artémis, 2003.

Peyrefitte, Alain, *Un choc de culture, 1, La vision des Chinois*, Paris, 1991.

Quéruel, Danielle, «*Le livre des merveilles* de Marco Polo», dans *Au fil des routes de la soie*, n° spécial de la revue *Chemin d'étoiles*, n° 11, septembre 2003, éd. Transboréal, pp. 177-185.

Ratchnevsky, P., «Über den Mongolischen Kult am Hofe der Grosskhane in China», in *Mongolian Studies*, ed. by Louis Ligeti, Amsterdam, 1970, pp. 417-443.

Richard, Jean, *Les récits de voyage et de pèlerinage*, Turnhout, 1981.

Roux, Jean-Pierre, *La religion des Turcs et des Mongols*, Paris, Payot, 1984.

Roux, Jean-Pierre, *Histoire de l'Empire mongol*, Paris, Fayard, 1993.

Rossabi, Morris, *The Jurchens in the Yüan and Ming*, Cornell University, 1982.

Rossabi, Morris, *Kubilai Khan empereur de Chine*, Paris, Perrin, 1991.

Rossabi Morris, «*When silk was gold: Central Asia and Chinese Textiles*», dans *The Metropolitan Museum of Art*, (march 3-may 17 1998).

Science et Vie (Les Cahiers de Science et Vie), «Marco Polo», Recueil d'articles, n°73, février 2003.

Shatzman Steinhardt, Nancy, S., « The plan of Khubilai Khan's Impérial City», *Artibus Asiae*, 44, 1983, pp. 137-158.

Thévenet, Jacqueline, *Les Mongols de Genghis Khan et d'aujourd'hui*, A. Colin, Paris, 1986.

75. Ci dit le .LXXV. chapitre des [f. 83 a] grans fais du Grant Caam qui orendroit regne, qui Cu[b]lay[1] Caan est apelez, et deviserons de touz ses granz faiz et de savoir comment il maintient ses gens et sa terre en justice.

Or vous veul commencier en nostre livre a conter les granz faiz et toutes les granz merveilles du Grant Caan qui ore regne, qui Cu[b]lay[2] Caan est appelez, qui vaut a dire en françois le grant seigneur des sei-
5 gneurs et des seignours empereours. Et il a bien ce non a droit pour ce que chascuns sache en verité que c'est le plus puissant homme de gent et de terre et de tresor qui onques fust au monde ne qui orendroit soit du temps d'Adam nostre premier pere jusques au
10 jour d'ui. Et ce vous mousterrai je tout apertement en nostre livre que c'est tout voir ce que je vous ai dit – et que chascuns y sera [content][3] – comment il fu li plus granz sires qui onques fust ne qui orendroit soit. Et vez ci la raison comment.

---

[1]   q. Cullay C. *Corr. d'après les autres graphies du même manuscrit et d'après les autres manuscrits.*

[2]   *Voir note précédente.*

[3]   contentent. *Corr. d'après A, B3, B4, C1, C3, D, F.*

76. Ci devise le .LXXVI. chapitre de la grant bataille que le Grant Caan fist contre Naam son oncle pour entrer en sa seignourie si comme il devoit.

[f. 83 b] Voirs est que cil Cublay est [de][4] la droite lignie des emperiaus de Chingins Chaan, le premier seigneur quar de cele lignie doivent issir [les seigneurs de] touz les Tartars du monde et c'est le
5 [.VI.][me] [5] seigneur si comme je vous ai conté ça arrieres en cest livre. Et ot la seignourie en l'an mil .CC. et .LVI. de Crist, car en celui an commença a regner et ot la seignourie par son grant sens et par sa prouesce et par sa grant valour, si comme droit et rai-
10 son estoit. Et ses freres et si parent li deffendoient, mais il l'ot par sa grant prouesce et grant vasselage et pour ce que [par][6] droit et par raison il la devoit avoir si comme il qui drois hoirs estoit de l'emperial lignie.
15 Dont il ot la seignourie et a regné .XL[II].[7] ans jusques a ore, qui court mil .CC. quatre vins et .XVIII. de Crist du jour qu'il commença. Et [puet][8] bien avoir d'aage entour quatre vins [cinq][9] anz si que il pot bien avoir[10] [f. 83 v°a] d'aage quant il entra
20 en son siege environ quarante trois anz. Avant que il fust seigneur, il aloit en l'ost en l'an pluiseurs foiz [et estoit proudome d'armes et moult bons cheve-taines, mes puis que il fu seigneur, il n'ala en ost que

---

[4]   e. l. d. l. *Corr. d'après A, B3, B4, C, D.*
[5]   .XVI.[me] *Corr. d'après A2, A3, A4, B3, C,D, VA, F.*
[6]   que droit. *Corr. d'après A1, A4, B3, B4.*
[7]   .XL. *Corr. d'après A, C, D, TA, F.*
[8]   c. e. pot b. a. *Corr. d'après A.*
[9]   quatre vins. *Corr. d'après A2, A3, B3, B4, B5, C, D, TA, VA, F.*
[10] quant il *exponctué après* avoir.

une foiz,][11] et ce fu en l'an mil .CC. quatre vins et sis
25 de Crist. Et vous dirai pour quoi il fu. Il estoit un[12]
grant sires tartars qui avoit a non Naian et estoit
oncles au dit seigneur Cublay Caan et estoit seignour de maintes terres et de maintes provinces.
Quant il se vit seignour, [s'en orgueillist][13] pour son
30 jouvent et pour ce qu'il avoit grant pooir, quar il
pooit bien metre en champ .IIII.^{C} mil hommes a cheval, mais il estoit toutes fois homs de son neveu, le
grant Cublay Caan [et le devoit estre par raison,
mais quant il se vit de si grant pooir, si se pensa qu'il
35 ne vouloit plus estre hom au Grant Caan][14], si avint
que Naian s'apensa de li tolir la seignourie.

   Si manda celui Naian au Grant Seignour tartar
qui se[15] nommoit Caydu – qui estoit grant sires et
poissant et estoit neveu au dit seigneur Grant Caan,
40 mais il estoit revelez et vouloit grant mal a son seigneur le Grant Caan qui son oncle estoit – et li
manda disant qu'il appareilloit tout son pooir et qu'il
estoit moult en grant d'aler contre son seignour le
Grant Caan et le prioit qu'il vousist faire aussi son
45 pooir d'aler encontre lui a l'autre part, a ce que quant
il yroient sus li a si grant gent d'une part et d'autre
qu'il li poïssent tolir a force sa seignourie. Et Caydu,
quant il ot oÿ ce message que Naian li mandoit, si en
fu moult liez [f. 83 v°b] et bien pensa que ore estoit il
50 temps de venir a son entendement, et li remanda que
si feroit il. [Si][16] s'apareilla atout son pooir tant qu'il
ot bien cent mil hommes a cheval.

---

[11]   *Phrase omise dans B1. Corr. d'après A1, A3, A4, D, F.*

[12]   e. .I. si grant sires. *Corr. d'après A, B2, B3, B4, C, D.*

[13]   *Mots omis dans B1. Corr. d'après A1, A2, A4, C .*

[14]   *Phrase omise à la suite d'un saut du même au même. Corr. d'après A, C,*
      B3, B4.

[15]   qu'il *B1, B2. Corr. d'après A1, A2, A4.*

[16]   sa s'apareilla. *Corr. d'après B1 (§ 77, 1), B3, B4.*

Or retournons au Grant Caan qui toute ceste traï-
son sot.

77. Et dit le .LXXVII. chapitre comment le Grant Caan ala contre Naian.

Quant le Grant Caan sot ce, si s'apareilla moult
vistement comme celui qui pas ne les douta pour ce
que il faisoient contre raison et droiture. Quar il ne
fu de nule riens esbahis, que de son grant sens et de
5 sa grant proesce dist que il ne portera jamais cou-
ronne se il ne met a mort ces .II. Tartars qui sont
traïtre et desloial encontre lui. Et fist moult tost son
appareil que nus n'en sot riens en .X. ou en .XII.
jours que son privé conseil. Et ot bien assemblé
10 .CCC. et .LX. mil hommes a cheval et bien cent mil
a pié. Il fist si poi de gent pour ce qu'il estoient en
son ost qui li estoient entour, car de ses autres granz
[osts][17] qui estoient si loins ne les peüst il pas avoir
eus si tost, qu'i estoient genz sans nombre et sanz fin
15 qui estoient alé en estranges contrees et provinces
conquester par son commandement.
Quar se il eust fait tout son effors d'assambler, il
en feroit si grant multitude que ce seroit imposible
chose a oïr ne a entendre ne a dire, que ce seroit
20 nombre sanz fin. Quar ces .CCC. et .LX. mil
hommes a cheval que il fist venir furent si fauconnier et [f.84 a] b[r]aconniers[18].
Quant il les out appareilliez si poi de gent, si fist
veoir a ses astrenomiens se il vaincra la bataille et se
25 il en venra a chief de ses anemis. Ceulz regarderent
par leur art et li distrent que il aille hardiement, que

---

[17]   olz. *Corr. d'après A2, A4, B3, B4.*
[18]   baconniers. *Corr. d'après A et B3.*

il vaincra et avra l'ounour et la victoire. De ce fu il
moult liez et se mist a la voie atout son ost et che-
vauchierent .XX. journees tant que il vindrent en un
30 grant champ. La estoit Naian a tout son ost qui bien
estoient .IIII.^c mil hommes a cheval. Et vindrent les
genz du Grant Caan si matin et si soudainement que cil
ne sorent onques riens de leur venue pour ce que
le Grant Caan avoit fait si bien garder les voies pour
35 les espies que nus n'i pooit passer qui ne fust pris.

   Et ce fu la raison pourquoi Naian ne sot riens de
sa venue, de quoi il furent tuit esbahi et sourpris, et
vous di que, quant le ost du Grant Caam se joinst,
Naian si estoit en sa tente avec sa femme en son lit et
40 se dormoit. Et ce fu pour ce que le Seigneur fist son
ost venir si priveement et tost, si comme je vous ai
dit. Il se soulaçoit avec sa femme ou lit, car il li
voloit moult grant bien a desmesure.

78. Et dit le .LXXVIII. chapitre le commence-
ment de la bataille du Grant Caan et de Naian le
traïteur.

[f. 84 b] Que vous en diroie je? Quant il fu jour,
le Grand Caan atout son ost vint sus un grant tertre
au plain, la ou Naian estoit qui atendoit moult seüre-
ment, comme cil qui ne creüst pour riens du monde
5 que iluec venist nule gent pour eulz faire domage. Et
c'estoit la raison pour quoi il estoient en si grant
seürté et ne faisoient nule garde, quar il n'avoient
onques riens seü de la venue au Grant Caan, si
comme je vous ai dit, pour ce que les voies estoient
10 si bien gardees et aussi que il estoient moult loins en
sauvages lieus. Et plus y avoit de .XXX. journees
jusques au Grant Caan, mais il i ala chevauchant en
.XX. jourz atout son ost pour la grant volenté qu'il
avoit de lui encontrer.

15 Que vous diroie je ? Le Grant Caan fu sus le tertre
et fist faire une grant breteche sus .IIII. grans olifans
bien ordenee et avoit desus s'enseigne qui estoit si
haute que bien le po[f. 84 v°a]oit on veoir de toutes
pars. Sa gent estoit tout par .XXX.^{M} et avoit la plus
20 grant part de ses hommes a cheval et avoit en chascune partie un homs a pié, derriere la crupe de sa
beste, qui tenoit une lance en sa main. Quar ainssi
estoient ordené toute la gent a pié atout lances en
ceste maniere si que tuit li champ en estoient cou-
25 vert, et ainssi estoit appareillie l'ost du Grant Caan
pour combatre.
    Et quant Naiam vit ce, si coururent tuit aus armes
moult esbahiz et s'apareillierent moult bien et firent
leur eschieles ordeneement. Endementres qu'il
30 estoient tuit appareillié d'une part et d'autre de la
bataille, si comme je vous ai dit, que il n'i avoit autre
que du ferir[19], adont poïst on oïr maint estrumens de
moult de manieres et chanter touz a haute vois. Quar
l'usance des Tartars est si faite que, avant que les
35 Tartars entrent en bataille, chascuns chante et
[s]onne[20] un de leur estrumens a .II. cordes moult
plaisans a ouïr. Et demeurent ainsi en cele eschiele
chantant et sonnant moult bien jusques a tant que le
nacaire du Grant Seignour sonne.
40   Et maintenant qu'il a commencié a sonner, si
commence erraument la bataille d'une part et
d'autre, quar autrement devant le son du grant
nacaire du Grant Seigneur nuls n'oseroit commencier la bataille. Si qu'en chantant et [f. 84 v°b] en
45 sonnant, quant tuit furent appareillié, si commencie-
rent a sonner le[s] grant nacaire[s][21] du Grant Caan

---

19   si comme je vous ai dit *est ici répété dans B1.*
20   donne. *Corr. d'après A, B3, B4, B5, C, D.*
21   c. a s. le grant nacaire. *Corr. d'après F.*

et li autres de Naian commença aussi a sonner. Et
maintenant commença la bataille d'une part et
d'autre moult forment. Se coururent sus aus dars et
50 aus lances et aus maces et aus espees et aus arbalestes, que gent a pié ont, si felonnessement que ce
est une merveilles a veoir. Or poïst on veoir voler
saietes d'une part et d'autre tant que tuit li airs en
estoit couvers et estoit comme espesse pluie. Or
55 peust on veoir chevaus et chevaliers cheoir mors
d'une part et d'autre tant que toute la terre en estoit
couverte. Il y avoit si grant cri d'une part et d'autre
que l'en n'i oïst pas Dieu tonnant, quar la bataille fu
moult aspre et moult felonnesse et ne s'espargnie-
60 rent de riens d'ocirre l'un l'autre.

Que vous en feroie je lonc conte ? Sachiez que ce
fu sanz faille la plus perilleuse bataille et la plus douteuse que jamais soit veüe, ne onques de nostre
temps[22] en champ ne furent tant de gent pour faire
65 bataille n'assamblerent comme cil firent, et proprement gent a cheval, quar bien furent largement que
d'une part que d'autre .VII. cens et .LX. mil
hommes a cheval, sans les gens a pié qui furent
moult grant nombre. Cele bataille dura du matin
70 jusques [a midi][23], mais au derrain, si comme il plot
a [f. 85 a] Dieu et a la raison du Grant Caan, ot il la
victoire.

Et perdi la bataille Naian et fu desconfit et vaincu
si que, quant Naian vit la grant force d'armes que cil
75 du Grant Caan faisoient, si ne les porent plus souffrir
en nule maniere. Si se mistrent erraument a la voie,
mais a Naian ne valut riens, quar il fu pris et retenus
et tuit li baron qui avec lui estoient. Si le rendirent au
Grant Caam atout ses armes.

---

22   d. n. t. ne fu en champ. *Corr. d'après A, D, F.*
23   a la nuit. *Corr. d'après A3, B3,B4, C, D, F, VA, TA, Ram.*

80   Et sachiez vraiement que Naian estoit crestiens
     baptiziés et portoit en s'enseigne la croiz, mais il ne
     li valut riens pour ce qu'il aloit contre son seignour a
     grant tort, quar il estoit homs au Grant Caam et
     devoit sa terre tenir de lui, si comme tuit si ancestre
85   avoient fait.

79. Ci devise le .LXXIX. chapitre comment le Grant Caam fist ocirre Naian.

       Quant le Grant Caan sot que Naian estoit pris, si
     en fu moult liez durement et com[f. 85 b]manda
     maintenant qu'il fust mis a mort et qu'il ne le veïst
     plus pour ce qu'il n'eüst pitié de lui. Et pour ce qu'il
5   estoit de sa chair et de son sanc, il fu occis en ceste
     maniere, car il fu envolepez en .I. tapis et fu tant
     menez ça et la estroitement que il mourut. Et por ce
     le fist morir en ceste maniere pour ce qu'il [ne]²⁴
     vouloit que li sans [du lignage]²⁵ de son empire fust
10   espandus ne qu'il alast a la terre ne au soleil. Et
     quant le Grant Caan ot vaincu ceste bataille, si
     comme vous avez oÿ, tous les barons et les hommes
     de la terre Naian firent derechef la fiance et le hom-
     mage au Grant Caan.
15   Si furent de .IIII. provinces, si comme je vous dirai,
     qui [de la seignourie²⁶ du dit Naian avoient esté]. La
     premiere a non Ciorcian, la seconde Causy, la tierce
     Bascol, la quarte Sichyguyn. Et de toutes ces quatre
     granz provinces en estoit Naiam sires, qui moult estoit
20   grant fait. Aprés tout ce que le Grant Caan ot vaincu
     Naian, ainssi comme vous avez oÿ conter, les genera-

---

²⁴   ne omis dans B1. Corr. d'après B3, B4,C, D, F, Ram.
²⁵   li sans de son empire. Corr. d'après C, D, F.
²⁶   qui seignourioient le dit Naian. Corr. d'après A1, A2, D.

tions qui estoient en la seignourie Nayam en ces quatre
provinces devant dites, qui estoient ydolastre et sarrazin – mais auques y avoit de crestiens – il faisoient si
25 granz gas des Crestiens et de la crois qui avoit esté portee pour enseigne que il ne pooient durer et leur
disoient en euls contraliant: «Or pouez vous veoir
comment la croiz de vostre [f. 85 v°a] Dieu [a][27] aidie
Naian qui estoit crestiens et qui l'aouroit !»
30   Et tant en crut la parole que elle ala jusques au
Grant Caam. Et quant il oÿ ce, si blasma ceulz durement qui ce disoient et devant les Crestiens. Et dist
aus Crestiens qui dolent estoient qu'il se deussent
reconforter que, se la crois n'avoit aidié Naian, que
35 ele avoit grant raison, quar bonne chose si est
comme ceste quant elle veut faire ce qu'elle avoit
fait de droiture. Quar Naian estoit desloiaus qui
venoit contre son seignor, et por ce il est bien avenu
ce qu'il avoit deservi et la crois de vostre dieu fist
40 moult bien quant elle ne l'aida contre droit. Et dist si
haut que chascuns l'oÿ, si que les Crestiens respon-
dirent au Grand Caan: «Sire, vous dites bien car
notre croiz ne veult aidier nul tort et pour ce n'aida il
point Naian qu'il faisoit mal et desloiauté si qu'ele
45 n'en veut faire riens pour lui qui mal faisoit». Si que
depuis ne lor fu reprochié de Sarrazins por ce qu'il
oïrent bien la parole qui fu du Seignor aus Crestiens
por la crois que Naian avoit portee en s'enseigne.

80. Ci dit le .IIII.[xx] chapitre comment le Grant Caan retorna a la cité de Cambaluc.

Quant le Grant Caan ot vaincu Naian en tel
maniere, si s'en retorna en la maistre cité de Camba-

---

[27]   Dieu aidie Naian. *Corr. d'après A et F.*

lut et yluec demoura a grant soulaz et a grant feste.
Et l'autre seignor tartar qui Caydu avoit a non, quant
5 il sot que Naian estoit desconfit et mort, si en ot
grant dolour et demoura en son appareil, mais il en
grant doute d'estre aussi menez comme Naian avoit
esté. Or avez oÿ comment le Grant Caan n'ala
onques en ost que une seule foiz : ce fut ceste. Car en
10 toutes autres besoignes il mandoit son filz ou ses
barons, mais en ceste ne voult il que nul y alast fors
lui por ce que trop li sambloit [f. 85 v°b] grant fait et
mauvais et perilleus de la seurcuidance de celui desloial Naian.

15   Or vous laisserons a conter [de ceste matiere et
retournerons a conter des grandismes faiz][28] du
Grant Caan, [car nous avons conté de quel lignage il
fu et son aage][29]. Si vous dirai ce que il fist a ses
barons qui se porterent bien a la bataille quant il
20 retorna. Celui qui estoit seignor de .C. hommes, si le
fist de .M., et qui estoit seignor de .M. le fist de .X.[M].
Et ainssi leur donnoit comme il veoit qu'il avoient
deservi, a chascun selonc ce qu'il estoit. Et sur tout
ce lor donnoit de bele vaisselemente d'argent et de
25 biaus joiaus et lor croissoit leur table de commandemens [et leur presenta aussi de beaus joiaus d'or et
d'argent et de pelles et de pierres precieuses et de
chevaus][30] et tant donna a chascun que ce fu merveilles, quant il l'avoient moult bien deservi. Car
30 oncques puis ne furent veu hommes qui tant feïssent
d'armes por l'amor de leur seignor comme cil firent
le jor de la bataille.

   Les tables des commandemens sont si faites que
celui qui a seignorie de .C. hommes si a table d'ar-

---

28   *Membre de phrase omis dans B1. Corr. d'après A1, A2, A3, F.*
29   *Suite de la phrase omise dans B1. Voir note précédente.*
30   *Phrase omise dans B1. Corr. d'après A1,B3, B4, C3, D.*

35 gent, et qui a seignorie de .M. si a table d'or ou d'argent doree. Celui qui a [seignorie de]³¹ .X.^M hommes
a table d'or a teste de lyon. Et vous diray [le pois]³²
des tables et ce que il senefient : ceuz qui ont seignorie de .C. et de .M. lor table poise chascune .VI.^{XX} et
40 cele qui a teste de lyon entaillie dedenz, qui ont la
seignorie de .X.^M, aussi .VI.^{XX}. Et en toutes ces
tables y a [.I.]³³ commandemens escriz qui dit : « Par
la force du grant dieu et de la grant grace qu'il a
donnee a nostre emperere, le nom du Caan soit
45 beneoit ! Et tuit cil qui n'obeïront a li soient mort et
destruit ! »

    Et si vous di aussi que tuit cil qui ont ces tables
ont [privileges]³⁴ de tout ce que il doivent faire a leur
seignorie. Et sachiez que cil qui ont seignorie de
50 .C.^M hommes ou que il soit seignor du grant ost
general, ceus ont une table d'or qui poise prés .CCC.
Et y a letres escrites qui dient aussi comme les autres
que je vous ay dit et desus les letres y a portrait le
lyon, et desus le lyon est le soleil et la lune. Et puis
55 ont lor grant privilege de lor granz fais et de leur
autres commandemens. Et tous ceuz qui ont si noble
table si ont commandement que, toutes fois qu'il
chevauchent, doivent avoir sus le chief .I. paile que
l'on dit ombrel, qui se porte sus une lance en sene-
60 fiance de grant seignorie. Et encore, toutes fois que
il siet, doit seoir en chaiere d'argent. Et encore a ces
granz seignors lor donne il une table de gierfaus, et
c'est aus granz barons par coi il aient plaine seignorie et baillie comme lui meïsmes. Car quant celui
65 vousist mander messages en aucun lieu, si porroit

---

³¹ *Mots omis dans B1. Corr. d'après A1, A2, A3, C, F.*
³² l'espes. *Corr. d'après A2, A3, A4.*
³³ .IIII. *Corr. d'après A2, A3, A4, B3, B4, C.*
³⁴ priviles. *Corr. d'après A, B3, B4, B5, C1, C2, D, F.*

prendre le chevaus du meilleur qui fust et toute autre
chose a sa volenté.

Or vous lairons de ce et vous conterons des
[façons]³⁵ du Grant Caan et de sa contenance.

81. [f. 86 a] Ci dit le .IIII.^{XX} .I. chapitre de la façon du Grant Caan.

Le Grant Caan, seigneur des seigneurs, qui
Cublai est appellez, est de telle façon. Il est de belle
grandesce, ne petit ne grant, mais il est de moienne
grandesce. Il est charnus, de belle maniere, et est
5 trop bien tailliez de tous membres et si a le vis blanc
et vermeil, les ieux noirs, le nez bien fait et bien
seant. Et a .IIII. fames, lesquelles il tient toutes foiz
pour ses droites moulliers. Et le greingneur fil que il
a de ces .IIII. fames doit estre par raison seingnour
10 de l'empire quant le pere est mort. Et sont appellees
[empereriz]³⁶, mais [chascune par son autre propre
non.]³⁷ Chascune de ces .IIII. dames [tient]³⁸ moult
belle court par soy, car il n'y a nulle qui n'ait .CCC.
damoiselles belles et plaisans, et si ont aussi maint
15 [escollié]³⁹ et mainz autres hommes et fames si que
chascune dame a bien en sa court .X.^M personnes. Et
toutes foiz que le seigneur veult gesir avec l'une de
ses .IIII. fames, si la fait venir en sa chambre et
aucune fois vait en sa chambre. Il a encore maintes
20 amies et vous diray en quelle maniere.

---

³⁵   faucons. *Corr. d'après A2, A3, A4, B3, B4.*

³⁶   esperaces. *Corr. d'après A2, A3, A4, C.*

³⁷   s. a. esperaces. Chascune de ces .IIII. dames tiennent moult belle court par
      soy mais chascune a puis son autre non car i. n'y a n. *B1. Corr. d'après C1,
      C3, D, F.*

³⁸   tiennent. *Corr. d'après C1, C3, D, F.*

³⁹   escuier. *Corr. d'après C1 et F.*

Il est voirs que il est unne generation de Tartars
qui sont appellé Ungrac qui moult sont belles genz et
chascun an [f. 86 b] sont admenees .C. pucelles de
celle generation au Grant Caan. Et il les fait garder
25 aus dames anciennes qui demeurent en son palais et
les font dormir aveuc elles en un lit pour savoir se
elles ont bonne alainne et se elles sont pucelles et
bien sainnes de touz leurs membres. Et celles qui
sont bonnes et belles et sainnes de tous leurs
30 membres sont mises ou service du seigneur en ceste
maniere que, chascun .III. jours et .III. nuis, .VI. de
ces damoiselles servent le seigneur en sa chambre et
en son lit, et a tout ce que besoing li en est, et il en
fait d'elles sa volenté. Et au chief de ces .III. jours et
35 .III. nuiz se partent icelles et en reviennent autres
.VI., et ainsi atout l'an que chascun tiers jour et
tierce nuit se changent de .VI. en .VI. damoiselles.

82. Ci dit li .IIII.^{xx} et .II. chapitre des filz au Grant Caan.

Le seigneur si a de ces .IIII. moulliers .XXII. filz
malles et l'ainsné avoit a non Chinguy pour l'amour
au grand Chingui Caan, le premier seigneur. Et celui
Chingui, graindre filz du Caan, devoit regner aprez
5 la mort du pere. Or avint que il mourut, mais il
remest de lui un filz qui avoit a non Temur et cestui
doit estre Grant Caan [et seigneur aprés la mort de
son aieul et c'est raison pour ce que il fut du greigneur filz du Grant Caan].⁴⁰ Et si vous di que cilz
10 Temur est sages et preux, car maintes foiz s'est ja
esprouvez en bataille. Et sachiez que encore a le

---

⁴⁰   *Membre de phrase omis dans B1. Corr. d'après A et D.*

Grant Caan .XXV. autres filz de ses amies, qui sont
bons et vaillans d'armes, et chascun est grant baron.
    Et si vous di que des enfans qu'il a de ses .IIII.
15 loyax fames en y a .VII. rois de grans provinces et de
royaumes et maintiennent bien tuit leur regne, car il
sont sages hommes et preux. Et ce est bien raison,
car sachiez que leur pere, le Grant Caan, est le plus
sage homme et le plus pourveu de toutes choses et le
20 meilleur chevetainne d'ost et le melleur meneeur de
gens et d'empire et [f. 86 v°a] de greingneur
vaillance qui onques fust en toutes les generations
des Tartars.
    Or vous ay devisé du Grant Caan et de ses fames
25 et de ses filz. Or vous voeil deviser comment il tient
court et de sa maniere.

83. Cy dit li .IIII.ˣˣ et .III. chapitre du palais du Grant Caan.

    Sachiez que le Grant Caan demoure en la maistre
cité del Cathay[41] lequel a a non Cambaluc .III. mois
de l'an, delier, jenvier, fevrier. En ceste cité a son
grant palais et vous deviserai sa façon. Il y a tout
5 avant un grant mur quarré qui a de chascune quarrure une mille – c'est a dire qu'il dure tout entour
.IIII. milles – et si est moult gros et si a de hault bien
.X. pas et est touz blans et crenelez tout entour.
Chascun quartier de ce mur a un grant palais moult
10 bel et moult riche et se tient le harnais du seigneur
dedenz. Ce sont ars et carquois, selles et frainz,
cordes et dars a ost. Et encore entre l'un et l'autre
palais si a un autre palés semblable a chascun quartier, si que il y a tout entour ce pourpris .VIII. palés

---

41   Taltay, *B1, B2. Corr. d'après les autres manuscrits.*

15 moult biaux et tous sont plainz du harnois du seigneur.

Mais entendez que en chascun n'a que d'une
chose seulement, car li uns est tous plainz d'ars et
l'autre est tout plain de selles et l'autre plain de
20 frains. Et ainsi vait de chascun tout entour qu'en
chascun n'a c'une maniere de harnois. Et le mur a[42]
a la face de midi .V. portes : au milieu une grant porte
qui n'ueuvre nulle fois se n'est quant li grans harnois ist pour fait d'ost et entre. Et de chascune part
25 de ceste porte en y a .II. si que il font .V. et la grant
est ou milieu, et par celles .IIII. mendres portes
entrent tuit l'autre gent. Mais les .IIII. portes ou
entrent l'autre gent ne sont mie l'une d'encoste
l'autre, ainz sont les .II. aus deux quartiers de ceste
30 meïsmes face et les [f. 86 v°b] autres .II. sont d'encoste la grant si que la grant demeure ou milieu.

En mi ceste face de ce mur devers midi[43], lonc
une mille dedenz ce mur, si a un autre mur qui est
auques plus lonc que larges. Le pourpris a aussi
35 .VIII. palais entour, tout en la maniere des autres
.VIII. dehors, ouquel se tient aussi le harnois du seigneur si come aus autres. Et si a aussi .V. portes en la
face de midi en la maniere des autres qui sont
dehors, et puis en chascune des autres quarreüres si
40 a une porte. Et a chascun de ces .II. murs ou milieu
est le grant palais du seigneur qui est fait en ceste
maniere que je vous conteray.

Sachiez que il est le greingneur qui soit jamais
veus : il n'est pas ensolez hault, mais est a pié plain
45 si que le pavement est plus haut que la terre environ
bien .X. paumes. La couverture est plus hault. Les
murs dedenz les sales sont toutes couvertes d'or et

---

[42]   a *ajouté dans le manuscrit au dessus du* r *dans B1, B2.*
[43]   en mi ceste face devers midi de ce mur. *Corr. d'après B3, B4, F.*

les chambres aussi et d'argent, et y a [pourtrais][44]
dragons, bestes, oisiaux, chevaliers et ymages de
50 plusieurs autres generations de choses. Et la couverture est ainsi faite si que il n'y a autre que or et argent
et painture. La salle est si grant et si large que bien y
mengeroient .VI.[M] personnes. Il y a tant de chambres
que c'est merveilles a veoir. Il est si biaux et si granz
55 et si riches que il n'y a homme au monde qui mieulz
le sceüst ordener.

Les trés de la couverture y sont tous de coulours
vermeille et vert et bleus et d'autres coulours, et sont
envernissié si bien et si soutilment qu'il sont replen-
60 dissans comme cristaux si que moult loing environ
le palés est resplendisans. Et sachiez que ceste couverture est si fort et si fermement faite qu'elle est
pour durer a tous jours. Et entre l'un [mur][45] et
l'autre des pourpris [f. 87 a], si comme je vous ay
65 conté, a moult belles praieries et biaux arbres de
diverses manieres, la ou il a cerfs et dains et biches
et vairs de moult de manieres [et des bestes][46] dont
l'en fait le muglias, a grant habondance, et de moult
d'autres manieres de bestes et moult belles et moult
70 diverses. Et en y a tant que tout est plain que il n'y a
de voie se non que la gent vont et viennent.

Et a l'un cornon devers maistre[47] a un lac grant et
biau ouquel a plusieurs manieres de poissons et
assez, car le seigneur les y a fait meitre. Et toutes
75 fois que le seigneur en veult, si en prent a son plaisir.
Et si vous di que un flun en ist et entre et est si ordenez que nul poisson n'en puet issir pour reses de fil
de fer et de airain qui ne le laissent passer.

---

44   par tout. *Corr. d'après A, B3, B4, B5, C, D.*

45   mont. *Corr. d'après A, C, D.*

46   *Mots omis dans B1. Corr. d'après A1, A3, A4, B3.*

47   devers le m. palés. *Corr. d'après B3, B4, F.*

Encore y a devers tramontane loins du palés, entour
80 demie archiee, un tertre qui est fait par force, qui bien
est hault .C. pas et est quarré environ bien une mille,
lequel mont est tous couvers et tout plain d'arbres, et
par nul temps n'i [perdent]⁴⁸ fueilles, mais toutes fois
sont vers. Et si vous di que la ou il a un bel arbre, quel
85 part que ce soit et le sire le sache, il le mande aveuques
toutes les racines et atoute la terre qui li est entour, et le
fait aporter et meittre en ce mont, et le portent ses olifans, et soit l'arbre tant grant comme il velt. Et en ceste
maniere si a les plus biax arbres du monde.
90   Et encore vous di que le seigneur a fait couvrir tout
ce mont de rose et de l'asur qui est moult vers si que
les arbres sont tous vers et le mont tous vers si que il
n'i apert autre chose que tout vert, et pour ce est il
appellez le Mont Vert et certes il a bien son non a
95 droit. Et dessus le mont en la cime si a un moult biau
palais et grant, et est [f. 87 b] tout vert dedens et
dehors, si que le mont et les arbres et le palais sont si
bel a veoir pour la verdour qui est toute d'une maniere
que ce est merveille a veoir, car tout cil qui le voient
100 en deviennent aleigre et joiant. Et pour ce le a⁴⁹ fait
faire le Grant Caan afin que il puisse avoir celle belle
veue pour avoir confort et soulas et joie a son cuer.

84. Ci dit li .IIII.ˣˣ et .IIII. [chapitre]⁵⁰ du palais au filz du Caan.

[f. 87 r°b] Encore sachiez que d'encoste ce palés
[e]n⁵¹ a fait faire le seigneur un autretel semblable au

---

⁴⁸ pendent *dans B1, B2. Corr. d'après A, F.*
⁴⁹ pour ce le fait faire. *Corr. d'après A, F.*
⁵⁰ chapitre *omis. Corr. selon l'usage de B1.*
⁵¹ on a fait. *Corr. d'après A, B3, B4, B5, C1, C2, F.*

sien meïsmes, si que il ne s'en fault riens, et le fist
fere pour son filz quant il regnera et sera seigneur. Et
5 pour ce est il fait tout en autretelle maniere et aussi
grant, si que toutes telles manieres et telles coustumes puisse avoir aprés son decés. Il tient [seel d']⁵²
empire, mais non pas si complectement comme fait
le Grant Sire tant comme il vit.
10   Or vous ay devisé des grans palais au grant seigneur et a son filz. Si vous vueil ore conter de la
grant cité du Catay la ou ces grans palais sont et pour
quoy fu faite et comment, laquelle est appelee Cambalus.
15   Il est voirs que illuec avoit une grant ancienne
cité et noble qui avoit a non Garibalu, qui vault a dire
en nostre langue la cité du seigneur. Et le Grant Caan
trouvoit par ses astronomiens que ceste cité se
devoit reveler et faire grant contraire contre l'em-
20 pire. Et pour ceste achoison le Grant Caan y fist faire
ceste cité de Cambaluc dejoste celle, qu'i n'a que un
flun en mi, et fist traire les gens de celle cité et
meitre en la ville que il avoit estoree.
     Et est si grant comme je vous conteray, car elle
25 est d'environ .XXIIII. milles, ce est que en chascune
quarre a de face .VI. milles, car elle est toute quarree
que d'une part que d'autre. [f. 87 v°a] Et est toute
muree de murs de terre qui sont gros de soute bien
.X. pas, mais ne sont pas si gros dessus comme des-
30 sous pour ce que il vont en soutillant de ensus si que
dessus sont bien gros entour de .IIII. pas et sont tuit
crenelé [de]⁵³ qarniaus blans. Et les murs sont hault
plus de .XX. pas. Elle a .XII. portes et seur chascune
porte a un grant palais moult bel, si que en chascune

---

52   tient son empire. *Corr. d'aprés A1, A2, A4, D, F.*
53   t. c. les q. b. *Corr. d'aprés C.*

35 quarreüre[54] a .III. portes et [.III.][55] palais pour ce que
a chascun canton a un palais moult bel et moult
grant. Et en ce palais a moult granz sales, la ou les
armes de ceulz qui gardent le palais demeurent.

Et si sont les rues de la ville si droites et si larges
40 que l'en voit de l'une porte jusques a l'autre, car il
l'ont si ordené que l'une porte se voit contre l'autre
de lonc la ville par les rues. Et y a par la cité moult
de biaux palais et grans et de moult belles herberges
et moult de belles maisons en habondance. Et y a en
45 mi lieu de la cité un grant palais ouquel il a une grant
campanne qui sonne la nuit que nulz ne voist par mi
la ville depuis que elle avra sonné .III. fois, car nulz
depuis n'i ose aler, se n'est pour besoing de fame qui
travaille d'enfant et pour le soing des gens malades.
50 Et encore ceulz qui pour ce y vont, il couvient qu'il
portent lumiere. Et si vous di qu'il est ordené qu'en
chascune porte de la cité soit garde[e][56] de .M.
hommes. Et n'entendez pas pour paour qu'il aient de
nulle gent, mais le font pour grandesce et pour l'on-
55 nourance du Seigneur qui leenz demeure, et encore
que il ne veulent que les barons facent par la ville nul
dommage.

Or vous ay conté de la ville. Desore vous conteray comment il tient court le Seigneur, et de ses
60 autres fais si comme vous porrez ouïr ci aprés.

---

54   creneüre. *Corr. d'après A.*

55   e. .V. p. *Corr. d'après B2 et B3.*

56   garde. *Corr. d'après A et F.*

85. Ci dit li .IIII.ˣˣ et .V. chapistre comment le Grant Caan se fait garder a .XII.ᴹ hommes a cheval qui s'appellent quesitan.

Or sachiez que le Grant Caan se fait par sa grandesce garder a .XII.ᴹ hommes a cheval et s'appellent quesitan, qui vallent a dire en françois «chevalier feel au seigneur», et ne le fait pas pour doubtance
5 que il ait de nul homme, mais pour hautesce. Et ont ces .XII.ᴹ hommes .IIII. chevetaingnes et chascun est chevetain de .III.ᴹ hommes. Et ces .III.ᴹ hommes demeurent ou palés du Seigneur .III. jours et .III. nuis et menjüent et boivent leens, et puis .III. jours et
10 .III. nuis s'en vont, et y viennent les autres .III.ᴹ hommes et le gardent autant. Et puis s'en partent, et reviennent les autres .III.ᴹ hommes et le gardent autant, et puis s'en partent et reviennent les autres garder le Seigneur, si que il le vont gardant toutes
15 fois .III. a .III. juques a .XII.ᴹ, et puis recommencent derechief, et ainsi veit tout l'an.
Et quant le Grant Caan tient sa table pour aucune court que il face, il siet en telle maniere, car sa table est moult haulte, plus que les autres. Il siet en tra-
20 montane si que son vis est encontre midi, et sa premiere fame siet dejouste lui de la senestre partie. Et de la destre partie, auques plus bas, sieent ses filz et ses neveus et ses parens, tous de l'imperial lignie, et sont si bas que leurs chief viennent auques prez des
25 piez du Grant Sire. Et puis li autre baron sieent aus autres tables plus bas. Et ainsi va des fames, car toutes les fames aus filz du seigneur et de ses neveus et de ses autres barons sieent de la senestre partie aussi bas. Aprés sieent les autres fames des cheva-
30 liers aussi plus bas, car chascun y a son lieu qui est ordené par le seigneur. Et sont les tables par tel maniere que le Grant Sire les puet tous veoir de l'un chief a l'autre, que moult en y a grant quantité.

Et dehors ceste salle mengüent plus de .XL.ᴹ
35 hommes, car il y vient moult de gent qui aportent au
Seigneur [f 88 a] moult de presens, et ce sont gens de
estranges paÿs qui portent choses estranges. Ou
milieu de ceste salle ou le Grant Caan tient sa table
est une grant poterie de fin or qui bien [tient]⁵⁷ de vin
40 tant comme une bouteille communal. Et en chascun
[coing]⁵⁸ de ceste poterie, si en a une mendre, si que
le vin de la grant vient aus petites, qui li sont
[entour]⁵⁹ quant il veut, plaines de bons buvrages
d'espices moult fins et de grant vaillance. Et se trait
45 le vin de la avec grans vernigaux d'or fin, qui bien
sont si grans que .X. personnes en avroient assez a
boire. Et si mettent ce vernigal entre .II. personnes et
puis .II. autres petis hanaps d'or a pié, si que chascun
prent du vin ou vernigal qui est entre .II. uns, et aussi
50 en ont les dames les leurs, si que sachiez que ces vernigaux et ces hanaps valent un grant tresor, car le
Grant Caan en a si grant quantité de celle vesselemente et d'autre d'or et d'argent et d'autre que il
n'est nulz qui l'oïst dire et ne le veïst qui le peüst
55 croire. Et sachiez que ceulz qui font la creance au
Grant Caan des viandes et des buvrages sont plusieurs granz barons, et ont tout [fascié]⁶⁰ la bouche et
les nez avec biaux touaillons de soie et d'or, a ce que
leur aleine ne leur odour n'entrast en leur viande ne
60 ens ou buvrage au Grant Sire. Et quant le Grant Sire
doit boire, tous les instrumens, dont il y a grant
quantité de toutes manieres, commencent a sonner.
Et quant il tient la coupe en sa main, tous les barons
et tous ceulx qui la sont s'agenouillent et font signe
65 de grant humilité. Et adont boit le Grant Sire, et

---

57   tiennent. *Corr. d'après A et F.*
58   c. cadoir d. c. p. *Corr. d'après A, D.*
59   entour *omis dans B1. Corr. d'après A.*
60   t. fausse l. b. *B1. Corr. d'après F.*

toutes les fois que il boit, fait on ainsi comme je vous
ay dit. Des viandes ne vous conteray mie pour ce que
chascun doit croire que il en y a [f 88 r°b] grant
habondance de toutes manieres.

70   Et sachiez que nul baron ne chevalier qui la
mengüent, il couvient que sa fame y soit aussi adme-
nee avec les autres dames. Et quant tous ont mengié
et les tables sont ostees, si jouent en la sale devant le
Seignor et devant tous les autres grant quantité de
75 jougleeurs et de trepeteur et de plusieurs autres
manieres de granz experimens. Et tuit font grant
soulaz et grant feste devant lui et devant tous, si que
chascun en rist de la joie et du soulas qui y est. Et
quant tout ce est fait, si se departent les gens et va
80 chascun a son hostel.

86. Ci devise li .IIII.ˣˣ et .VI. chapitre de la grant feste que le Grant Caan fait chascun an de sa nativité.

Or sachiez que les Tartars font chascun an feste
de leur nativité, et le Grant Caan fu nez le .XXVIIIᵉ.
[jour][61] de la lune du mois de septembre, si qu'en
celui jour fait la greigneur feste de tout l'an, fors
5 celle que il fait au chief de l'an, si comme je vous
conteray aprez ceste. Or sachiez que le jor de sa nativité que le Grant Caan [se vest][62] des meilleurs draps
a or batus que il ait et bien .XII.ᴹ barons se vestent
avec lui de celle meïsme couleur et tout semblable a
10 la vesture du Grant Sire, mais non pas que il soient si
chier, mais d'une couleur et tous [f 88 v°a] sont
draps d'or. Et encore a chascun de ceulz vestu un

---

61   jour *omis par B1 et B2. Corr. d'après les autres manuscrits.*
62   se vest *omis par B1 et B2. Corr. d'après les autres manuscrits.*

saintuaire d'or en leur vestemens que le Seigneur
leur donne. Et si vous di que il y a de telz de ces ves-
15 temens qui ont tant de pelles et de pierres dessus qu'i
valent plus de .X.^{M} besans d'or, et de ces vestemens
y a plusieurs.

Et sachiez que le Grant Caan .XIII. fois l'an leur
donne a ces [.XII ^{M}.][63] barons et chevaliers [telz][64]
20 vestemens comme je vous ay dit. Et toutes fois se
vest avec eulz d'une coulour, si que chascune fois est
devisé l'une coulour de l'autre. Et a ce pouez veoir
que ce est moult grant chose, car il n'est nul seigneur
qui le peüst faire ne maintenir fors que lui tant seule-
25 ment.

Et le jour de [sa] nativité[65] tous les Tartars du
monde li font chascun grans presens, de son pouoir,
qui soit couvenable et qui est ordené. Encore y vient
maint autre gent, chascun atout granz presenz pour
30 demander graces du Seigneur. Et le Grant Sire a
esleu .XII. barons qui sont [ordenez][66] seur ce fait a
donner a chascun ce qu'il leur semble qu'il apartient. Encore en cestui jour tous les ydolastres et tous
les Sarrazins et tous les Crestiens et toutes les autres
35 generations font orations et grans congregacions et
grans prieres chascun a leur dieux, avec grans chanz
et grant luminaire et grans encenz, que il leur sauve
leur seigneur et li donnent longue vie et joie et santé.
Et en telle maniere comme je vous ay conté dure en
40 celui jour la joie et la feste de sa nativité.

Or vous lairons de ce, que bien vous en avons
conté. Et vous conterons d'une autre grant feste que

---

63   .IIII. *dans B1 et B2. Corr. d'après A1, A2, B3, B4, B5, C1, C2, et d'après le*
      contexte (cf. 86, 4).
64   e. c. et des v. *Corr. d'après A.*
65   e. l. j. de la sainte n. *Corr. d'après A, B2, B3, B4, B5, C1 et C3.*
66   ordenez *omis par B1. Corr. d'après B3, B4.*

il fait le chief de leur an, qui est appellee la Blanche
Feste.

87. Ci dit li .IIII^{xx}. et .VII chapitre de la grant feste que le Grant Caan fait au chief de leur an.

[f 88 v°] Il est voir que il font leur chief de l'an le
mois de fevrier, et le Grant Sire et tuit cil qui sont
souspost a lui si en font unne^{67} telle feste comme je
vous conteray. Il est usaige que le Grant Caan avec
5 tous ses soubgis se vestent tuit de robe blanche, si
que en celui jour hommes et fames, petit et grant,
sont tous vestu de blanc. Et ce font il pour ce que il
leur semble que blanche vesteure soit beneureuse et
bonne, et pour ce la vestent il le chief de lor an, a ce
10 que il aient en tout l'an feste et joie. En celui jour
toutes les gens de toutes les provinces et de tous les
regnes et de royaumes et de contrees qui de lui tiennent terre li portent granz presens d'or et d'argent,
de pierres et de pelles et de mainz riches draps. Et ce
15 font il a celui jour pour ce qu'en tout l'an leur seigneur en puisse avoir thresor assez et joie et leesce.
Et encore se presentent l'une gent a l'autre choses
blanches et s'entracolent et baisent et font trop grant
joie a ce qu'en tout l'an il aient joie et bonne aven-
20 ture.
Et sachiez que en ce jour viennent present au
Seingneur de plusieurs parties qui sont ordenees,
plus de .C.^{M} chevaux blans et moult riches. Et en
celui jour tous ses olifans qui bien sont .V.^{M} sont tuit
25 couvert de draps^{68} entailliez moult biaux et moult
riches et porte chascun seur son dos .II. escrins

---

67 e. f. d'unne t. f. *Corr. d'après A, F.*
68 c. de tui d. e. *Corr. d'après B3, B4.*

moult biax et moult riches qui sont plainz de la vaisselemente au seigneur et de maint autre harnois qu'i
a besoing a celle court de la Blanche Feste. Et encore
30 y vient grant quantité de chameux aussi couvers de
moult biaux draps, qui sont tuit chargié de choses
qui ont besoingne a ceste feste, et tuit passent par
devant le Grant [f 89 a] Sire, et c'est la plus belle
chose a veoir qui soit au monde.
35   Encore vous di que le matin de ceste feste, avant
que les tables soient mises, tous les rois et tous les
dus et tous les contes et les marchis et barons et chevaliers et astronomiens et philosophes et mire et fauconniers et maint autre official de la terre d'entour
40 viennent en la grant salle devant le Grant Sire, et
ceulz qui ne pueent [entrer][69] dedens aourent dehors,
si que le seigneur les puet bien tous veoir. Et sont tuit
ordené en tel maniere : tout premierement sont ses
filz et ses neveux et ceulz de son lignage emperial.
45 Aprés sont les rois et puis les dus et puis chascun
l'un aprés l'autre selonc son degré qui lui est couvenable. Et quant il sont chascun assis en son lieu,
adont se lieve un grant sage et dit a haute voix :
«Enclinez et aourez !» Et tantost que il a ce dit, il
50 enclinent tout maintenant et meittent leurs testes en
terre et font leur oroison vers le Seigneur et l'aourent
aussi comme se il fust dieu, et en telle maniere l'aourent par .IIII. fois. Et puis vont il a un autel qui moult
est bien atournez. Et sus cel autel a une table ver-
55 meille en laquelle il a escript le non du Grant Caan.
Et y a un biau encensier d'or, et encensent celle table
et l'autel a grant reverence. Puis se retourne chascun
en son lieu, et quant il ont ce fait, si font chascun les

---

[69]   entrer *omis par B1. Corr. d'après B4, B5 et C3.*

presens que je vous ay contez, qui sont de grant
60 vaillance et moult riche.

Et quant tuit li don sont fait et tuit li present pre-
senté, et il les a tous veus, si met on les tables. Et
quant elles sont mises, si s'assiet chascuns en son
lieu si ordeneement comme je vous ay conté autref-
65 fois. Et quant il ont mengié, si viennent [f 89 b] les
jougleurs et soulacent la cort en tel maniere comme
je vous ay autre fois dit. Et quant tout ce est fait, si
s'en tourne chascun en son hostel.

Or vous ay ge dit de la Blanche Feste del chief de
70 l'an. Si vous conteray d'une noble chose que li sires
fait de ses vestemens que il donne a ses barons pour
venir a ces ordenees festes que je vous ay dit.

88. Ci dit li .IIII.^{XX} et .VIII. chapitre des .XII.^M hommes qui ont robes d'or du seigneur a ces grans festes, .XIII. paire chascuns.

Or sachiez vraiement que le Caan a ordené .XII.^M
de ses barons, qui ont a non quesitan si comme je
vous ay autre fois dit[70]. Et a chascun de ces .XII.^M
hommes donne .XIII. paire de robes toutes devisees
5 l'une de l'autre, c'est a dire que toutes .XII.^M sont
toutes d'une couleur et puis les autres .XII.^M d'une
autre couleur, si que [elles][71] sont devisees l'une de
l'autre en .XIII. manieres de couleurs et sont aour-
nees de pierre et de pelles et de moult autres choses
10 nobles moult richement et de moult grant vaillance.
Et encore leur donne a chascun de ces .XII.^M barons
avec chascune robe, qui est .XIII. fois en l'an, une
chainture d'or moult riche et moult belle et de moult

---

70   autre fois dit *autre fois. Corr. d'après A1, A2, A4, B3, B4, B5, C.*
71   si que il sont. *Corr. d'après A.*

grant vaillance. Et encore li donne il une paire de
15 chau[ce]ment[72] de camut qui est borgal qui est
labouré de fil d'argent moult soutilment, si que,
quant il ont revestu, si semble chascun d'eulz un roy.
Et a chascune de ces .XIII. festes est ordené laquelle
robe il doivent vestir, et aussi en a le sire .XIII. paire
20 semblables a celles de ces barons, de couleurs[73],
mais elles sont plus nobles et plus vaillans et plus
riches, si que tout ce vault tant [f 89 v°a] de tresor
que a painne se porroit conter le nombre, si que
toutes fois il se [vest][74] tout ensemble d'une couleur
25 aveuques ses barons, qui sont ainsi comme ses com-
paingnons.

   Or vous ay devisé les .XIII. vestemens que li
.XII.^M baron ont de leur seigneur, qui se montent a
nombre .C. et .LVI.^M vestemens, si chiers et de si
30 grant vaillance comme je vous ay conté, sans les
caintures et les chaucements qui aussi valent tresor
assez. Et tout ce a fait le Grant Caan pour ce que ses
festes soient plus honnourables et plus grans. Encore
vous dirai je d'unne autre chose que je vous avoie
35 oubliee a conter, qui bien vous semblera une grant
merveille en cest livre. Sachiez que le jour de la feste
est mené un lyon devant le Seigneur, et li lyons tantost que il le voit se gete a terre devant lui et fait
signe de grant humilité, et semble que il le
40 congnoisse pour seigneur et ainsi demeure devant
lui sanz nulle cheenne. Et certes[75] ce est bien unne
chose qui moult est estrange a ouïr a tous ceulz qui
ne l'ont veu.

---

72   chaument. *Corr. d'après A, B3 et B4.*
73   b. c'est de c. *Corr. d'après B3 et B4.*
74   t. f. i. se vestent. *Corr. d'après A et F.*
75   et cest certes ce est bien. *Corr. d'après A, B3, B4, B5 et C1.*

Or vous ay conté de tout ce bien et ordeneement.
45 Si vous conteray ore des grans chaces que le seigneur fait faire pour avoir des venoisons tant comme
il demeure en sa maistre cité du Catay qui Cambaluc
a non, si comme vous porrez ouïr ci aprez.

89. Ci dit li .IIII.ˣˣ et .IX. chapitre comment le Grant Caan ordenne de ses gens qu'i li aportent des venoisons qu'il prennent es bois.

Endementieres que le Grant Caan demeure en sa
maistre cité en ces .III. mois, c'est assavoir en
[decembre]⁷⁶, en janvier et en fevrier, il a establi que
de .XL. journees environ doivent chacier et oisillier,
5 et mande ceulx qui scevent prendre les grandes
bestes, c'est a entendre [f 89 v°b] cerfs, dainz, bices
et cenglers, lyons et ours. Et d'autres manieres de
sauvages bestes et d'autres oisilliers en a de tout ce
la plus grant part. Et toutes les bestes que ceulz li
10 veullent mander, si font traire toutes les entrailles de
dedenz le ventre, puis les meittent sus charettes et
les envoient au Seigneur. Mais ce font il a .XX. et a
.XXX. journees, dont il a moult grant quantité. Mais
ceulz qui sont si loins que l'en ne puet mander leurs
15 chars, si li envoient les piaulz et sont toutes affaitiees, si que le seigneur en fait faire toutes ses
besoingnes d'armes pour ost.
Or vous ai ge devisé de ce. Si vous conteray des
fieres bestes que le Grant Sire tient pour chascier et
20 pour avoir son delit aveuques elles.

⁷⁶   septembre. *Corr. d'après A et C.*

90. Ci dit li .III.ˣˣ et .X.[e] chapitre des lions et des liepars et des leus qui servent por chacier.

Encore sachiez que le Seigneur a granz liepars
pour chacier assez afaitiez et y sont tous bons et
prennent les bestes. Il y a encore grant quantité de
lous servierres qui tuit sont affaitié pour prendre
5 bestes et moult sont bons pour chascier. Il a encore
greigneurs lions que ceulz de Babiloine et en a plusieurs et sont moult biaux de couleur et de poil, car il
sont tuit vergié du lonc de noir et de vermeil et de
blanc, et sont affaitiez a prendre cengliers et buefs
10 sauvages et ours et asnes sauvages et cerfs et autres
grans bestes et fieres. Et vous di que c'est moult
belle chose a veoir des fieres bestes que ces lions
prennent, car quant il veulent chacier atout ces lions,
si les portent en unne charette couverte et avec chas-
15 cun a un petit chiennet. Encore y a moult grant multitude d'a[i]gles[77] qui sont toutes [f 90 a] affaitiees
de prendre le loup et gourpilz et dainz et chevriaux,
car elles en prennent assez. Mais celles qui sont
affaitiees pour prendre les lous sont moult grandes et
20 de moult grant puissance, car il n'en treuvent nul qui
devant [elles][78] puisse eschapper.

Or vous ai je conté de ce. Si vous conteray comment le Seigneur fait tenir grant quantité de bons
chiens.

---

77   angles. *Corr. d'après les autres manuscrits.*

78   d. lui. *Corr. d'après B3, B4, B5, C.*

91. Ci devise li .IIII.ˣˣ et .XI. chapitre des .II. freres qui sont sor les chiens.

Il est voir que le seigneur a .II. barons qui sont freres charnelz que l'un a a non Baia, et l'autre Mingam et l'en les appelle cunicy qui vault a dire « seur les chiens mastins[79]» et chascuns de ces .II. freres a
5 .X.ᴹ hommes sous lui et sont tuit ces .X.ᴹ vestu d'une couleur, et les autres .X.ᴹ d'une autre couleur, les uns de vermeil et les autres de bleu. Et toutes les fois que il vont aveuques le Seigneur en chasce, si vestent ces vestemens que je vous ay dit pour estre
10 congneus, et chascun de ces .X.ᴹ si a un grant chien mastin ou .II. ou plus, si que il en y a grant quantité. Et quant le Seigneur va en chace, si va l'un de ces .II. barons avec atout ses .X.ᴹ hommes qui ont bien .V.ᴹ chiens de l'une part a destre, et .V.ᴹ de l'autre part a
15 senestre. Il vont tuit l'un dejouste l'autre, si que il tiennent bien unne journee de terre touz ensemble comme je vous ai dit, et ne treuvent nulle beste qui ne soit prise, si que ce est trop belle chose a veoir de leurs chiens et de leurs veneeurs. Et quant le sei-
20 gneur chevauche avec ses barons par mi les landes oiselant, si verriez venir ces grans chiens courans que derriere ours, que derriere autres bestes, chaçant et prenant ça et la et d'une partie et d'autre, si que ce est moult belle chose a veoir et delitable.
25 Or vous [f 90 b] ay conté de ceulx qui mainnent les chiens de chace et de leur maniere. Si vous conteray comment le seigneur s'en va les autres mois.

---

[79]   l. c. maistres. *Corr. d'après A, C, D, F.*

92. Ci devise li .IIII.ˣˣ et .XII. chapitre comment le Grant Caan vait en chace.

Quant le seigneur a demouré en sa maistre cité que je vous ay nommé ci dessus trois mois, c'est assavoir en decembre, en janvier et en fevrier, si se part de la cité le premier jour de mars et va vers midi
5 jusques a la mer Osiane, et y a .II. journees. Il mainne avec lui .X.ᴹ fauconniers, et portent bien .V.ᶜ ⁸⁰ gierfaux et de faucons pelerins et sacrez et d'autres manieres en grant habondance et de ostoirs aussi assez pour oiseler aus rivieres. Mais
10 n'entendez pas que il les tiengne tous en un lieu, mais les depart ça et la, ça .C. et la .CC., et plus en un lieu qu'en un autre, si comme bon leur semble. Et ainsi s'en vont toutes fois oisillant et la greigneur partie de lor proie portent au Grant Sire.
15 Et vous di que quant le Seigneur va oisellant atout ses gerfaux et atout ses autres oisiaux, il a bien entour lui .X.ᴹ hommes qui sont tuit ordené .II. et .II. et s'appellent toscaor⁸¹, qui vault a dire « hommes qui demeurent en garde ». Et ainsi [f 90 v°a] font il,
20 car .II. et .II. demeurent ça et la, si que bien tiennent de terre assez et chascuns a un reclaim et un chapellet, a ce qu'il puissent [clamer]⁸² les oisiaux et tenir. Et quant le Seigneur fait geter ses oisiaux, il n'i a [mestier que ceulx qui les gettent lor voisent derriere
25 pour ce que les hommes que je vous ay dit qui sont ça et la]⁸³ les gardent si bien que il ne pueent [aller]⁸⁴

80   .VI.ᶜ *Corr. d'après A et F.*
81   decaor. *Corr. d'après A1, A3, C1, C3, F.*
82   *Mot omis par B1. Corr. d'après A, B3, B4, B5, C, D.*
83   i. n'i a maistre que ceulx qui les gettent fors que les hommes q. j. v. a. d. q. s. c. e. l. qui *B1. Corr. d'après A4, D, F.*
84   *Mot omis. Corr. d'après A, B3, B4, B5, C, D.*

nulle part que cil homme ne voisent aprés. Et se les
oisiaux ont mestier de secours, si leur aident maintenant.

30   Et tous les oisiaux du Seigneur si ont une petite
tablette aus piés pour recongnoistre, et aussi ont tous
ceuls des barons, en laquelle tablette est escript de
chascun le non de cui il est et qui l'a en garde, et par
ceste maniere est li oisiaux tantost congneus que il
35 est pris, et est rendus a celui a cui il est. Et se il ne
scevent de qui il est, si le prennent et le portent au
baron qui est appellez bulargusi, qui vault a dire « le
gardien des choses qui ne treuvent seigneur ». Car je
vous di que se l'en treuve un cheval ou une espee ou
40 un oisiau ou une autre chose, et on ne sache a cui celi
choses sont, elles sont maintenant portees a cest
baron et il les fait prendre et garder. Et se celui qui
treuve aucune de telles choses, se il ne les porte tantost a celui baron, il est ataint por lierre, et se ceulz
45 qui ces choses avront perdues, se il s'en vont a ce
baron, il leur rendra maintenant se il les a. Et cestui
baron demeure tous jours au plus hault lieu de toute
l'ost atout son gonfanon, pour ce que cil qui ont
perdu ou trouvé aucune chose le voient clerement.
50 Et en ceste maniere ne se puet perdre nulle chose qui
ne [f 90 v°b] soit trouvee et rendue.

    Et quant le seigneur va ceste voie, il va droit vers
la mer d'Osianne et y a .II. journees de chemin de la
maistre cité de Cambaluc, si comme je vous ay autre
55 fois dit. Jusque la puet l'en veoir moult de belles
choses et de moult grans oiseillers a grant plenté. Et
sachiez que il n'est delit en tout le monde qui le
vaille, et soiez certain que le Grant Seigneur va sus
.IIII. granz olifans sus quoy il a fait faire une moult
60 belle chambre de fust, qui est dedenz toute couverte
de draps a or batu, et dehors est couverte de cuir de
lion. Et tient leens toutes fois avec lui .XII. gierfaus
des meilleurs que il ait et sont aussi avec lui plu-

L I B R A I R I E
D R O Z

11, rue Massot
CH-1211 GENÈVE 12
www.droz.org
droz@droz.org

Désirez-vous être tenu au courant de nos publications? Il vous suffit de nous retourner cette carte avec votre adresse.

Do you wish to be currently informed about our publications? Ask for our free catalogue.

NOS PRINCIPALES COLLECTIONS: Textes littéraires français – Publications romanes et françaises – Travaux d'Humanisme et Renaissance – Bibliographie internationale de l'Humanisme et de la Renaissance – Publications de l'Ecole Pratique des Hautes Etudes – Histoire des Idées et critique littéraire – Travaux d'histoire éthico-politique – Travaux de droit, d'économie, de sociologie – Classiques de la pensée politique – Bibliothèque de la Société française d'archéologie – Langue et cultures, etc.

Votre spécialité:

☐ Littérature française:
    ☐ Moyen âge   ☐ XVIe s.   ☐ XVIIe s.   ☐ XVIIIe s.
    ☐ XIXe s.   ☐ XXe s.

☐ Histoire
☐ Linguistique
☐ Archéologie, histoire de l'art
☐ Droit
☐ Economie, sociologie
☐ Autres:...

Je désire recevoir votre catalogue:
Please send me your catalogue:

M..

....

....

Envoyez aussi votre catalogue à:
Send also your catalogue to:

M..

....

....

Vous pouvez consulter tous nos catalogues sur le web:
See all our catalogues on the web:
droz.org

Librairie Droz S.A.

C.P. 389

CH-1211 GENÈVE 12

sieurs barons qui li tiennent compaingnie. Et aucune
65 fois en alant le Seigneur en sa chambre et en parlant
aussi a ses barons qui le suivent de moult prez a cheval, qui li dient aucune fois : « Sire, grues passent ! »,
et maintenant le seigneur fait descouvrir sa chambre
et les voit et prent lequel gierfaut que il veult et que
70 il li plait. Et plusieur fois les prent a abatre devant
lui, si qu'il en a trop grant soulas et trop grant joie, et
toutes fois se siet il tous jours en sa chambre la ou il
est apoiez sus son lit, et tout li autre baron qui li sont
entour aussi. Si que je vous di bien en verité que
75 onques ne fu ne ja ne sera, ce croi ge, qui si grant
soulas ne si grant deduit puisse avoir en cest monde
que cestui a, ne qui mieulz en eust le pouoir de faire
le.

Et quant il est tant allé que il est venus en un lieu
80 qui est appellez Cacciat Mondum, si treuve
illeuques tendus ses paveillons et de ses filz et de ses
[f 91 a] barons et de ses amies et des leurs qui bien
sont .X.^{M} biaux et riches. Et vous deviseray comment son paveillon est fait. La tente ou il tient sa
85 court est bien si grande qu'il y demourroit bien dessous .M. personnes largement. Ceste tente a sa porte
vers midi, si que en ceste salle demeurent les barons
et les chevaliers. Et en une autre tente, qui est pres de
ceste qui est vers Ponent, demeure le Seingneur, et
90 quant il veult parler a aucun, si le mande pour venir
leens. Et derriere la grant salle si a une chambre la ou
le Seigneur dort. Et encore y a autres chambres et
tentes, mais non pas que il se tiennent avec le grant.

Et sont faites ces .II. grans salles et la chambre ou
95 il dort en ceste maniere : chascune des salles a .III.
coulombes de fust de pieces moult bien encuiries de
cuir de lyon vergié de noir, de blanc et de vermeil, si
que vent ne pluie ne les puet grever. Encore sont ces
.II. salles et la chambre ou il dort que je vous ay dit
100 toutes aussi couvertes dehors de piaux de lions ver-

giez, si comme je vous ay dit dessus, qui dure a tous
jours. Et par dedens sont toutes fourrees d'ermines
et de sebelin, car ce sont les pennes du monde qui
soient de plus grant vaillance et les plus belles qui
105 soient, car la fourreure d'un sebelin a un sercot si
vaudroit bien .II.^{M} livres d'or, ou au moins .M., et
l'appellent li Tartar « le roy des pennes ». Si que de
ces .II. pennes que je vous ay dit sont fourrees et
entailliees si soutilment que c'est unne dignité a
110 veoir.
    Et toutes les cordes qui y sont [sont]^{85} toutes de
soie, si que je vous di en verité que ces tentes, c'est
assavoir des .II. salles et [f 91 b] de la chambre, sont
de si grant vaillance que un petit roy en seroit tous
115 embleez de paier. Et tout environ sont les autres
tentes moult bien mises et sont moult riches,
esquelles sont les amies au Seigneur et les autres
gens. Et encore y a autres tentes, la ou sont les
oisiaus et cil qui les gardent, si que il y a si grant
120 quantité de tentes de toutes manieres en ce champ
que ce est merveille. Et sachiez que ce semble unne
bonne cité pour la grant quantité de gent que il y a et
qui y vient chascun jour de toutes pars. Car il y a
mires, astronomiens, fauconniers et de tous autres
125 mestiers besoingnables a si grant gent que c'est une
grant merveille, et encore que chascuns est aveuques
s'amie, car ainsi est leur usage.
    Et demeure ainsi le Seigneur en ce lieu jusques a
[l]a^{86} primeveille et en tout ce temps ne fait autre
130 chose que oiseler, la environ par lacs et par riviere,
dont il en y a moult de belles en celle contree. Et
sachiez que l'en y trueve grues et toutes manieres
d'oisiaux autres. Et aussi toute l'autre gent d'envi-

---

^{85} *Mot omis. Corr. d'après B3.*
^{86} sa. *Corr. d'après A, D, F.*

ron ne fine de chascier et d'oiseler, et li portent chas-
135 cun jour grant quantité de venoison de toutes
manieres a grant plenté, si que il en y a tant, et ont si
grant soulas et si grant deduit, tant comme il demeurent la, que ce est une grant merveille a conter pour
ce que cil qui ne l'ont veu ne le porroient croire.
140   Et si vous di bien une autre chose, que nulle personne, quelle que elle soit, n'ose tenir nul oisel pour
son delit d'oiseler, ne nul chien pour chascier a .XX.
journees de celui lieu, mais en toutes autres parties
puet chascuns tenir ce que il veult; et encore [f 91
145 v°a] qu'en toutes les terres du seigneur n'ose nulz,
tant soit hardis, qui que il soit, prendre nulles de ces
.IIII. manieres de bestes qui ci dessous sont nommees, c'est assavoir le lievre, le cerf, le chevrel et la
biche, c'est du mois de mars juques a octembre, et
150 qui contre iroit ne feroit, il seroit honnis. Mais il sont
gent au commandement du Seigneur. Lesquelz, si
comme il vont par le chemin ou les treuve dormant,
et ne les toucheroient pour riens du monde, si que il
mouteplient si que la terre en est plainne, et en y a
155 tant le Seigneur comme il veult. Mais passé ce terme
que je vous ay dit, de mars et d'octembre, en puet
chascun faire sa volenté.
    Et quant le Seigneur a demouré de mars jusques a
mi may en cest lieu a si grant soulas et a si grant
160 deduit comme je vous ay conté et dit, si s'en depart
atout sa gent et s'en va tout droit par la ou il vint, et
s'en va a sa maistre cité de Cambaluc, c'est du Catay
la maistre cité, si comme vous avez autre fois oÿ. Et
toutes voies s'en va tous jours chaschant et oiselant
165 a grant delit.

93. Ci di[t][87] li .IIII.[xx] et .XIII.[e] chapitre comment le Grant Caan tient court quant il est retournez d'oiseler et commen[t] [88] il fait grant feste.

Quant le Grant Caan[89] est revenus d'oiseler et il est entrez en sa maistre cité de Cambaluc, si demeure en son palais .III. jours et nient plus. Et fait moult grant feste et tient moult grant court et mainne

5 grant joie et grant soulas aveuques ses fames. Et puis se depart de son palais de Cambaluc et s'en va en sa cité que il fist faire, que je vous ay dit ça en arrieres, laquelle a a non Ciandu et en la(f. 91 v°b)quelle il a sa praierie et son palés de cane, la ou il tient ses gier-

10 faux en mue, et demeure la l'esté pour le chaut car celui lieu est moult frés, si que il demeure la des le premier jour de may juques au [.XXVIII.[e]][90] jour d'aoust que il se part de la, quant il fait espandre le lait de ses jumens blanches, si comme dit est ça

15 arrieres.

Et s'en revient arrieres en sa maistre cité de Cambaluc et la demeure, si comme je vous ai dit, le [mois de][91] septembre pour faire [la feste de][92] sa nativité, et puis [octobre et novembre][93] et delier et jenvier

20 et fevrier. Ouquel mois de fevrier il fait sa grant feste de leur premier jour de l'an, que il appellent la Blanche Feste, si comme je vous ay conté ça arrieres tout apertement par ordre.

---

[87]   di *dans B1. Corr. d'après l'usage du ms B1.*

[88]   commen *dans B1. Corr. d'après l'usage du ms B1.*

[89]   Caant *dans B1 où le* t *final est exponctué.*

[90]   au .XXIIIIe. j. *Corr. d'après A, B3, B4, B5, C1, C2, D.*

[91]   mois de *omis dans B1. Corr. d'après B3, B4, B5.*

[92]   la feste de *omis dans B1. Corr. d'après A, B3, B4, B5, C1, C2, D.*

[93]   e. p. novembre et octobre. *Corr. d'après A1, A2, A4, C, D.*

Et puis s'en part et s'en va vers la mer Osianne,
25 chaçant et oiseillant, si comme je vous ay conté, du
premier jour de mars juques en my may que il
retourne en sa maistre cité .III. jors, si comme je
vous ay dit par dessus, esquelz .III. jours il fait grant
feste aveuques ses fames et tient grant court et grant
30 soulas, car je vous di pour certain que ce est merveilleuse chose a veoir de la grant sollempnité que le
Seigneur fait en ces .III. jours.

Puis se part, si comme je vous ay dit, si que il
demeure tout l'an parti : .VI. mois en sa maistre cité
35 de Cambaluc en son maistre palais – c'est septembre, octembre, novembre, delier, jenvier, fevrier
– et se part pour aler en la chace sus la grant mer, et
y demeure mars, avril, may, aucune fois tout, et puis
retourne arriere en son palés de Cambaluc. Et puis
40 demeure .III. jours, et puis s'en va en sa cité de
Cianbu que il fist (f. 92 a) faire la ou est son palais de
cane, et y demeure jung, jungnet, aoust, et puis s'en
retourne en sa maistre cité de Cambaluc arriere.

Ainsi fait tout l'an : .VI. mois en sa cité et .III.
45 mois en la chace et .III. mois en son palés de cane
pour le chaut, si que il mainne sa vie en moult grant
delit, sauve aucune fois qu'il va en autre part de ça et
de la, soulagant soy en son païs a son plaisir.

94. Ci dit li .IIII.ˣˣ et .XIIII. chapitre de la cité de Cambaluc comment elle est de grant affaire et plainne et moult peuplee de gent.

Sachiez que en la cité de Cambaluc a si grant
multitude de maisons et[94] de gent, et dedens la ville
et dehors, que ce est impossible chose a croire. Car il

---

[94] e. si pueplee d. g. *Corr. d'après A, B3, B4, B5, C1, D, F.*

y a autant de bours comme il y a de portes, dont il y
5 a .XII. portes et .XII. bours qui sont moult grans,
esquels bours il a plus de gent qu'en toute la cité. En
ces bours demeurent et herbergent les marcheans et
les forestiers cheminans, dont il y en a assés de
toutes pars pour porter choses au Seingneur [a][95]
10 present [et][96] pour [v]endre[97] a la court. Si que il y a
tant de belles maisons dehors la ville que c'est une
grant merveille du raconter et y en a bien autant
comme dedens, sauve celles qui sont aus grans seigneurs et aus grans barons, dont il y a moult grant
15 quantité.

Et sachiez que dedenz la ville l'en n'ose ensève-
lir nulz corps mors. Car se il est idles, il le portent
ardoir dehors la ville et dehors les bors en un lieu
loins qui est ordené a ce faire. Et se il est d'autre loy
20 que il le couviengne enterre[r][98] si comme sont Cres-
tien ou Sarrazin ou autres manieres de gens, si le
portent aussi hors des bors loings en un lieu ordené,
si que la (f. 92 r°b) terre en vault mieulz et en est plus
sainne.

25 Encore que nulle pecherresse fame de son corps
n'ose demourer dedenz la ville, mais demeurent
dehors par les bours. Et si vous di que il en y a si
grant planté pour les forestiers que ce est merveilles.
Car je vous di pour verité que il sont plus de .XX.[M]
30 qui font pour monnoie de lor corps, et trestoutes
treuvent a gaaingnier, si que vous poez bien veoir [99]
que il y a grant plenté de gent.

---

[95] a *omis dans B1. Corr. d'après B3, B4.*

[96] et *omis dans B1. Corr. d'après A, D.*

[97] *rendre. Corr. d'après A, B3, B4, D.*

[98] c. enterre s. c. *Corr. d'après B3, B4.*

[99] b. v. parce que i. y a. *Corr. d'après A1, A2, A4, B3, B4, C.*

Et si vous di que en ceste cité viennent plus de
chieres choses et de greigneur vaillance et de plus
35 estranges qui soient ou monde, et greigneur quantité
de toutes choses car chascuns y aporte de chascune
part, que pour le Seingneur, que pour sa court, que
pour la cité qui est si grant, que pour les barons, que
pour les chevaliers, que pour les grans os du Sein-
40 gneur qui sont la entour, que pour un que pour autre,
si que il en vient tant que ce est sanz fin de toutes
choses ; que il n'i a jour ou monde que de soie seulement n'i entre .C.^M charetees que mainz de draps a or
et de [soie]^100 se labeurent et de maintes autres
45 choses. Et ce n'est pas merveille car en toutes les
prouvinces de la entour n'a point de lin, si que il couvient faire toutes les choses de soie. Bien est voirs
que il ont en aucun lieu coton et chanvre, mais non
pas que il leur souffise, mais il n'en font force pour
50 les grans quantitez de soie que il ont, et bon marchié,
qui vault mieulz que coton.

Entour ceste cité de Cambaluc a bien .CC. citez
environ, les unnes plus prez que les autres, que de
chascune en vient [marchans]^101 pour vendre leurs
55 choses et acheter des autres, qui besoing leur est. Et
tout y treuvent a vendre et a acheter, si que elle est
cité de moult (f. 92 v°a) grant marcheandise.

Ore depuis que je vous ay moustré la noblesce de
ceste cité et du Seigneur, si vous diray encore la
60 [seique]^102 que le sire a en ceste meïsmes cité en
laquelle il fait batre et coingnier sa monnoie, ainsi
comme je vous deviseray. Et moustrerray clerement
comment le Grant Sire puet assez plus faire que je ne
vous ay dit ne diray en cest livre, car il ne porroit

100 e. d. ce s. l. *Corr. d'après A, C, F.*
101 marchandise. *Corr. d'après A, B5, D.*
102 seignourie. *Corr. d'après A, D et F.*

65 estre si que je vous en diray tant que vous vous en
tenrez pour content et direz que je diray voir et raison.

95. Ci dit li .IIII.^{XX} et .XV. chapitre comment le Grant Caan fait prendre pour monnoie escorches d'arbres qui sont communement par tout son païs.

Il est voir que en ceste cité de Cambaluc est la
seique du Grant Sire et est establie en telle maniere
que l'en puet bien dire que le Grant Sire ait
l'a[r]quenne[103] parfaitement [et est par bonne][104] rai-
5 son comment il fait faire unne telle monnoie, comme
je vous diray.
Car il fait prendre escorches d'arbres, c'est assavoir de morier dont les vers qui font la soie men-
gueent les fueilles, car il en y a tant que les contrees
10 en sont toutes chargiees et plainnes des arbres dessus dis. Et prennent une escorche soutille, qui est
entre le fust de l'arbre et la grosse escorche qui est
dehors et est blanche, et de ces escorches soutilz
comme paupier les font toutes noires.
15 Et quant ces chartres sont faites, cil les font tren-
chier en tel maniere : la mendre vault demi tonsel et
l'autre greigneur un poy vault tonesel ; l'autre un
poy greigneur vault demi gros venicien d'argent et
l'autre un venicien gros d'argent ; et l'autre vault .II.
20 gros, et l'autre .V. gros (f. 92 v°b), et l'autre .X. gros,
et l'autre un besant d'or, et l'autre .II. besans d'or[104],
et l'autre .III. besans d'or, et l'autre .IIII. besans d'or

---

103   l'aquenne *B1. Corr. d'après B3, B4, B5.*
104   et est par bonne *omis dans B1. Corr. d'après D, TA.*

et l'autre .V. besans d'or. Et ainsi vont juques a .X.
besans d'or, et toutes ces chartres sont seellees du
25 seel leur seigneur. Et si en fait faire chascun an grant
quantité qui rienz ne li coustent, qui paieroient tout
le trezor du monde.

Et quant ces chartres que je vous ay dit sont
faites, si en fait faire tous ses paiemens et fait def-
30 fendre par toutes ses prouvinces et par toutes ses
citez et par tout ou il a seignourie que nul si chier
comme il a sa vie ne les refuse, car il seroit maintenant mis a mort.

Si vous di que chascun les prent volentiers por ce
35 que par tout ou il vont est la terre du Grant Caan. Et
ainsi les prennent et en font leurs paiemens des mar-
cheandises qu'il achatent et vendent aussi bien
comme se il fussent de fin or. Et encore qu'il sont si
legieres que ce qui vault .X. besans d'or ne [poise][105]
40 pas un.

Et encore sachiez que tous les marchanz qui viennent d'Inde ou d'autre paÿs, qui aportent or et
argent, ne pelles ne pierres ne lessent vendre a autrui
que au Seingneur. Et il a esleu .XII. sages hommes
45 congnoissans a ce faire si que ceulz les prisent. Et le
Seignor les fait paier bien et largement de ses
chartres, et il les prennent moult volentiers pour ce
qu'il sceivent moult bien que il n'en avroient pas
tant de nullui, et l'autre por ce que il sont paié main-
50 tenant, et pour ce aussi que il en treuvent a acheter
tout ce que mestier leur est, et la et par tout.

Et s'est plus legiere a porter que nul autre par
chemin, si que le Seigneur en a achaté (f. 93 r°a) tant
chascun an que ce est sans fin et les paie de chose qui
55 riens ne li couste, si comme vous avez entendu. Et
encore plus que plusieurs fois en l'an va son ban par

---

[105]   n. vault p. u. *Corr. d'après A1, A2, A3, B3, B4, B5, C, F.*

la cité que chascun qui avra or, argent ne pierres ne
perles, que il les porte a la seique et il les fera bien
paier et largement si que il les portent moult volen-
60 tiers pour ce que il n'en trouveroient tant de nullui,
et en portent tant que c'est merveille. Et qui ne les
veult porter si demeure, si que par ceste maniere il a
tout le tresor de sa terre. Et quant aucunes de ses
chartres sont gastees, qu'elles sont moult durables,
65 si les couvient porter a la seique et prendre nueves.
Encore, se aucun baron ou autre personne, quelle
qu'elle fust, eust besoing d'or ou d'argent ne de
pierres ne de pelles pour faire vaisselemente ou
autre chose, si va a la seique et en achate tant comme
70 il veult et le paie de ces chartres.

Or vous ai ge conté la maniere et la raison pour
quoy le Grant Caan a plus de grant tresor et doit
avoir que tous ceulz du monde n'ont, et vous avez
bien oÿ comment et en quelle maniere. Si vous devi-
75 seray ci aprez les grans seignours[106] qui, de toutes les
choses qui apartiennent au Grant Caan et qui li sont
besoingnable, se mellent et comment tout est ordené
par eulz et par leur commandement ne nulz, quelz
qu'il soient, ne les osent desdire ne faire contre leur
80 volenté, si comme vous orrez ça avant.

96. Ci dit li .IIII.[XX] et .XVI. chapitre des grans barons comment il sont ordeneeurs de toutes les choses qui apartiennent au Grant Caan, lesquelz le Grant Caan a ordenez a ce faire.

(f. 93 r°b) Or sachiez que le Grant Caan a esleu
.XII. barons ausquelz il a sousmis que il soient seur
toutes choses besoingnables que il li couvient et a

106 seignouries *dans B1. Les lettres* ie y *sont exponctuées.*

.XXXIIII. grans provinces, et vous diray lor maniere
5 et leur establissement.

Sachiez tout vraiement que cil .XII. barons
demeurent tous ensemble en un moult grant palais et
bel et riche qui est dedenz la cité de Cambaluc. Et y
a plusieurs salles et plusieur[s] chambres. Et chas-
10 cune province si a un juge et plusieure escrivainz qui
tuit demeurent en cest palais, chascuns en sa maison
par soy. Et cestui juge et ces escrivainz si font toutes
les choses qui besoingnent aus provinces a cui il sont
deputé. Et ce est par le commandement des .XII.
15 barons. Et encore plus, quant le fait est griés, si le
doivent savoir ces .XII. barons et dire au Seigneur, et
puis en fait ce que le mieulz li semble. Mais cil .XII.
barons ont si grant seignourie que il eslisent les sein-
gneurs de toutes les .XXXIIII. provinces que je vous
20 ay dit. Et quant il ont esleu tel comme il leur semble
bon et pourfitable, si le font savoir au Seigneur. Et il
le conferme et li fait donner unne table d'or tele
comme a la seignourie apartient.

Et encore ont tant de seignourie (f. 93 v°a) ces[107]
25 .XII. barons qu'il pourvoient ou les os voisent et les
envoient la ou il leur semble bon et tant com besoing
est. Mais toutes fois est a la sceue du Seingneur,
mais il en font ce que il veulent et sont appellé
strainz, qui vault a dire «[la][108] court greingneur».
30 Le palais la ou il demeurent est ainsi appellez en leur
langue «[la][109] court greigneur ». Et c'est bien la
greigneur seignourie qui soit en toute la court du
Grant Caan, car bien ont le pouoir de faire grant bien
a cui qu'il veulent. Les .XXXIIII. provinces ne vous

[107] des. *Corr. d'après A, B3, B4, B5, C, D, F.*

[108] d. a c. gr. *dans B1. Corr. d'après A, C, D, F.*

[109] en l. l. a gr. c. *Corr. d'après A, C, D, F.*

35 nommeray ore pas par non pour ce que je les vous
nommeray en notre livre apertement.

Or vous lairons de ce et vous conterons comment
le Grant Sire envoie ses messages et ses coureurs et
comment il ont appareilliez les chevaux pour tost
40 aller.

**97. Ci dit li .IIII.^{xx} et .XVII. chapitre comment
se partent les messages et les coureeurs du Grant
Kaan et comment il vont par maintes voies et par
maintes provinces si comme vous orrez ci aprez.**

Or sachiez vraiement que de ceste cité de Cambaluc se partent moult de voies et de chemins, liquel
vont par maintes prouvinces. C'est a dire que l'un[110]
chemin va a l'une province, et l'autre a l'autre. Et
5 ainsi a chascun chemin le non de la province ou il va,
[et c'est moult sage][111]. Et quant l'en se part de Cambaluc par laquelle voie que vous vouldrez et on est
allé .XXV. milles, si treuvent les messages du seigneur une poste que il appellent iamb et nous disons
10 « poste de chevaux ». Et en celle poste la ou vont cil
message, si a un grant palais, et bel et riche, la ou il
her(f. 93v° b)bergent. Et sont les chambres
[plaines][112] de moult riches lis et moult biaux et
moult bien fournis de ce que il leur est besoingne,
15 que se uns riches rois y venist, si y seroit il bien her-
bergiez. Et si treuvent en ces postes .IIII. cenz chevaux par chascune et de tel y a .CCC., selonc ce que
il besoingne plus a l'un que a l'autre, si comme le

---

110 l'une province chemin *dans B1. Le* e *final de* l'une *a été exponctué et le mot*
     province *est barré d'un léger trait de plume dans B1, devant* chemin.

111 o. i. v. mais il est moult selé. E. q.. *Corr. d'après F.*

112 plaines *omis dans B1, B2. Corr. d'après A, B3, B4, B5.*

Grant Sire l'a establi pour ses besoingnes et que
20 toutes fois soient appareillié pour ses messages,
quant il les envoie aucune part.

Et sachiez que a .XXV. milles ou a .XXX. a
toutes fois unne de ces postes si garnies, comme je
vous ai dit. Mais ce est en toutes les plus principaus
25 voies qui vont aus provinces que je vous ay dit, si
qu'en ceste maniere va par toutes les principaux provinces du Grant Caan.

Et quant li message vont par aucun lieu desvoiable qu'i ne treuve maison ne herberge, si a fait
30 faire le seigneur aussi ne plus ne mainz les postes
aussi comme es autres lieux que je vous ay dit, saus
ce que[113] il couvient chevauchier plus grant journee.
Car les autres sont de .XXV. a .XXX. milles [l'une
loing de l'autre et si sont de .XXXV. a .XLV.
35 milles][114] et sont aussi celles appareilliees comme
sont les autres de tout quanque besoing lor est, et de
chevaux et de toutes les autres choses, a ce que li
message, de quelque part que il viengnent et vont,
aient tout lour plaisir en quelque lieu que il voisent.
40 Et certes ce est bien la greigneur hautesce que
onques eust ne rois ne emperere. Car sachiez en
verité que plus de .CC.[M][115] chevaux demeurent
proprement pour ses messages et encore que (f. 94 a)
les palés sont plus de .X.[M][116] qui sont tuit fourni de
45 riches harnois, que je vous ay conté. Et c'est chose si
merveilleuse et de si grant vaillance que a painne se
porroit conter ne escripre.

---

[113]   ne vous a *est barré d'un trait rouge dans B1 entre* que *et* il convient.

[114]   l'une loing de l'autre et si sont de .XXXV. a .XLV. milles *omis dans B1.
Corr. d'après A, C, D.*

[115]   .CC. chevaux *dans B1. Corr. d'après A, B3, B4, B5, C, D, F.*

[116]   p. d. .X.[M] c'est a dire que il y a plus de .X.[M] palés *ajouté dans B1. Corr.
d'après B3, B4, B5, C, D, F.*

Encore vous conteray je une autre chose que je vous avoie oublié a dire et a conter, qui bien fait a 50 ramentevoir en ceste matere.

Sachiez que encore a ordené le Grant Caan, et ainsi e[st][117] fait que entre l'une poste et l'autre, en quelconques chemin que ce soit, a a chascune .III. milles un petit casau qui puet avoir entour .XL. mai-55 sons, esquelles il demeure hommes a pié qui encore font messageries du Grant Seigneur en ceste maniere. Il portent une chainture grant et large, toute plainne de campaneles, a ce que, quant il vont, il puissent estre oÿs de loins, et vont toutes fois cou-60 rant a grant cours juques a [l'autre][118] casau ou il a .III. milles. Et cil maintenant avront appareillié un autre homme si forni de campeneles comme celui que il avront appareillié avant la venue de celui, pour ce que il l'avront sentu venir par le son des 65 campeneles. Et tantost que celui est venu, l'autre prent ce que il aporte et prent unne petite chartre que [li][119] balle l'escrivain qui est toutes fois appareillié a ce faire, et s'en va courant juques aus autres trois milles. Et cil ont aussi appareillié l'autre qui li donne 70 l'autre et s'en va. Et ainsi a chascune .III. milles se changent si que en ceste maniere a le Seigneur de ces hommes a pié grant quantité qui li portent nouvelles de .X. journees en un jour et en une nuit. Car aussi bien vont il courant la nuit comme le jour (f. 94 b) si 75 que, quant il a besoing, il viennent de .C. journees en .X. jours, qui est .I. grant fait. Et maintes fois apor-tent au Seigneur si homme fruit ou autre chose estrange de .X. journees en un jour.

117   en *dans B1. Corr. d'après A, B2, B3, B4, B5, C.*
118   j. a la terce c. *dans B1. Corr. d'après A, B3, B4, B5, D.*
119   q. il balle l'e. *dans B1. Corr. d'après A, B2, B3, B4, B5, D, F.*

Le Seigneur ne prent a telz hommes nul treu, mais
80   leur fait donner du sien. Encore vous diray plus, qu'il
y a par ces casaus que je vous ai dit hommes aussi
appareilliez de granz çaintures plainnes de campeneles que, quant il est aucun grant besoing de porter
nouvelle au seigneur d'aucune province ou cité, ou
85   aucun baron qui soit revelez, ou d'aucune chose
besoingnable, il vont bien .CC. et .L. milles ou .CCC.
en un jour et en une nuit et vous diray comment.

Il prennent chevaux de la poste la ou il leur sont
appareillié, bons et frés et courans, et vont a cheval,
90   et vont le cours tant comme il puent du cheval
traire. Et ceulz de l'autre poste qu'i oent venir pour
les campeneles, si ont aussi appareillié chevaux et
hommes adoubez si comme ceulz qui maintenant
viennent et prennent ce qu'il ont, ou leitre ou autre
95   chose, et se meitent au grant cors juques a l'autre
poeste qui leur avront appareillié chevaux et
hommes pour change de l'autre. Et ainsi vont toutes
fois de l'une poste a l'autre, courant et changant
chevaux et hommes, si que il vont tant que c'est
100 merveilles. Et ces hommes sont moult prisiez. Il ont
bendé le ventre et le pis de belles bendes et la teste,
car autrement ne porroient il durer, et portent une
table de jerfaut toutes voies aveuques eulz afin que,
se il avenist aucune fois que au chemin courant le
105 cheval fust recreu ou eust aucune (f. 94 v°a) [120]
essoingne, et il trouvast qui que ce fust ou chemin, il
le peust deschevauchier et prendre sa beste. Car nuls
ne l'oseroit refuser, si que toutes fois il n'ont que
bonnes bestes a faire toutes leur besoingnes.
110   Et des chevaux que je vous ay dit qui sont
[tant][121] par les postes, je vous di que le Seigneur n'a

---

[120]   aucune *répété par erreur en haut du folio 94 v°.*
[121]   touz *dans B1. Corr. d'après A, B3, B4, D.*

nulle despense d'eulz. Et vous diray comment et la
raison por quoy. Il a establi qui est prez a la tel poste,
la tel cité, et fait veoir quanz chevaux il pueent don-
115 ner. Et ce que il pueent donner, si sont donné a la
poste. Qui est aussi prez a ceste le tel chastel, le tel
grant casau, quans chevaux pueent donner, tant et
tant meitent a la poste. Et en ceste maniere sont for-
nies toutes les postez [d]es citez, [d]es chastiaux et
120 [d]es[122] villes qui leur sont entour, sauve que bien est
voirs que les postez qui sont es lieux desvoiables fait
le Seigneur fornir [de][123] ses chevaux.
    Or vous lairons de ces chevaux messages et de
ces postez que bien vous en ay conté et moustré
125 apertement, et vous conteray d'une grant bonté que
le Seigneur fait a sa gent .II. fois l'an.

98. Ci dit le .IIII.[xx] et .XVIII. chapitre comment le Grant Caan aide a sa gent quant il ont souffreite de blez ou quant mortalité chiet seur leurs bestes.

    Et encore sachiez par verité que le Seigneur
envoie ses messages encore par toute sa terre et
royaumes et prouvinces pour savoir de ses hommes
se il ont eu dommage de leur blez par deffaute de
5 temps ou par tempeste ou par pestilence. Et ceulz
qui ont eu aucun dommage, il ne lor fait prendre nul
treuage en celle (f. 94 v°b) annee. Et encore
aveuques tout ce [lor fait donner][124] de son blé a ce
que il en aient a semer et pour mengier. Et por ce est
10 grant bonté de Seigneur. Et quant ce vient aussi en

---

122   t. l. p. les c. les c. et les v. *dans B1. Corr. d'après A et D.*
123   fornir ses chevaux. *Corr. d'après A, B3, B4, D, Z.*
124   lor fait donner *omis dans B1. Corr. d'après A, B3, B4, B5, C, D, F.*

l'yver, il fait aussi garder a ceulz qui ont certainz
bestiaux dont il avront eu dommage ou par mortalité
ou par pestillence. Et ceulz qui en[125] ont eu aucun
dommage, si ne leur fait paier a celle annee nul treu,
15 et si leur fait aussi donner de ses bestes, si que, en tel
maniere comme vous avez oÿ, aide et soustient le
Seigneur chascun an ses hommes qui en ont mestier.

99. Ci dit li .IIII.[xx] et .XIX. chapitre comment le Grant Kaan a fait planter arbres grans par les voies et par les sentiers.

Encore sachiez que le seigneur ordenne que par
tout les maistres voies ou vont li marcheant et si
message et toute autre gent soient planté granz
arbres l'un prez de l'autre, a .II. ou a .III. pas, si que
5 toutes les voies sont ainsi faites de moult granz
arbres que l'en voit moult loins, pour ce que les cheminans ne se desvoient ne de jour ne de nuit. Car il
treuvent assez de granz arbres par chemins moult
desers qui sont de moult grant confort aus marchans
10 qui vont cheminent. Et sachiez que ces arbres sont
planté par tous les chemins errans.

100. Ci dit li .C. chapistre du vin que les gens du Catay boivent.

Encore sachiez que la greigneur partie des gens
du Catay boivent un tel vin comme je vous diray. Il
font une poison de ris avec moult de bonnes espices
en telle maniere et si bien que il vault mieulz a boire

---

125   e. eust o. *dans B1.* Eust *est barré de légers traits de plume dans B1.*

5 que nul autre (f. 95 a) vin car il est moult bon[126] et
moult cler. Et si est moult biau et enyvre plus tost
ceulz qui en boivent que ne fait nul autre vin, pour ce
que il est moult chaut.

Or vous laisserons a conter de ce et vous conte-
10 rons d'autre maitere.

**101. Ci dit li .C. et .I. chapitre comment les
gens du Grant Seigneur ardent la pierre aussi
comme se ce feust buche.**

Il est voirs que par tout la province du Catay a
une maniere de pierre noire qui se cave de mon-
taingnes comme vainne, laquele art aussi comme
fait buche et maintient mieulz le feu que ne fait la
5 buche. Car, se vous le metez la nuit ou feu, vous
trouverez le matin du feu, si que il sont si bonnes que
par toute la prouvince n'ardent autre chose. Bien est
voir que il ont buche assez, mais point n'en ardent
pour ce que les pierres valent mieulz et coustent
10 mainz que ne fait la buche.

**102. Ci devise le .C. et .II. chapitre de cest
livre comment le Grant Caan fait repondre ses
blez pour secourre ses genz ou temps de karesme,
c'est assavoir a ceulz qui en ont mestier.**

Sachiez que le Grant Seigneur se pourvoie quant
il voit que il a grant habondance de blez et a grant
marchié. Si en fait amasser grant quantité par toutes
ses provinces et meitre en grans maisons. Et les fait

---

[126]   moult bon *répété dans B1 et barré de traits de plume. Corr. d'après A1, B3,*
B4, B5.

5 si bien estuier que il dure bien .III. ans ou .IIII. Et
entendez sceurement que ce est de touz blez [for-
ment, orge, mil, ris, panise et autres blez][127] si que,
quant il avient que il ont aucune chierté de blez, si en
fait traire le seingneur assez de telz que besoing leur
10 est. Et se la mesure se vent .II. besanz, si lor en fait
donner .IIII. ou tant que il en puissent avoir meilleur
marchié et bon marchié communal. Et ce est a chascun qui en veult avoir pour son vivre.
    Et en ceste maniere se pourvoie ainsi le Grant
15 Caan que ses hommes ne puent avoir chierté. Et ce
fait il faire par toutes pars ou il a seingnourie, car il
en fait tant amasser en chascun lieu que chascun qui
en a mestier en a quant il veult.

103. Ci dit le .C. et .III. chapitre comment le Grant Seigneur fait charité aus povres.

    Depuis que je vous ay dit et devisé comment le
Grant Caan si fait grant devise a son pueple de toutes
choses au temps de chierté por ce que il se pourvoit
au temps de grant marchié, si orrez comment il fait
5 charité et granz aumosnes au povre pueple de la cité
de Cambaluc.
    Il est voirs que il a fait eslire mainte mesnie de la
ville qui sont souffraiteux, et de celle mesnie il a .VI.
en un hostel et .VIII. en un autre et .X. en un autre et
10 plus et mainz si comme il sont, si que ce est en
somme moult grant nombre de genz. Et a chascune
mesnie leur fait donner chascun an fourment et
autres blez tant que il leur soufist en tout l'an.

---

[127] forment, orge, mil, ris, panise et autres blez *omis par B1 et B2. Corr.
d'après A, C, F.*

Et ainsi [f. 95 v°a] fait toutes fois chascun an.
15 Encor plus que tuit cil qui veulent aler a s'aumosne
chascun jour en sa court si pueent avoir[128] un grant
pain tout chaut [pour chascun][129] ne nulz n'i est
refusé. Car ainsi l'a ordené le Grant Seigneur si que
il en va chascun jour plus de .XXX. mille. Et sachiez
20 que ce est tous les jours de l'an et c'est bien grant
bonté de seingneur qui a pitié de son povre pueple.
Et il le tiennent a si grant bien que il l'aiment et
doubtent et l'aourent aussi comme dieu.

Or vous ai dit et conté de ce ordeneement si que
25 nous departirons de la cité de Cambaluc et enterron
dedenz le Catay pour vous conter des grans choses et
des grans richesces qui y sont.

---

128   p. a. tous ceulz qui y vont u. gr. p. *Corr. d'après A, B3, B4.*
129   u. gr. p. chascun t. ch. *Corr. d'après A1, A2.*

Notes

75, 1   Ces lignes qui annoncent une série de chapitres consacrés aux
       faits et gestes du Grand Khan sont comme un nouveau pro-
       logue. D'après un auteur chinois « le Grand Khan avait l'art de
       connaître et de commander ses officiers. Il cultivait les lettres,
       protégeait ceux qui en faisaient profession et acceptait les
       conseils qu'ils lui donnaient… Il n'eut pour ministres d'état que
       des étrangers qu'il sut choisir avec discernement… Il aimait
       véritablement ses peuples et s'ils ne furent pas toujours heureux
       sous son règne, c'est qu'on avait soin de lui cacher ce qu'ils
       souffraient… Plusieurs Chinois, gens de lettres, vivaient à la
       cour (…) mais on ne leur confia que des emplois subalternes et
       ils ne furent pas à portée de faire connaître les malversations des
       sangsues publiques.» (Cité d'après A. J. H. Charignon, *Le livre
       de Marco Polo,* Pékin, 1924-1928, t. II, p. 2). Sur Khoubilaï,
       voir Morris Rossabi, *Kubilaï Khan, empereur de Chine,* Paris,
       Perrin, 1991 ou l'édition américaine de 1998, Berkeley-Los
       Angeles, qui est plus riche en notes. Voir aussi la notice de
       P. Pelliot, *Notes on Marco Polo,* Paris, Maisonneuve, 1959,
       tome I, 5, pp. 565-569.

75, 4   Alors que la famille *B* donne *en françois,* les mss. de la famille
       A et *C* ainsi que *F* disent *en nostre langaige* et *TA* et Ramusio
       (*Navigazionni e viaggi,* éd. M. Milanesi, Turin, 1980, t. III,
       p. 152) écrivent *in nostra lingua.*

75, 5   *C2* indique seulement *le grand seigneur, A1, A2, A4* ajoutent *le
       grand seigneur des seigneurs* (et *A3*) *empereour; B3, B4, B5*
       écrivent *comme le seigneur des seigneurs, empereour. TA*
       donne *lo signore degli signori, VA el gran signior di signiori,*
       Ramusio *signor de signori.* Seuls *B1* et *B2* indiquent *le grant
       seigneur des seigneurs et des seignours empereours,* formule
       qui semble la plus claire et la plus complète.

75, 12 Les mss. italiens, à la place de cette incise, disent *di modo che
       ciascuno potrà comprendere che questa è la verità* (Ramusio,

op. cit., p. 152) ou *si che zaschuno intenderà esser chusi chome nui dixemo senza contrasto (VA, op. cit.*, p. 167).

76   Une miniature dans *A2* (fol. 33) dépeint un combat ; à gauche, montés sur un éléphant un homme armé d'un arc et un autre armé d'une lance attaquent tandis que à droite des hommes se battent. Dans *A4* (fol. 132 v°) une miniature représente Khoubilai à cheval suivi de combattants. Dans *C3*, une miniature représente le Grand Khan assis sur son trône pointant l'index vers deux envoyés.

76, 5   Pour certains (Yule, *op. cit.*, p. 334), Khoubilai est le cinquième descendant : Gengis, Ögödeï, Güyük, Möngké et Khoubilai. Mais il est bien le sixième descendant de Gengis Khan, si l'on prend en considération la régence de l'impératrice Naimatchen ou Tourakina, veuve d'Ögödeï qui, aux yeux des Chinois, est comptée comme l'un des règnes de cette dynastie (Rossabi, *op. cit.*, p. 66).

76, 7   Selon Ramusio (*op. cit.*, p. 152), *TA, VA*, Khoubilai a commencé à régner en 1256, mais alors qu'il avait 29 ans, précise Ramusio, tandis que *B1* (**76**, 20) indique 43 ans. Puisque Möngké est mort en 1259, c'est plutôt en 1260 (le 5 mai) que Khoubilai se fit proclamer Grand Khan, date à laquelle les *Annales mongoles* font commencer son règne. Marco Polo dit 1256 sans doute parce que c'est l'année où Khoubilai a commencé à faire construire sa capitale d'été. Voir *The Cambridge History of China*, vol. 6, *Alien Regimes and Bordes States, 907-1368*, by H. Franke and D. Twitchett, Cambridge, 1994, pp. 418-419.

76, 9-10   L'expression *si comme droit et raison estoit* est quelque peu contestable. En 1260, un grand nombre de princes pressèrent Khoubilai d'accepter la succession de Möngké et de monter sur le trône mais il n'a pas respecté les usages. Comme l'écrit M. Rossabi (*op. cit.*, p. 67) : « Après trois refus rituels, il accéda à leurs vœux et, le 5 mai, un *kuriltay* (sorte de conseil mongol) réuni à la hâte à Kaiping le nomma Grand Khan. » Cette élection était inhabituelle car les *kuriltay* se tenaient d'ordinaire en Mongolie ou en Asie centrale ; en outre, les princes des autres branches issues de Gengis n'y furent pas convoqués. La légitimité de la procédure risquait donc d'être remise en question. Elle ne fut d'ailleurs pas acceptée par les princes du sang qui se trouvaient au nord du désert comme Naian et Kaidu qui se joignirent dans une commune révolte. De plus le frère de Khoubilai, Arig Boke, prit les armes pour lutter contre lui et s'emparer du khanat.

76, 11   Ramusio (*op. cit.*, pp. 152-153) souligne que Khoubilai était réputé pour ses conseils *e astuzie militari*. En réalité, Khoubilai doit ses victoires surtout à deux de ses généraux, Bayan (Payan), conquérant de la Chine méridionale et l'héroïque Sodu (cf. M. Rossabi, *op. cit.*, pp. 108, 111, 225, 226). Sur Bayan, voir Fr. W. Cleaves «The Biography of Bayan of the Barin in the *Yüan Shih* in *Harvard Journal of Asiatic Studies*, t. 19, 1956, pp. 185-303. Tout au plus peut-on admettre qu'il a été astucieux en se faisant élire par ses généraux au trône impérial en territoire chinois, alors que Arig Boke se faisait proclamer Grand Khan de tous les Tartares dans la vieille capitale mongole de Karatorum. A juste titre L. Olschki parle ici d'un «colpo di mano militari» (*L'Asia di Marco Polo*, Venezia, 1978, p. 399).

76, 16   Marco Polo ignore, au moment de la rédaction du livre, que Khoubilai est mort le 18 février 1294 et il parle de l'empereur comme s'il était toujours vivant (voir P. Pelliot, *op. cit.*, t. 1, p. 567). Il avait quitté la Chine sans doute à la mousson d'hiver de 1291. La nouvelle de la mort de Khoubilai a dû être connue en Perse avant la fin de l'année 1294, mais elle ne s'était pas répandue en Occident.

76, 21   Sa campagne la plus remarquable fut la conquête du Yunnan en 1253.

76, 24   Après son avènement Khoubilai alla plus d'une fois en guerre: il conduisit en 1261 ses troupes contre son frère et rival, Arig Boke, et lui enleva Karakorum, capitale mongole de 1230 à 1260. En 1289, lorsque Kaidu enlève son petit-fils Kamala, Khoubilai, malgré son âge, n'hésite pas à se mettre à la tête de ses soldats pour anéantir ses adversaires. (Voir *The Cambridge History of China*, *op. cit.*, t. 6, p. 421). A partir de 1286 Khoubilai eut à faire face à des révoltes qui menacèrent sérieusement son pouvoir dans certaines provinces limitrophes de l'empire. Le Grand Khan envoya son général Bayan pour enquêter sur la situation en Mandchourie, mais prit personnellement la tête d'une expédition armée.

76, 26   Sur Naian, voir P. Pelliot, *op. cit.*, pp. 788-789 et Yule, *The Book of Ser Marco Polo*, Londres, 1903, p. 334. Naian est vraisemblablement un arrière petit-fils de Belgoutai, frère puîné de

Gengis Khan, et non de Temuge-Otcigin, le plus jeune frère de
Gengis alors que Khoubilai est le petit-fils de Gengis. Naian
n'était donc pas l'oncle du Grand Khan, mais un cousin plus
jeune de trois générations. Il règnait en Mandchourie et
demeura un rebelle jusqu'à sa mort en 1301. Ramusio (*op. cit.*,
p. 153) précise qu'il ne voulait pas être sous la tutelle du Grand
Khan, *esser sottoposto al gran Can*. Selon *VA* il avait trente ans
au moment de la bataille.

En 1286, la Cour avait décidé d'établir une administration provinciale. Les «Tartares des Rivières» qui avaient perdu leurs
postes demandèrent la suppression de la nouvelle administration provinciale et le rétablissement des anciens gouverneurs
ainsi que le droit de posséder des armes, droit qu'on leur avait
enlevé.

Naian s'est révolté en mai-juin 1287. La bataille a dû avoir lieu
le 16 juillet. Le Grand Khan, âgé, souffrait alors de la goutte. Il
se trouvait sur une litière portée par des éléphants.

Plusieurs indices confirment que Naian était chrétien et que le
christianisme nestorien était répandu dans l'Est de la Mongolie
et dans l'Ouest de la Mandchourie.

76, 38   Kaidu (1230-1301) était neveu du Grand Khan – en réalité cousin issu de germain – en ce sens qu'il descendait à la quatrième
génération de Gengis Khan, par Ögödeï, son troisième fils, alors
que Khoubilai en descendait à la deuxième, par son quatrième
fils, Tuluï. La lignée d'Ögödeï avait été évincée de l'empire par
les descendants de Tuluï. C'est pourquoi Kaidu, toute sa vie,
resta hostile à Khoubilai. Dès le chapitre **51**, Marco Polo avait
évoqué la haine qu'éprouvaient l'un pour l'autre l'oncle et le
neveu. Marco Polo évoque les batailles entre le Grand Khan et
Kaidu et parle d'une fille de Kaidu, nommée Clair de lune et
redoutable guerrière (voir Pelliot, *op. cit.,* pp. 124-129). Il faut
bien reconnaître que «ce loup de la steppe était l'antithèse
vivante du Mongol sinisé et sédentaire qu'était Khoubilai…
Seul son frère Hulagu qui régnait en Perse fut pour lui un vassal
fidèle. Et tous ces embarras venaient de ce qu'il avait aban-
donné le genre de vie de sa race pour devenir un empereur chinois.» (René Grousset, *Histoire de la Chine*, Paris, Fayard,
1942, pp. 285 et 286).

76, 49   *VA* dit *molto contento e allegro*.

76, 50   *VA* donne des précisions supplémentaires : *fece metter guardie a tuti i passi ch'andavan verso i paesi di Naïam e Kaidu* et il ordonna aux gens qui étaient à environ dix jours de Cambaluc de se réunir au plus vite *ordino che le genti ch'erano d'intorno alla cità di Cambalu per il spazio di dieci giornate si mettessero insieme con grandissima celerità.*

77   Dans *C3*, une miniature représente un diptyque : à gauche un chef de guerre à cheval entouré de soldats, à droite trois hommes dont deux semblent négocier un accord, sans doute les adversaires de Khoubilai.

77, 10   Selon M. Rossabi (*op. cit.*, p. 232) les chiffres des combattants donnés par Marco Polo sont fortement exagérés.

77, 20   Ramusio (*op. cit.*, p. 154) ajoute un paragraphe intéressant sur les troupes cantonnées dans les provinces. Ces garnisons étaient réparties en différents lieux à des distances de 30, 40, 60 jours de la capitale et Ramusio de conclure que si Khoubilai avait voulu ne rappeler que la moitié de ces troupes, ces dernières eussent encore formé un total incroyable.

77, 22   Le terme qui suit *fauconnier* varie selon les scribes. *B1, B2* écrivent *baconniers, A2, A3, A4, B3, B4* comprennent *braconniers, CI* donne *gent qui entour lui ou pres demouroient assiduellement, C2 gens qui auprès de lui demenoient, C3 gens qui continuellement avec luy demouroient.* Les mss. C se rapprochent des mss. italiens puisque *VA* donne *uomini della sua famiglia, TA gente che andava drieto a llui.* C'est la leçon de *A* qui a été retenue ici : il s'agit des conducteurs de chiens braques.

77, 24   Les *astrenomien*s sont sans doute des chamans. Voir J. P. Roux, *La religion des Turcs et des Mongols,* Paris, Payot, 1984, pp. 59 et *sqq.* Khoubilai agit comme son ancêtre Gengis Khan qui, avant d'affronter l'armée du Prêtre Jean, fit venir devant lui des astrologues chrétiens et musulmans. Tandis que les astrologues musulmans furent incapables de lui dire ce qu'il en serait, les astrologues chrétiens, en recourant à un bambou, lui prédirent la victoire (ch. **66**). Ramusio (*op. cit.,* p. 154) précise la raison de ce recours aux pratiques de la divination : c'était un moyen de stimuler l'ardeur de leurs troupes : *questo effetto di divinazione sogliono sempre far li gran Cani per far innanimar li loro eserciti.* On remarquera qu'ici Marco Polo ne qualifie pas cet art de *dyabolique.* Voir l'article de J. Cl. Faucon « Marco Polo et les enchanteurs » dans *Chant et enchantement au Moyen Age,* Toulouse, EUS, 1997, pp. 205-222. Voir aussi la note en **84,** 17.

77, 33   On a souvent parlé de la tactique militaire des Mongols qui consistait à prendre l'adversaire par surprise. Sur les armes voir l'encadré « Pistolet et bombarde » dans l'article de J. Fresnais-Vaudelle « Entre flammes et poudre », dans les *Cahiers de Science et Vie,* mai 2003, p. 72.

77, 42   Alors que tous les mss français, y compris *F,* disent *sa* femme, Ramusio (*op. cit.,* p. 154) ne dit pas *sa* femme mais une de ses femmes *con una sua moglie.* Les manuscrits n'évoquent pas sur le même ton l'amour de Naian pour sa femme. *A1, A3, A4, D* ne portent pas de jugement, mais *C1, C2* estiment que cet amour est *a desmesure, C3* dit qu'il aimait *trop* sa femme, *A2* dit que Naian *vouloit a sa femme trop grand bien oultre mesure. F* moins sévère se contente de dire qu'il lui voulait *moult grand bien.* Une miniature dans *A2* (fol. 34) souligne l'effet de surprise : à droite est peint l'élan furieux des cavaliers de Khoubilai alors qu'à gauche on voit un garde endormi au pied du lit où reposent Naian et sa femme. Le peintre souligne combien les adversaires du Grand Khan sont peu sur leurs gardes.

78   Dans *A4* (fol. 135) et *C3* une miniature représente une scène de combat.

78, 16   Ramusio ajoute des détails (*op. cit.,* p. 154) : la tourelle est *pieno di balestrieri e arcieri.* L'étendard impérial est aux images *del sole e della luna.* Les éléphants sont couverts de cuir bouilli très solide *di cuori cotti fortissimi* et caparaçonnés de draps *di seta e d'oro.*

78, 23   Ramusio (*op. cit.,* pp. 154-155) donne plus de précisions sur la disposition des troupes : « L'armée impériale était formée de trente divisions qui comprenaient chacune des compagnies de fantassins chinois, tous armés de la longue lance et du grand sabre. Lors des avances ou des reculs, ils montaient en croupe derrière les cavaliers ; au moment d'aborder l'ennemi, ils sautaient à bas de cheval et partaient à l'assaut » (trad. de Charignon, *op. cit.,* p. 17). Toutes ces additions tendent à prouver que nous sommes en présence d'un texte qui a été revu par Marco Polo et qui porte la trace de ses souvenirs.

On sait que les Mongols ont inventé les techniques transformant des combattants à cheval en véritable cavalerie organisée. Voir à ce sujet l'article d'Alvaro Barbieri « Il popolo degli arcieri : l'organizzazione militare e le tecniche di combattimento dei Mongoli nel libro di Marco Polo », *Instituto Romano di Cultura i Ricerca Umanistica, Annuario*, 2, 2000, ed. S. Marin e I. Bulei, pp. 21-38.

78, 39   On frappe sur le *nacaire* comme sur une grosse timbale ou un tambourin. Ramusio (*op. cit.*, p. 155) parle de *nacchere e tamburi*. Voir des reproductions intéressantes de *nacaires* dans Yule, *op. cit.*, pp. 340-341.

78, 56   Ramusio (*op. cit.*, p. 155) ajoute qu'il y avait tant d'hommes et de chevaux morts à terre qu'il devint impossible à ceux qui restaient d'avancer les uns contre les autres : *una parte non poteva trapassare ov'era l'altra.*

78, 58   A la place de l'expression épique *que l'en n'i oïst pas Dieu tonnant*, Ramusio, plus réaliste, dit que ces cris jetaient ceux qui les entendaient dans *un estremo spavento* (*op. cit.*, p. 155).

78, 70   La bataille, selon *B1, B2*, dura du matin *jusqu'à la nuit*, *jusqu'au soir* selon *B5*, *jusqu'à midi* selon *A3, B3, B4, C*, ce qui est confirmé par Ramusio (*op. cit.*, p. 155): *dalla matina sino a mezogiorno*, par *VA*: *da maitina fina a mezodì*, par *TA*: *da la matina infino al mezzodie passato*. Ramusio explique que la Fortune hésita longtemps à accorder la victoire à cause de l'attachement des gens de Naian pour leur Seigneur qui était très libéral à leur égard, *perché la benevolenza delli genti di Naiam verso il lor signore, ch'era liberalissimo* (*op. cit.*, p. 155).

79   Dans *C3*, une miniature montre trois hommes à terre en train d'enrouler dans un tapis Naian dont on voit le visage.

79, 6   C'est Khoubilai, d'après Ramusio, (*op. cit.*, p. 155) qui ordonna que Naian mourût *cucito fra due tapeti*, parce qu'il ne voulait pas que le soleil et l'air voient répandre le sang impérial : *il sole e l'aria non vedesse sparger il sangue imperiale ; TA* explique qu'il ne voulait pas *che le sangue di lignaggio de lo imperadore facesse lamento a l'aria*. Les princes de la lignée impériale de Gengis-Khan avaient pour habitude, lorsqu'ils mettaient à mort un autre Khan pour s'emparer de son trône, de ne jamais faire répandre son sang. C'est pourquoi ils s'arrangeaient pour que leur victime mourût étouffée d'une manière ou d'une autre (voir Charignon, *op. cit.*, t. II, p. 19). Verser le sang d'un membre de la dynastie est proscrit (voir J. P. Roux, *op. cit.*, p. 51 et pp. 162-

163). Peut-être avaient-ils peur de la vengeance du mort et peur pour l'avenir de la dynastie.

79, 17   *Ciorcian* désigne une région de la Mandchourie actuelle d'où étaient originaires les Djurtchet. Naian, vassal du Khan, devait maintenir la sécurité dans cette région soumise au Khan depuis 1233. Pour les identifications onomastiques, voir Hallberg Ivar, *L'Extrême-Orient dans la littérature et la cartographie de l'Occident des XIIIᵉ, XIVᵉ et XVᵉ siècles*, Göteborg, 1907.

Causy (Cauly, Kaoli) désigne la Corée, mais fut appliqué dès les premiers Han au territoire de Moukden. Les indigènes du lieu avaient fondé une dynastie royale qui s'empara de toute la péninsule coréenne jusqu'au jour où elle dut se soumettre aux Mongols. Seule la moitié septentrionale de la Corée, qui avait fait sa soumission aux Mongols en 1269, faisait partie de l'apanage de Naian. Le reste de la Corée dépendait encore du roi de Corée, Chyoung Ryel Wang (1274-1298) mais il s'était reconnu vassal des Mongols.

Barscol ou *Bascol* a été identifié avec Abalahou, région de Mandchourie voisine de l'apanage de Naian. Sichyguyn ou Sichingiu correspond au Kien-Tchéou situé dans les limites du moderne aïmak de Khorchin ou Kharachin. *Il Milione* indique trois provinces au lieu de quatre, réunissant en une seule le Barscol et le Sichingiu, laquelle troisième province correspond à l'ancien Pékin des Chin. Le Barscol et le Sichingiu étaient limitrophes.

79, 24   *VA* et Ramusio parlent de *giudei e saraceni* (*op. cit.*, p. 155). Il est très possible qu'il y ait eu des juifs en Mandchourie, car il en existait en Chine depuis très longtemps (Voir Yule, *op. cit.,* pp. 346-347 et Jonathan Goldstein, *The Jews of China, Historical and Comparative Perspectives,* Amonk, New York, 1999).

Sous le terme *d'ydolastres*, Marco Polo désigne les adeptes de la religion bouddhique. Il appelle *sarrazins* les mongols du Levant qui ont choisi la religion islamique.

79, 25   Lorsqu'on parle de chrétiens en Chine, il s'agit essentiellement de nestoriens, chrétiens qui distinguaient la nature divine du Christ de sa nature humaine. (Sur les nestoriens, voir R. Le Coz, *Histoire de l'Eglise d'Orient: Chrétiens d'Irak, d'Iran et de Turquie*, Paris, 1995 et Anna-Dorothée van dem Brincken, *Nationes christianorum orientalium*, Köln, 1973, pp. 287-336).

Grâce à la faveur impériale, le Nestorianisme se propagea rapidement. La mère du Grand Khan, la princesse Sorghaqtani, était une nestorienne pratiquante. Selon Ramusio, il y eut *infiniti cristiani, li quali tutti furono morti (op. cit.,* p. 155). Et il insiste sur les moqueries dont furent l'objet les chrétiens *facevano beffe de' cristiani... derisione* (id).

79, 28   Les nestoriens n'adoptèrent pas l'usage de représenter le Christ en croix, lorsque ce motif apparut au VIe siècle dans l'iconographie de la crucifixion. Les Chinois appelèrent le christianisme la « religion de la croix ».

79, 42   Chez Ramusio, le Grand Khan ajoute : gardez-vous de dire que *I Dio de' cristiani sia ingiusto, perché quello è somma bontà e somma giustizia (op. cit.,* p. 156).

80   Dans *C3,* une miniature montre le Grand Khan à cheval en train de quitter le champ de bataille jonché de morts.

80   *Rub,* 2 *Cambaluc, Cambalut* est le nom donné par Marco Polo à Khan-baligh, la ville du Khan. Les Chinois l'appellent Daidou, Dadu ou Taitou (grande capitale), nom que reprend d'ailleurs Ramusio sous la forme *Taidu (op. cit.,* p. 164), forme gardée par Yule. C'était la résidence d'hiver du Khan, décrite plus loin au ch. **85** – sur l'emplacement de l'actuelle cité interdite – alors que Chang-Tou était la résidence d'été (du 1er mai au 28 août). Ce fut l'ancienne capitale des Chin jusqu'en 1214. C'est seulement sous la dynastie des Ming qu'on appellera la capitale, Beijing, Pékin.

80, 1   Ramusio consacre son second chapitre aux honneurs qui sont accordés aux fêtes des chrétiens, des juifs, des musulmans et des bouddhistes, puis explique pourquoi le Grand Khan ne se fit pas chrétien : *e dell'onore ch'egli fa alle feste de' cristiani, giudei, macomettani e idolatri ; e la ragione perché dice che non si fa cristiano (op. cit.,* p. 156, titre du chapitre). « Si le pape, lui aurait-il dit, avait envoyé des hommes capables de prêcher la religion chrétienne, le Grand Khan se serait fait chrétien car il est un fait certain qu'il en avait le plus grand désir : *si sa di certo che n'avea grandissimo desiderio (op. cit.,* p. 157). Ce chapitre a peut-être été ajouté dans une version postérieure du texte due à l'auteur.

Khoubilai, selon une longue tradition familiale, protégeait, par politique, toutes les religions.

80, 25   Sur ces tables de commandement, voir Yule, *op. cit,* p. 352, avec la reproduction en couleurs d'une tablette d'or. Ces tablettes permettaient aux cavaliers qui transportaient le courrier et dont le cheval était fourbu, d'exiger le cheval frais et dispos de toute personne qu'ils rencontraient.

80, 37   Le poids des tables est donné ici uniquement par des chiffres. Les manuscrits italiens précisent la valeur, en ajoutant *saggi,* le *saggio* étant une mesure de poids vénitienne qui valait 4 g. 72, 1/6 d'once (Voir Ramusio, *op. cit.,* p. 158 et Yule, *op. cit.,* p. 353).

80, 58   Le *paile* est une sorte de dais porté devant le Grand Khan par des hommes de son escorte et devant tout personnage officiel. L'ancienne version latine parle de *pallium.* Le caractère honorifique attaché au *paile* existait encore au XXᵉ siècle.

80, 59   *ombrel* «petit parasol». Le mot *ombrele* est attesté chez Martin da Canal, *Estoires de Venise,* éd. Limentani, p. 6 et désigne le parasol porté au-dessus de la tête du doge dans les processions. Le mot est un italianisme. Le dictionnaire étymologique de Cortelazzo-Zolli (p. 830) a tort de donner à *ombrello* une attestation tardive (1588).

80, 62   Une *table de gerfaut* est une table de commandement sur laquelle est représenté un gerfaut, noble oiseau de proie très estimé à la cour. Ces tablettes étaient rondes et remises seulement aux courriers et aux officiers spéciaux du Khan.

81   Dans *A4* (fol. 140), devant le Grand Khan, un groupe de femmes est représenté. Dans *C3,* le Khan assis sur son trône a deux épouses à droite, deux autres à gauche; elles ne portent pas de couronnes, mais des coiffes plus européennes que mongoles.

81, 5   Alors que les mss. français précisent que le Grand Khan a le visage blanc et vermeil, *VA* dit que son visage est *chome ruoxa* (p. 171, ch. **64**), *TA come rosa* (p. 123), Ramusio que sa face est *risplendentemente a modo di rosa colorita* (pp. 158-159) et le texte latin *habet vultum candidum et rubicundum sicut rosa.* Cette comparaison propre aux mss. italiens et latin a conduit Victor Chklovski à intituler son chapitre **XV**: «Le Khan Khoubilai est semblable à une rose» (voir *Le voyage de Marco Polo,* Payot, 1980, p. 116).

Il est certain que le narrateur suit une esthétique conventionnelle et que Khoubilai ressemble ici plus à un souverain occcidental qu'à un prince mongol. De plus le portrait officiel fait en 1280 par le peintre Liu Guandao (portrait aujourd'hui conservé au Musée National du Palais de Taipei) montre un homme corpulent, paré de la petite barbe noire et des moustaches caractéristiques des mongols, sans doute très différent de celui que Marco Polo a rencontré dix années auparavant.

81, 11 Les quatre femmes de Khoubilai, d'origine mongole, étaient appelées impératrices : ce furent Tegülin, Chabi (qui joua un rôle essentiel auprès de lui), Tarakhan et Bayaghuchin. Sur Chabi, voir Fr. W. Cleaves, «The biography of the Empress Chabi» in the *Yüan Shih*, in *Havard Journal of Ukrainian Studies*, 3-4, 1979-80, pp. 185-303. Elle est sans doute morte avant Khoubilai, en 1284. Les fils de la première épouse étaient seuls aptes à succéder à leur père. Si celle-ci n'avait pas de fils, c'étaient ceux de la seconde et ainsi de suite. Elles vivaient dans des palais séparés. Au fol. 36 du ms. fr. 2810, les quatre impératrices sont représentées assises sur une longue banquette, garnie de coussins, dont le dossier est orné d'arcatures. Elles tiennent chacune un enfant par la main. Avec leurs cheveux blonds et leur diadème rehaussé de joyaux, elles ressemblent plus à de grandes dames françaises qu'à des princesses mongoles.

81, 15 La plupart des manuscrits donne *escuier*, mais *C1* et *F* donnent une leçon bien meilleure : *escollié* c'est-à-dire «eunuque». Ramusio confirme cette interprétation en écrivant *altri uomini castrati* (*op. cit.,* p.159). *TA* écrit *valetti e scudieri* (p. 123) mais l'éditeur indique en note «errore di traduz. per eunuchi».

81, 22 *Ungrac* ou *Ungrat* correspond au nom mongol *Qouggirat* et désigne une tribu qui avait le privilège de fournir des femmes aux empereurs mongols ; ici il s'agit des concubines du Grand Khan. Voir. P. Pelliot, *op. cit.*, t. II, pp. 869-870.

81, 26 Le choix des concubines est beaucoup plus développé par Ramusio. A l'arrivée des jeunes filles, des examinateurs, nommés à cet effet inspectent minutieusement chevelure, visage, yeux, bouche, lèvres. Ils notent chacune en carats selon son degré de beauté *e stimato alcune in caratti*. Celles qui ont obtenu les notes de vingt et de vingt et un carats sont soumises à une seconde sélection. Ainsi sont choisies pour la chambre impériale trente ou quarante concubines. Chacune est ensuite confiée à la femme d'un baron qui vérifie que la jeune fille a un sommeil tranquille, qu'elle ne ronfle pas, qu'elle a une haleine

agréable et qu'elle ne sent mauvais d'aucune partie du corps. Ce
mode de sélection fonctionnait encore sous les Ming.

82, 1   P. Pelliot ne croit pas que Khoubilai ait eu 22 fils (ce qui ne correspond pas avec les sources chinoises et persanes), mais 12.
Voir P. Pelliot, *op. cit.*, p. 569.

82, 4   Chingui était le fils préféré de Khoubilai.

82, 6   Sur Temur, voir *Cambridge History of China*, vol. 6, *Alien
Regimes and Border States 907-1368,* éd. H. Franke and D.
Twitchett, Cambridge, 1994, pp. 490-505.

82, 7   *TA* ajoute *perché fu figliuolo del magiore figliuolo* (p. 124).

82, 8   *TA* semble plus logique, puisqu'après «raison», il ajoute *ché
risomiglino dal padre* (p. 125).

82, 13   Ramusio explique pourquoi les fils sont *vaillans d'armes*: *perché di continuo li fa esercitar nelle cose pertinenti alla guerra*
(*op. cit.,* p. 161).

82, 17   Ramusio ne dit pas *preux,* mais *prudenti,* avisés (*op. cit.*,
p. 161).

83   Dans *A2* (fol. 37) et dans *C3*, une miniature représente un palais.
Mais le peintre ne s'inspire guère de la description complexe de
Marco Polo. En 1264, Khoubilai donna l'ordre de bâtir une ville
près du Pékin actuel. Le maître d'œuvre fut un architecte musulman, Yederdeier; toutefois la ville fut conçue dans un esprit chinois car Khoubilai entendait gouverner la Chine dans la lignée
confucéenne des empereurs Han et Tang.

Sur ce palais, voir M. Rossabi (*op. cit.,* ch. 5) et l'article de P.
Clément et de Ph. Descamps, «Dadu avant Pékin» dans *les
Cahiers de Science et Vie,* mai 2003, pp. 33-34 ainsi que l'ar-
ticle sur «Le Palais impérial de Kubilaï», pp. 35-41.

83, 2   *Cathay* désigne la Chine du Nord au Moyen Age. Ce nom avait
pour origine Khitai, le nom de la dynastie proto-mongole, qui
dominait la Mandchourie, la Mongolie et la Chine du Nord. Les
Occidentaux transformèrent ce nom en Cathay. Seuls les Russes
ont continué à désigner la Chine entière sous le nom de Khitai.

83, 3   Le terme *delier* ou *delair, deloir* en ancien français, est encore
employé aux XIIIe et XIVe siècles pour désigner le dernier mois
de notre année. Ce mot vient du latin *delerus* – fou, extravagant
– adjectif qui qualifiait le mois pendant lequel se déroulaient les
Saturnales et leurs fêtes licencieuses. L'adjectif, au départ tou-

jours employé avec *mensis*, a fini par être employé chez les Gaulois comme substantif pour désigner notre mois de décembre. (God., II, 479 c, F. E.W., III, 32 b, T.L. II, 1346). Ramusio écrit *dicembre, gennaio e febraio* (p.161).

83, 4   Le terme de *palais* désigne des bâtiments à étages qui se dressent aux angles et sur les portes des enceintes, comme on peut le voir aujourd'hui dans la «cité interdite».

83, 7   M. Rossabi (*op. cit.*, p. 149) précise que la ville «avait un plan rectangulaire, son périmètre était de 28 600 mètres et un mur en pisé l'encerclait (...). La métropole était orientée selon des axes symétriques nord-sud et est-ouest, avec de larges avenues disposées géométriquement, à partir des onze portes qui donnaient accès à la ville.»

83, 11 Les arcs étaient des armes redoutables entre les mains des Mongols, réputés pour être des archers remarquables. Les *Annales chinoises* soulignent que les Mongols ont pris possession du monde grâce à leurs chevaux et à leurs arcs. *TA* ajoute des *tende* (p. 126). Marco Polo n'évoque pas ici toutes les armes mongoles notamment les arbalètes à carreaux multiples et les arbalètes-catapultes. Voir J. P. Roux, *Histoire de l'Empire Mongol*, p. 247 et lvaro Barbieri, *article cité* en **78**, 21 ainsi que l'article déjà cité des *Cahiers de Science et Vie*, «Entre flammes et poudre», pp. 69-73.

83, 44 *ensolé*: la forme est un hapax cité par God. III, 239. Comme dans la plupart des palais chinois, il n'y a pas d'étage au-dessus du rez-de-chaussée. Ramusio dit qu'il n'y a pas de plancher: *il palagio adunque non ha solaro, ma ha il tetto overo coperchio altissimo* (*op. cit.* p. 162). *TA* écrit *egli non v'a palco* (p. 127). Faut-il écrire *ensolez* ou *en solez*? On a préféré *ensolez* parce que le substantif *solier* n'a pas de forme en *er*.

83, 48 *TA* parle de sculptures, notamment *ov'è scolpito belle istorie di cavalieri e di donne* (p. 127). L'influence chinoise semble prédominer dans ces palais: toits vernissés et colorés, chambres décorées de dragons, oiseaux et cavaliers. Dans le parc, ponts, buttes de terre et jardins clos sont disposés à la façon chinoise. Cependant des tentes à la mongole étaient dressées dans les parcs et les fils de Khoubilai et leurs cousins préféraient y habiter plutôt qu'à l'intérieur des palais (cf. M. Rossabi, *op. cit.*, p. 150). Marco Polo omet ce détail.

83, 49   *TA* ajoute la présence d'hermines (p. 128).

83, 50   Ramusio indique en outre la présence, à l'extrémité du mur
extérieur, d'un balcon, *bellissimo poggiole con colonne, al
quale si possono accostar gli uomini* et, à chaque angle du
palais d'*una gran scala di marmo* (*op. cit.,* p. 162) ainsi que de
chambres dans lesquelles le Khan mettait tout *suo tresoro, oro,
argento, pietre preziose e perle, e i sui vasi d'oro e d'argento*
(*op. cit.*, p. 163). C'est là que se tiennent ses femmes et ses
concubines et personne d'autre que lui ne peut y entrer.

83, 66   Alors que sur les murs des chambres du palais, «y a pourtrais
bestes et oiseaux» (**83**, 48), tout naturellement, le parc est rempli de bêtes sauvages de toutes sortes. «L'animal réel confirme
par son existence la magnificence annoncée par l'animal
figuré» (voir J. Cl. Faucon, «La représentation de l'animal par
Marco Polo» in *Voix et signes, Medievales,* n° 32, 1997, pp. 97-
117).

83, 68   Le musc est une substance brune que l'on extrait des glandes
abdominales de cervidés d'Asie centrale. Marco Polo en repar-
lera aux ch. **113** et **115**.

83, 83   Ramusio (p. 163), *VA* (p. 174), *TA* (p. 128) confirment notre correction.

83, 91   L'azur (*asur*) vient de l'italien *lázzuli*, venant du persan *lazaverd*, le lapis-lazzuli. Voir Pauthier, *op. cit.*, p. 117. Mais comme
le lapis-lazzuli est plutôt bleu, mieux vaut penser qu'il s'agit ici
de malachite (vert vif).

83, 91   Le mot *rose* pose problème. Les mss. de la famille *B* disent de
rose et de l'azur ou *d'azur*. La famille *C* ne donne pas de précision tout comme *A1* et *A2*. Selon *TA,* le mont est couvert *della
terra dell'azurro è tutta verde* (p. 128). Seul *A3* dit de *rose
d'azur*, ce qui conduirait à interpréter *rose* par «roche». Alors
que Ramusio explique le nom du mont par la verdeur des arbres,
l'éditeur, en note, ajoute *que secondo le altre lezioni, il palazzo
era fatto di malachite e l'intera colline era disseminata di rocce
dello stesso minerale* (*op. cit.*, p. 163). On comprend que *C2* et
C3 écrivent qu'au sommet de la colline il y a un palais *de semblable verdeur comme le jardin et le mont*, sans donner plus de
détails.

83, 94   A propos du Mont Vert, voir l'article de Shigemi Sasaki,
«Faune et flore dans le *Devisement du Monde*. Mont Vert du

Grand Khan et Verger de *Deduit*», dans *Mélanges J. Cl. Faucon*, Paris, Champion, 2000, pp. 380-388.

Ce parc d'agrément, spécialement créé par Khoubilai est connu aujourd'hui sous le nom de «Montagne du Charbon». Cette création provient d'une excavation faite dans le sol pour former un lac. Tous les arbres étaient choisis à feuilles persistantes.

84   Le chapitre parle de deux sujets distincts, du palais du fils du Khan, puis de la ville de Cambaluc, confondus ici en un seul chapitre comme dans *A, C, D, F* et *TA*. Les manuscrits *B3, B4, B5* présentent donc ici une innovation commune: deux chapitres au lieu d'un. Cela ne remonte pas à l'original.

84, 4   Ce passage renvoie au ch. **82**. Ce palais fut occupé par *Chingui* (Gengis) le fils aîné. Mais à sa mort en 1285 Khoubilai désigna *Temur* (Timour) comme son héritier. *TA, VA* ainsi que Pipino (p. 83) précisent ici qu'il s'agit de Temur, *figliuolo di Cingui* (*TA*, p.129).

84, 7   Alors que *B* dit *son empire*, ce qui pourrait vouloir dire que Timour était associé, mais avec un pouvoir moindre, au gouvernement de l'empire, *A1* et *D* disent: *il tient seau d'empire*. Pipino (p. 83) donne plus de précisions en ce sens: *habetque bullas imperiales et imperiale sigillum, non tamen ita integraliter ut Kaam*. Le ms. *Z* dit: *et jam habet bullam de auro et sigillum imperiale*.

84, 16   *Garibalu* désignerait donc la seconde cité construite à côté de Cambaluc. Mais une certaine confusion apparaît dans les manuscrits à propos de ce nom. *C1* et *C3* appellent cette cité *Cambaluc*, tandis que *A* et *B* indiquent que *Garibalu* signifie «la cité du seigneur». Ce nom de *Garibalu* semble donc provenir d'une mauvaise lecture de *Cambaluc*, les deux cités, l'ancienne et la nouvelle, se confondant. Le texte de Pipino ne parle que d'une seule ville transférée de l'autre côté du fleuve (p. 84). En fait, l'ancienne cité prise par Gengis Khan en 1215 se nommait Yenking et prit plus tard, quand Khoubilai abandonna Karakorum, le nom de Khan-baligh. En 1264, Khoubilai créa tout à côté, à un ou deux milles au nord-est, une seconde Khan-baligh, dite en chinois Tatu (Taidu ou Daitu) qui signifie «grande cour» et s'y installa. Elle s'appellera plus tard Beijing (voir note en **80**, Rub., 2). Dans les manuscrits de Mandeville on trouve *Caydom* ou *Caydou*.

84, 18   La présence des astrologues et chamans à la cour du Khan est bien connue. Marco Polo évoque souvent leur rôle, notamment lors des naissances. Les clergés chrétien et musulman sacrifiaient d'ailleurs volontiers aux rites de divination pour tenter de prouver la supériorité de leurs croyances. Toutefois ici les astrologues ne font que confirmer des risques évidents de troubles sociaux. Leur fonction semble en fait officielle, puisque leur déclaration suffit en apparence à motiver la décision du Khan. Voir la note en **77**, 24.

84, 22   Selon Yule, cette rivière entre l'ancienne et la nouvelle ville est la rivière Yu (p. 368). Ramusio ajoute que cette nouvelle ville ne pouvant recevoir la totalité des habitants, ceux qui n'étaient pas suspectés de rébellion furent autorisés à rester dans la vieille ville (p.164), ce qui laisse penser que la prévention des révoltes fut une des motivations de Khoubilai quand il fit édifier cette seconde Cambaluc.

84, 25-6 Voir Yule, *op.cit.*, p. 368.

84, 25   Les commentateurs des sources chinoises laissent penser que la valeur du mille de Marco Polo est probablement fluctuante.

84, 28   *soute* signifie « partie inférieure » et *de soute* « dessous, en bas ». Voir God., VII, 562.

84, 31   Au lieu de *.IIII. pas*, les mss. *A2* et *B5* disent *trois pas*.

84, 33   *A2* et *TA* disent *dix pas* de hauteur seulement, au lieu de *vingt*. Ce mur de briques, édifié en 1271, serait estimé par les historiens à 14 mètres de haut. Quant aux *.XII.* portes, Odoric de Pordenone confirme ce nombre. Il semblerait, d'après les sources chinoises, que postérieurement une porte fut supprimée dans le mur nord, car les auteurs chinois n'en citent que 11. Le texte de *TA* indique *.X. porti.* La compilation de Mandeville (ch. **23**) précise qu'entre chacune de ces douze portes il y a toujours une *grant lieue, si que les deux citez, c'est assavoir la vieille et la nouvelle, ont de circuit plus de .XX. lieues.*

84, 40   C'est bien à l'époque mongole que remonte le plan de la ville que Ramusio décrit divisée en lots attribués aux diverses tribus : *E circa ciascun terreno cosi quadro sono belle vie per le quali si cammina, e in questo modo tutta la citta di dentro è disposta per quadro, com,è un tavoliero da scacchi, ed è cosi bella e maestrevolmente disposta che non saria possibile in alcun modo raccontarlo* (p. 165).

84, 46   La tour de la cloche fut détruite, comme bien d'autres édifices mongols, lorsque la dynastie des Ming s'empara de la ville.

84, 49   Ramusio (p. 166) précise que ceux qui osent pénétrer dans la ville sont le lendemain interrogés, jugés et châtiés par un nombre plus ou moins grand de coups de bâton, pouvant même entraîner leur mort.

84, 56   *Barons* paraît surprenant, *larrons* conviendrait mieux. Le ms *F* donne *lairons* et *TA* (p. 131) *ladroni* (mais pas *VA*). En fait, comme Pauthier le signale (p. 276) en s'appuyant sur un long passage de Ramusio, cette garde si importante et cet implacable couvre-feu visent moins à se prémunir contre des brigands (Marco Polo précise d'ailleurs que la peur ne règne pas) qu'à prévenir révoltes et conspirations. Pipino précise pourtant (p. 84) : *non quidem propter timorem hostium sed latronum. Summum enim studium adhibet rex, ut arceantur fures.*

Entre les chapitres **84** et **85** la version de Pipino introduit une vingtaine de lignes sur les douze faubourgs populeux et commerçants de Cambaluc. On y apprend que les prostituées étaient interdites *intra muros*, de même que les sépultures ou la crémation des morts. Cf. chapitre **94**.

85   A la suite de l'insertion d'une nouvelle rubrique dans ces manuscrits (cf. les variantes en **84**, 14), toutes les numérotations sont décalées à partir d'ici dans *B3, B4* et *B5*.

85, 3   *quesitan* est un mot mongol : *Kheshiktan* transcrit aussi *K'ie-sie-tai,* dérivé de *Khehik (K'ie-sie)* qui désigne une garde prise à tour de rôle (voir Yule, p. 380 et Pauthier, p. 277, note 1). La garde impériale avec ses quatre commandants est bien connue grâce aux récits de voyageurs et aux *Annales mongoles.* Odoric de Pordenone les nomme *Cuthe*. Mais les emplois postérieurs de ce mot *Kheshik* sont aussi variés que les étymologies proposées (Pauthier le traduit par « favori, heureux ») et certains confirment la signification (« fidèles, dévoués ») que lui donne Marco Polo. *TA* traduit ce nom par *li piu presimani* (« proches ») *figliuoli del signore» (op. cit.,* p. 138). Mais V. Bertolucci-Pizzorusso suggère que *figliuoli* pourrait être une mauvaise lecture de *fideli. VA* traduit bien par *fideli,* mais les nomme *Ispini.* Pipino traduit par *fideles milites.*

85, 15 Cette garde montée fournit en permanence une garde de jour et de nuit de 3000 hommes, relevée tous les quatre jours. Ramusio

(p. 170) précise que ceux qui ne sont pas de garde doivent cependant rester au palais dans la journée, sauf pour motif personnel grave et avec l'autorisation du Khan, mais retournent chez eux chaque soir.

85, 20   *en tramontane*, c'est-à-dire au nord, visage tourné vers le sud. Pipino traduit : *in septentrionali parte.*

85, 22   Le texte ne dit rien ici des concubines du Khan. D'après Odoric de Pordenone (p. 369), deux d'entre elles sont placées juste au-dessous de la reine, au troisième degré, mais au-dessus des autres dames de sang royal. Odoric ajoute que toutes les dames mariées portent sur la tête une représentation de pied d'homme recouverte de plumes de grue et de grosses perles.

85, 23   Odoric précise (p. 369) que le fils aîné, héritier de l'empire, est assis à la droite du roi, et les hommes de sang royal au-dessous. Aux pieds du Khan sont assis quatre notaires qui notent toutes les paroles du seigneur. Les barons et d'autres personnes se tiennent debout devant lui. Ramusio (p. 172) fait aussi allusion aux impressionnants gardes du corps qui se tenaient aux côtés du Khan et près des portes, veillant notamment à ce que personne ne pose le pied sur le seuil de la salle, sous peine de châtiment. Il est étonnant de ne pas trouver ce détail ici, car il est mentionné aussi bien par Odoric que par Jean de Plan Carpin ou Guillaume de Rubrouck.

85, 34   Cinquante mille hommes selon Pipino (p. 87). D'après lui, ces hôtes sont pour la plupart des grands féodaux (*qui feuda tenent ab eo terrarum et regiminum*) et des jongleurs (*joculatores in mimis*).

85, 41   Selon Pipino (p. 87), cette grande poterie contenait soit du vin, soit une autre boisson rare et appréciée (*preciosa alia potacione*).

85, 47   *vernegal*, défini par Pauthier comme *coupe sans anse vernie ou laquée d'or,* serait en fait d'après Yule (p. 384) un terme vénitien, qui désignerait une coupe en bois destinée à de la nourriture. *Vernigal*, «récipient verni», est attesté dans God., VIII, 199 (avec en plus de la référence à Marco Polo, un exemple tiré de la *Règle des Templiers*). *TA* dit : *vasegli vernivati* (pl.). Le Tobler-Lommatsch (XI, 299) ignore ce mot, qui est un italianisme.

85, 57-60 La relation persane de 1420 relate les mêmes faits mais attribue un masque en papier aux eunuques et non aux barons : « deux eunuques se tiennent debout, ayant sur la bouche une plaque formée de papier épais et qui se prolonge jusqu'au bas de l'oreille » (texte édité par Quatremère, cité par Pauthier, *op. cit.,* p. 281).

85, 70 Cette phrase (70-73) ne figure pas dans la version de Pipino.

85, 75 Pipino (p. 87) précise : *per joculatores et mimos ac nigromanticos.* Le récit persan de 1420 rapporte également la présence de musiciens et de bateleurs, notamment de jeunes acrobates, au repas du Khan.

86, 3 Pauthier (p. 283) montre que les *Annales officielles* de Chine confirment le mois de naissance donné par Marco Polo. Le premier mois de l'année lunaire chinoise était à cheval sur février-mars (cf. **87,** 2) et le 8e sur septembre-octobre. Ce calendrier était toutefois mobile, puisque le premier jour de l'an était fixé à la nouvelle lune qui précède immédiatement l'entrée du soleil dans le signe du Poisson. Khoubilai naquit à la 8e lune de 1216. Les *Annales mongoles* précisent que le jour de sa naissance fut proclamé « fête du saint empereur ». *TA* et *VA* par ignorance du calendrier lunaire indiquent « le 28 septembre », *TA* comprenant même que ce jour était un lundi *(lunedi).* Pipino place cette fête, *in tartarorum computacione,* aux *Kalendis februarii, quan diem tamquam anni colunt inicium* (p. 87, repris p. 89).

86, 16 On peut, étant donné la valeur du besant d'or au XIIIe siècle, douter une fois de plus des chiffres fournis par le narrateur, mais on peut aussi se souvenir que l'estimation de la valeur des bijoux devait être naturelle pour des commerçants tels que les Polo. Les variantes offertes par *B5 (deux mil b.)* et par *A4 (dix b.),* manuscrits peu fiables, sont des erreurs manifestes de copie.

86, 16-19 *.XIII. fois douze mille*: hyperbole, car un rapide calcul nous amènerait à plus de deux milliards de besants. Pourtant tous les manuscrits reprennent ce chiffre de *.XIII.* qui peut correspondre au nombre de lunes. Le manuscrit *Z* limite cependant ces dons à *duodecim vicibus.* Pauthier (pp. 284-285), s'appuyant sur les *Annnales officielles chinoises,* estime que ce «*treize*» doit provenir d'une mauvaise lecture du chiffre «trois». Le chiffre 13 est pourtant répété quatre fois (ch. **86** et **88**) et l'erreur semble difficile. Selon Pipino (p. 88), il y aurait 23 fêtes de ce genre dans l'année, mais il estime le nombre de vêtements à *centum et quinquaginta sex milia,* ce qui correspond bien à 13 fois 12 000. Certains vêtements serviraient donc plus d'une fois. Il renchérit même à l'extrême, en fixant les valeurs maximales non à dix mille besants d'or mais à soixante mille (p. 88).

La répétition de la même scène et des mêmes chiffres, du ch. **86** au ch. **88**, s'explique mal, mais elle est présente dans tous les manuscrits français.

86, 21   La coutume du changement collectif de couleur des vêtements lors de certaines fêtes est attestée par Plan Carpin à la cour de Küyük Khan et par Rubrouck à celle de Mangou Khan. *Les Annales officielles de la dynastie mongole,* citées par Pauthier (pp. 290-296), fournissent des informations très détaillées sur la garde-robe de Khoubilai, qui justifient l'admiration de Marco Polo.

86, 27   Les mss. *A* et *F,* comme le prouvent les variantes, sont plus explicites que *B1, B2* en ajoutant «les terres et contrées qui de lui tiennent terre».

86, 31   *ordenez,* omis par *B1,* a été rétabli selon la graphie habituelle de *B1* (**86**, 28).

86, 33   A la liste des fidèles des religions, *VA* ainsi que Pipino ajoutent les juifs. Le culte bouddhique lamaïque fut rendu officiel par Khoubilai en 1269. Ce sont les boudhistes que Marco Polo nomme les *ydolastres.* Les autres cultes étaient ceux des chrétiens nestoriens et des musulmans. Mais les pratiques du chamanisme étaient très répandues.

87, 8   La couleur blanche était bénéfique chez les Mongols et cette coutume vestimentaire est bien attestée. Yule signale que le premier mois de l'année est nommé en mongol Chagan, c'est-à-dire «le blanc». La dynastie des Ming, selon les récits de voyageurs au XVe siècle, fit valoir que le blanc était en Chine la couleur du deuil et la fit interdire, imposant la couleur noire.

87, 23   Ramusio (p. 174) précise ici que la coutume des provinces était d'offrir au Grand Khan 81 exemplaires (soit 9 fois 9) de chaque présent, le chiffre 9 étant d'une signification mystique d'importance chez les Mongols, car c'était le plus grand des chiffres impairs.

87, 30   Ce défilé des chameaux, scène pourtant pittoresque, est omis par *TA.*

87, 49-53 Il s'agit d'une prosternation (ici Marco Polo parle de quatre
prosternations) appelée *kochou* consistant à s'allonger sur le
sol, usage qui a été maintenu pendant des siècles. Voir Yule,
p. 393 et A. Peyrefitte, *Un choc de culture*, t. 1, *La vision des
Chinois*, Paris, 1991.

87, 53 Ramusio (p. 175) détaille cette scène en faisant formuler par un
grant sage plusieurs vœux repris par les assistants pour la pros-
périté du Khan et de l'empire. C'est Khoubilai qui imposa à la
cour un cérémonial rédigé par lui-même et basé sur l'ancien
cérémonial chinois (décrit par Pauthier, *op. cit.*, pp. 288-296).
Les quatre prosternations sont sans cesse attestées dans le cérémonial chinois, mais selon Pauthier elles ont été introduites par
les Mongols. Toutefois Plan Carpin se contenta de plier quatre
fois son genou gauche. Rubrouck accepta de s'agenouiller
devant Mangou, mais il lui fut demandé quel type de révérence
il souhaitait faire. Ramusio donne une version plus développée
de cette scène et si conforme au *Cérémonial* que Pauthier
estime que seul Marco Polo put en être à l'origine (avec cependant une substitution de «Dieu» aux puissances de la nature).

88, 15 *camut qui est borgal :* le *camut,* du persan *kimuxt,* est un «cuir
fait avec la peau du dos du cheval ou de l'âne» (voir G. Cardona, in l'*Indice ragionato* de l'édition de *TA* par V. Bertolucci,
p. 579. Voir aussi les *Notes sur Marco Polo* de P. Pelliot, I, Paris,
1950, pp. 156-157). Cependant, il faut prendre ce mot ici au
sens de peau très fine, car le *borgal*, du persan *bulgari* (Bolghâr,
capitale des Bulgares de la Volga, et dont les ruines se trouvent
au sud de Kazan, fut la première capitale de la Horde d'Or sous
Batou Khan), est un cuir de la Volga, tanné, fait notamment
pour fabriquer des bourses. Il fut décrit en 1355 par Ibn Battûta,
sous le nom de *borghâly* comme une peau de cheval (*Voyages*,
éd. par Stéphane Yerasimos, Paris, Maspéro, 1982, t. I, p. 257).
Ibn Battûta porte trois sortes de bottines superposées : l'une de
laine, l'autre de lin doublé, la troisième de *borghâly* doublé de
peau de loup. Il s'agit donc de ce qu'on appelle le cuir de Rus-
sie, à grain très fin.

88, 37 Ce *lyon*, probablement un guépard apprivoisé, ne pouvait être
reçu que comme une merveille auprès d'un public européen.
Pipino (p. 90), qui saute tout le chapitre **88**, n'a traduit en latin
que cet épisode, correspondant aux lignes 36 à 40.

Derrière ce comportement inattendu d'un animal sauvage se profile sans doute l'arrière-plan mythique de Daniel et celui de la *Légende dorée* (*Ste Euphémie, St Daria, St Eustache...*). On trouvera également ce motif dans les *Enfances Rénier* (éd. Cremonezi, vv. 1231-1320), où des lions affamés lèchent un enfant jeté dans la fosse par un émir, ou dans la *Chanson de Bertrand du Guesclin* (éd. J. Cl. Faucon, vv. 8825 et *sqq.*), où les lions se tinrent *aussi coy qu'uns moutons* devant les trois sœurs de Pierre le Cruel.

89, 7   Sur la chasse en hiver, voir J. P. Roux, *Histoire de l'empire mongol*, Paris, 1993, pp. 219-222. Le terme de *lyon* est toujours ambigu en ancien français, car il peut désigner plusieurs espèces de félins (aux U.S.A. le *mountain lion* n'est autre que le puma). Chez Marco Polo, il désigne parfois clairement le tigre, puisqu'il est, nous dit-il, rayé de noir, de rouge et de blanc. Toutefois le lion n'a jamais été inconnu en Chine, même s'il y fut très rare. En outre, la présence de lions dans les cadeaux offerts par des princes étrangers n'est certes pas à écarter.

89, 15-17 Ces peaux devaient servir principalement à recouvrir les boucliers et à confectionner des tuniques.

90, 1   Malgré ce qu'en dit Pauthier (p. 299), le *leopard* doit être en fait un guépard, animal domestiqué depuis toujours et utilisé pour la chasse jusqu'au XIXᵉ siècle (voir Yule, p. 398 et H. Cordier, *op. cit.*, p. 69).

90, 4   *lous servierres* (*ms. B5: servins*): bien que dans son *Bestiaire* Philippe de Thaon ait identifié le *lucervere* à la hyène, il est évident que Marco Polo désigne ici un grand prédateur, en l'occurrence le lynx du Nord, appelé loup-cervier car il se nourrit essentiellement de jeunes cervidés, ainsi que de lapins, lièvres ou rongeurs. Voir Yule, pp. 398-399. Il était encore utilisé pour la chasse au XVIIᵉ siècle en Inde, à la cour du Grand Moghol.

90, 6   Ces *lions* aux zébrures blanches, noires et rouges sont manifestement des tigres. L'utilisation de lions, de léopards, de tigres, de panthères et autres félins pour la chasse est bien attestée dans des récits en Chine, en Inde ou en Perse. Il en va de même bien sûr avec les grands aigles dont parle Marco Polo à la fin de ce chapitre (voir Yule, *op. cit.*, p. 385).

91, 1-2   Ces deux frères ne sont pas vraiment identifiés, mais des textes chinois cités par Yule donnent la biographie d'un Ming-ngan,

officier de Khoubilai. Rien n'est dit sur son frère, mais un des
petits-fils de ce Ming-ngam portait le nom de Bayan. Sur Baia,
frère de Mingam, cf. P. Pelliot, *op. cit.*, tome I, p. 66. Baia est un
nom mongol.

91, 3 Ce nom de *cunicy* ou *cuiuci* a été lu de maintes manières par les
copistes. C'est un terme mongol *güyükci,* en chinois *kuei-yu-
chih,* «coureur rapide» (voir Pelliot, *op. cit.*, pp. 572-573 et
Cardona, *Indice ragionato* de l'éd. de *TA* par V. Bertolucci, pp.
740-741). Yule et Pauthier proposent d'autres origines peu
convaincantes). M. Milanesi (*op. cit.,* p. 177) opte pour le corps
des *guyukci* («coureurs») créé en 1276 et comprenant 10000
hommes ni chinois ni mongols, mais commandés depuis le
début par le mongol Minggan. Dans nos manuscrits, ces noms
sont quelque peu malmenés. *VA* dit *Chaian* et *Ningri* (p. 180).

91, 7 Tout comme *C, TA* dit que ces vêtements sont blancs et bleus.

91, 10 *TA* réduit le nombre de chiens, car il précise que 2000 seulement
de ces 10 000 hommes mènent un ou plusieurs chiens. *VA* addi-
tionne et compte 4000 maîtres-chiens pour 20 000 hommes.
Ramusio (p. 178) estime à 5000 le nombre de ces chiens et y
inclut des lévriers.

91, 13 Les *mss.* de la famille *C* parlent de vingt mille chiens, soit dix
mille de chaque côté.

92, 5 *TA* nomme cette mer: *mare Aziano* et *VA mar Ozian.* Les indications de temps et de distance données à deux reprises (voir l.
53) par Marco Polo font ici problème. La mer est en effet au
sud-est et non au midi. Ramusio dit *verso Greco* (p. 178), soit
vers le nord-est, direction donnée à ce vent dans les pays médi-
terranéens. Mais alors la mer serait trop éloignée pour que le tra-
jet puisse être effectué en deux jours (même si le ms. *A4* dit
environ .II. journees). Le point le plus proche se situe vers l'actuel port de Tanggu, près de Tianjin, distant de 150 kms de
Pékin, déplacement faisable alors en 48 heures. L'indication du
midi est donc ici approximative.

92, 6 Ces nombres semblent démesurés, comme souvent dans le
Devisement du monde. Pourtant, des chroniques citées par Yule
(p. 407) donnent des chiffres équivalents pour les chasses des
sultans ottomans ou mongols.

92, 7 *.VI.^c gierfaux*: tout comme les ms *A1, D* et *F*, Pipino (p. 93)
indique ici *quingentos grifalcos.* La famille *C* dit *.V. mille.*

92, 15   Tout le passage des lignes 15 à 59 est omis chez Pipino, mais les lignes 15 à 52 sont insérées plus loin à la place des lignes 75 (après *lit*) à 79.

92, 18   *B1* et *B2* disent *decaor,* mais la forme *tostaor,* avec toutes ses mauvaises lectures données par les autres manuscrits (voir les variantes) est préférable. C'est un mot d'origine turque signifiant « gardien, sentinelle », qui correspond au sens donné par Marco Polo (Voir Pelliot, *op. cit.,* pp. 859-860 et Cardona, *op. cit.,* p. 746). Pauthier, le rapprochant d'un terme mongol signifiant « fouet », l'interprétait à tort comme « porteur de fouet ».

92, 37   *bulargusi*: officier mongol chargé d'une façon générale de récupérer tous les objets perdus ou animaux abandonnés et d'en retrouver les propriétaires. Cette information de Marco Polo est amplement confirmée par les historiens (voir Pelliot, *op. cit.,* pp. 112-114 et Cardona, *op. cit.,* p. 570). Le nom est fait sur *burlarghu* qui désigne un « objet perdu » (Pipino traduit par *custos perditarum rerum,* p. 94*)*. Une même fonction existait sous le même nom, d'après Yule (p. 407) à la Cour de Perse.

92, 60   Cette description de la chambre du Khan portée par quatre éléphants a inspiré l'imagination des enlumineurs de *C3* et de *A2*. Mais ils ont du mal à concevoir l'assise de cette pièce sur le dos des quatre éléphants. Ce mode de chasse digne d'un potentat oriental (dont Odoric de Pordenone nous livre un tableau analogue concernant le successeur de Khoubilai) paraît peu compatible avec la vigueur de Khoubilaï. La version de Ramusio nous en fournit l'explication : *per essere molestato dalle gotte* (p. 179). Curieusement, les manuscrits français n'en disent rien. L'*Histoire de Corée,* citée par Charignon (*op. cit.,* p. 99), mentionne que Khoubilai s'approvisionnait en Corée de peaux d'un certain poisson, pour se faire confectionner des bottes destinées à ses pieds enflés.

92, 80   L'identification de ce lieu a dérouté tous les copistes. Dans les manuscrits de Pipino on trouve *Ciamordin, Ciamordim* et *Caciamordim*. Le ms. *F* dit *Cacciar Modun*. Sa signification demeure imprécise (*Katzar*: région, *Modun*: arbre). Pauthier, s'appuyant sur une analogie toponymique, le situe un peu au nord de l'actuelle Vladivostok, ce qui semble tout à fait improbable, compte-tenu des distances. Ramusio dit *Caczarmodin*. Marica Milanesi, suivant probablement les études toponymiques de Yule et surtout celles de Charignon, évoque pour ce lieu Liulin, à l'est de Pékin, construit en 1281.

92, 93   *le grant*: on peut admettre qu'il s'agit ici d'un trait picard (*le* art. fém. sg.), mais il a dû y avoir à la source une forme prêtant à confusion. En effet, si les manuscrits des familles *A* et *C* disent *la grant,* ce qui semble renvoyer à *la salle, B5* a écrit *le Grant Khan,* alors que *TA* précise *la grande tenda,* ainsi que *VA : la tenda granda.* Dans *F* on lit *le grant tende.*

92, 96   Sur ces chambres à colonnes, Pipino ajoute quelques précisions (p. 95): *tribus columpnis de lignis aromaticis, que sculpte sunt pulcherrimis celaturis* (ciselures) *optime figuratis, exterius cooperte sunt undique pellibus leonum varii coloris.*

92, 106   Selon *F, TA, VA* et Pipino (p. 96), ces peaux valent 2000 besants d'or, mais 1000 seulement lorsqu'elles sont de qualité ordinaire.

92, 107   *le roi des pennes :* la zibeline est en effet une fourrure très prisée. Cette expression n'a pas été comprise par les copistes italiens (voir Yule, p. 410) qui l'ont transcrite de diverses manières. *TA* dit *le roi de pelame.* La graphie en un seul mot (*leroide, leroides*) a été lue de différentes façons : *Lenoidae Pellonae* par le copiste de *Z,* mais aussi *les rondes pennes* par le copiste de *D. VA* explique : *Li Tartari l'apelano in soa lingua rondes.* Ramusio (p. 180), s'appuyant probablement sur deux manuscrits différents, a hésité et dédoublé sa lecture : *la chiamano regina delle pelli, et gli animali si chiamano rondes, della grandezza d'una fuina* (*op. cit.,* p. 180). Même incompréhension chez Pipino (p. 96) qui désigne la fourrure seulement comme *nobilissime pelles,* mais ajoute : *animalia illa, a quibus hec pelles habentur, dicuntur «rondes» et sunt magnitudinis unius fayne* (*sic,* sans doute *fuyne*).

Leur perplexité se comprend d'autant mieux qu'ils viennent juste d'écrire que ces animaux étaient des zibelines (*quantitas pellium çambellinorum*).

92, 125   *TA* (p. 146) et *VA* (p. 183) précisent que les corps de métier représentés sont aussi nombreux qu'à Cambaluc. Pipino (p. 96) ajoute qu'ils sont tous *ita dispositi, locati et ordinati sicut in magna civitate Cambalu.*

92, 129   *prime veille :* on pourrait penser qu'il s'agit ici des vigiles de Pâques : *TA* dit jusqu'à Pâques (*la Pasqua di Risoresso). VA* également (*la Pasqua nostra delle resuresione*). Pipino dit seulement (p. 96) *per totum mensem marcii* (et résume tout ce paragraphe en une ligne), et Ramusio précise : *alla prima vigilia della nostra Pasqua* (*op. cit.,* p. 180). Mais *primeveille* est en fait une déformation d*e primevere, primevoire* («printemps») de l'italien *primavera.* C'est donc un italianisme pour *primavera* («printemps»), ce que confirme le ms. *F.*

92, 132   Le manuscrit *F* et la famille *A* ajoutent des cygnes (*cesnes, sesnes*) à la liste des oiseaux.

92, 162   D'après les *Annales chinoises* citées par Pauthier (p. 311), c'est bien dans la première quinzaine de mai qu'après trois jours de fêtes à Cambaluc Khoubilai partait pour sa résidence d'été en Mongolie.

93   Ce chapitre reprend en grande partie des indications déjà données par le narrateur à plusieurs reprises (**74,** 38-43 et 71-78 ; **83,** 1-3 ; **89,** 1-4 ; **92,** 1-5 et 158-165) et propose une synthèse sur le calendrier et les déplacements du Grand Khan tout au long de l'année. Il apparaît seulement dans les manuscrits donnant la version française, représentant la copie donnée par Marco Polo à Thibaut de Cepoy (voir Yule, p. 412). Il est omis dans *F* (de même que dan*s TA et VA*) où seules quelques lignes indiquent que le seigneur après avoir chassé revient à Cambaluc et y reste trois jours avec ses femmes (l. 1-5 de *B1*). Puis *F* décrit Cambaluc (texte correspondant au ch. **94** de *B1*). Pourquoi les mss. de la version française répètent-ils avec tant d'insistance des éléments que le public connaissait déjà ? Pour Pauthier (p. 311) ce chapitre qui n'est donné que dans la rédaction provenant directement de Marco Polo pourrait être une addition de l'auteur lui-même au moment où il aurait revu et corrigé la version primitive composée avec Rustichello de Pise. Il est difficile de se prononcer, mais plusieurs expressions prouvent qu'il s'agit de reprises conscientes (l.14 *si comme est dit ça arrieres,* l. 22 *si comme je vous ay conté ça arrieres tout apertement par ordre,* l. 32 *si comme je vous ay dit*). Peut-on y voir le désir d'insister sur les mœurs du Grand Khan et sa vie itinérante ou bien celui de faire une transition avant d'entamer des chapitres plus politiques portant sur la ville de Cambaluc et son gouvernement ? En tout cas le souci de relier ces développements à ce qui précède est visible et le chapitre **93** constitue donc une réécriture française ne remontant pas à l'auteur.

93, 5   Cf. le chapitre **74** (tome II, pp. 44-49).

93, 8   *Ciandu* désigne la ville de Kaiping, baptisée Shang-Tu (Capitale du Haut) à partir de 1273 par opposition avec Dadu (Capitale du centre), i.e. l'actuelle Pékin (voir M. Rossabi, *op. cit.*, p. 46). Sur la construction de cette ville, voir la note en **84**, 15. A partir de 1272 la capitale de l'empire sera Cambaluc et Shang-tu ne fut plus que la résidence d'été, très prisée du Grand Khan.

93, 9-11   Marco Polo insiste sur la fraîcheur du lieu. Le site choisi était marécageux et humide et une multitude de petits ruisseaux se répandaient dans le parc. C'est pourquoi certains édifices comme le Palais Impérial étaient construits sur une plate-forme renforcée par des pieux et des madriers de bois (Rossabi, *op. cit.*, pp. 46-47). Sur Ciandu voir S.W. Bushell, « Notes on the Old Mongolian Capital of Shangtu », in *Journal of the Royal Asiatic Society*, t. 7, 1875, pp. 329-338.

93, 18   Marco Polo a indiqué précédemment (ch. **86**, 2-3) que le Grand Khan est né « le .XXVIII.ᵉ jour de la lune du mois de septembre » et qu'il avait l'habitude de marquer l'anniversaire de sa naissance par de grandes festivités.

93, 19   Tous les mss. *B* intervertissent curieusement les mois de novembre et d'octobre.

93, 22   Nouveau rappel d'un événement important dans le calendrier du Grand Khan (cf. le ch. **87**). La fête du jour de l'an était mobile et tombait à la nouvelle lune qui précédait immédiatement l'entrée du soleil dans le signe du poisson, i.e. le plus souvent à une époque qui correspond à notre mois de février (Voir Pauthier, p. 288). Le nom de *Blanche Feste* a été expliqué au ch. **87**.

93, 25   Khoubilai reporta la saison de la chasse au printemps au lieu de l'automne.

93, 25-28   Les déplacements réguliers du Grand Khan sont confirmés par les tableaux chronologiques de l'histoire chinoise (voir Pauthier, p. 313). On peut y voir le souvenir de la vie itinérante habituelle aux Mongols bien que Khoubilai ait adopté également les habitudes des chinois qui eux étaient sédentarisés.

93, 41   Le copiste écrit *Cianbu* pour ce qu'il a appelé auparavant *Ciandu* (**93**, 8).

94, 1   Sur Cambaluc, voir **80** et surtout **84**, 14 et sqq.

94, 5   Le nombre de douze portes est déjà indiqué en **84**, 33. Marco
Polo se trompe sans doute car les *Annales mongoles* et *chinoises*
parlent de 11 portes. Nancy Shatzman Steinhardt dans « The
Plan of Khubilai Khan's Imperial City » (*Artibus Asiae*, t. 44,
1983, p. 138) déclare : « The wall had eleven gates, two at its
northern edge and three at each of the others.»

94, 7   Dans cette évocation de l'activité commerciale de la ville, on
reconnaît l'intérêt de Marco Polo pour le monde des voyageurs
et des marchands. Ramusio (p. 165) précise qu'il y a de « belles
maisons » au bord de ces avenues pour loger les marchands et
que ces demeures sont différentes selon leur pays d'origine.

94, 13   *sauve celles qui* signifie « sans compter celles qui ».

94, 16   Il était interdit d'enterrer les morts à l'intérieur des murailles
des villes chinoises. L'usage était de porter les corps si possible
jusqu'aux sépultures des ancêtres situées dans la campagne
(Voir Charignon, *op. cit.*, p. 316). La crémation était en principe
pratiquée par les bouddhistes (Voir J. Cl. Faucon, « Feux de
l'ailleurs », dans *Feux et lumière au Moyen Age*, EUS, Toulouse, 1998).

94, 25   La *pecheresse fame de son corps* est une expression désignant
des prostituées (Le T. L, VII, 528, n'a pas relevé ce sens). Sur
les prostituées voir K. van Gulik, *La vie sexuelle dans la Chine
ancienne*, Gallimard, Paris, 1971, pp. 310-317. Le nombre de
filles publiques (20 000 dans les mss. français, 25 000 chez
Ramusio) est ici donné pour rendre compte du nombre élevé de
voyageurs et de marchands. Marco Polo indique que ces
femmes font *monnoie de lor corps* alors que Ramusio (p. 165)
explique qu'elles ne recevaient pas toujours de rétributions
parce qu'elles étaient offertes aux voyageurs de marque et à
leurs gens par le Grand Khan.

94, 28   Le sens de « étranger » donné à *forestier* est un italianisme
(*forestiero* est attesté avec cette unique valeur dès le XIIIe
siècle. Voir Cortelazzo-Zolli, *Diz. etim. della lingua italiana*,
p. 449.

94, 43   Selon Charignon (*op. cit.*, p. 104) une charretée chinoise trans-
porte tout au plus 500 kilos ; les mss. français indiquent le
nombre de 100 000 charrettes (Ramusio, p. 182, écrit *plus de
mille* comme les mss. *C*). La soie était l'objet d'un commerce
considérable. Marco Polo explique ici à un public occidental

l'absence de lin et la production relativement faible de coton et de chanvre.

L'expression *draps a or et de soie se labeurent* revient souvent dans le récit de Marco Polo pour désigner l'art subtil de travailler des tissus dont la trame et la broderie tout à la fois sont d'or. L'art de la soie a atteint en Chine un luxe inouï dès les siècles anciens et la soie brodée était une tradition millénaire.

94, 53   Les mss. *B1, B2, B3, B4* écrivent *marchandise*. Le terme peut à la fin du Moyen Age désigner l'ensemble des marchands. Nous avons cependant corrigé en *marchans* (avec valeur collective d'où le verbe *vient* au sg.) pour plus de clarté d'après les mss. *A, B5* et *D*.

94, 60   Tous les mss. de la famille *B* écrivent ici *seignorie* (lieu de pouvoir) au lieu de *seque* comme *A1, A2, D* et *F*. Les mss. *A3* et *A4* n'ont pas compris ce mot et l'ont transformé en *de ce que* tandis que les mss. de la famüille *C* écrivent *de la force*. *Seique* (graphie de *B1* en **95,** 2) est un italianisme, mot vénitien venu de *zecca*: «Hôtel de la Monnaie» ou «monnaie». Voir Cortelazzo-Zolli, p. 1464, pour l'origine arabe de ce mot (*sikkah* = monnaie). Sur l'importance de cette institution pour les Vénitiens, voir Alan M. Stahl, *Zecca. The Mint of Venise in the Middle Ages*, American numismatic Society, New York, 2000.

94, 61   Les copistes ont choisi des termes différents pour désigner la fabrication de la monnaie, mais qui tous évoquent les pièces traditionnelles en métal sur lesquelles étaient laissées des empreintes (*batre et coingnier sa monnoie B1, B2, batre et conneignier sa monnoie B3, B4, forgier A3, batre et frapper C3, frapper en coing D*).

94, 62-67   Marco Polo semble ici prendre des précautions pour annoncer la description de la fabrication du papier-monnaie comme si celle-ci était difficile à croire en Occident.

95   Le ms. *F* rejoint ici la numérotation des mss. de la version française.

95, 4   Le mot lu dans *B1* et *B2* est *aquenne* que nous corrigeons en *arquenne* d'après *B3, B4* et *B5*. Les autres mss. ont sans doute essayé de transcrire un terme qui leur était inconnu: on lit *a la quellune* dans *A1, A4, a l'aquest* dans *A2*. Nous pensons qu'il s'agit ici d'un hapax (graphie d'*arcane* de *arcanum* = «les secrets») et non d'une graphie du mot *alchimie* (solution

proposée par P. Y. Badel, *op. cit.*, p. 240 après *TA* qui écrit
(p. 151): '*i Grande Sire àe l'archimia perfetta mente e moste-
rovilo incontamente* et après Ramusio qui écrit (p. 182): *In
questa città di Cambalú è la zecca del Gran Can, il quale vera-
mente ha l'alchimia*). *Avoir l'arquenne parfaitement* signifie ici
«connaître parfaitement les secrets de». Les mss. *A3, C, D* et *VA*
omettent ce développement et décrivent directement la fabrication du papier-monnaie.

95, 5   Le système du papier-monnaie était connu depuis des temps
reculés. Le point de départ de cette invention fut le *feiquian* («la
monnaie-volante») de l'époque Tang (de 618 à 906) lorsqu'on
créa un système de lettres de crédit ou de change pour faciliter
le commerce. En 1023 ces émissions de papier devinrent un
monopole de l'Etat et étaient couvertes par des dépôts d'or et
d'argent. Khoubilai invalida toutes les monnaies de papier
locales utilisées sous les khans précédents et dès son avènement
il lança de nouvelles émissions de papier-monnaie. La valeur
nominale des billets correspondait à un certain poids d'argent.
Sous son gouvernement le papier-monnaie devint à deux
reprises (en 1262 et 1280) la seule monnaie légale. Ce système
monétaire régi par l'Etat fonctionna bien malgré les réticences
d'une partie de la population mécontente de devoir donner ses
richesses en échange de ce papier-monnaie (voir Pauthier,
p. 326). Après 1350 ce système s'effondra: une inflation galo-
pante obligea à revenir à la monnaie de cuivre. Cf. *La Chine
ancienne. L'histoire et la culture de l'Empire du Milieu*, sous la
direction de M. Engelborghs-Bertals, Bordas, Paris, 1988, pp.
170-172.

95, 7   L'invention du papier à partir de déchets de soie est très
ancienne (pendant la dynastie Han de 206 avant J.C. à 220 après
J. C.). On employa aussi des fibres végétales (chanvre, ramie,
bambou), mais tout particulièrement la fibre du mûrier.

95, 16   Godefroy (VII, 759) enregistre *tonsel* comme un hapax au sens
de «denier tournois». Il s'agit d'une monnaie frappée par
Venise à l'usage de ses colonies et de ses comptoirs à l'étranger.

95, 18   Le *gros*, monnaie vénitienne, a circulé avec la valeur de 26
deniers au XIIIe siècle. Cf. Buenger Robbert, Louise, «Il sistema monetario», in *Storia di Venezia dalle origine alla caduta
della Serenissima*, t. II, *L'età del Comune*, a cura di G. Cracco e
G. Ortalli, Roma, 1995, pp. 409-430.

95, 22   Le *besant* est la pièce d'or frappée à Byzance (Constantinople).

95, 33   Les *Annales chinoises* confirment que ceux qui refusaient la monnaie de papier étaient punis de la peine de mort tandis que le dénonciateur était récompensé (cf. Pauthier, *op. cit.*, p. 325).

95, 56   Les marchands profitèrent de l'usage du papier-monnaie. M. Rossabi (*op. cit.*, p. 138) rappelle à ce propos que «la nouvelle réglementation faisait obligation aux négociants étrangers d'échanger leur métal précieux contre du papier-monnaie, dès leur entrée en Chine.» Cette législation fut profitable à la cour et les marchands s'y conformaient parce qu'ils avaient ainsi la possibilité d'entretenir un commerce lucratif avec la Chine.

95, 65   Les copistes de *A1* et *A4* ne comprennent pas le mot *seque* et écrivent *a l'evesque*. Les mss. *A* et *D* précisent que ceux qui portent à la *seique* les monnaies de papier usagées *en lessent .III. du .C. pour le change. F* dit la même chose : *il en lase trois por .C.* (éd. G. Ronchi, p. 441) et Ramusio donne le même détail : *perdendo solamente tre per cento* (p. 183).

96, 2   Les douze barons dont parle Marco Polo sont des sortes de « ministres d'état » délégués, fonctionnaires chargés du contrôle des affaires.

96, 4   Sur le chiffre de 34 provinces, cf. Yule (*op. cit.*, III, 433) qui pense que Marco Polo ou ses copistes se sont trompés (33 dans *C* et 23 dans *D*). Les *Annales mongoles* disent 12 seulement. La Chine était divisée en provinces (*sheng*) placées chacune sous la juridiction d'une agence locale.

96, 29   On lit *strainz* dans les mss. *B*, *scieng* dans *A1, A2, A4, C, F, VA*, *sciens* dans *A3* et *singh* dans Ramusio (p. 185), transcriptions du terme chinois «chung-shu-sheng» signifiant Grand Secrétariat. Le mot fait ici référence aux membres de ce bureau (voir Yule, *op. cit.*, p. 432 et Cordier, *op. cit.*, p. 73).

97, 6   Les mss. *B* (sauf *B5*), *A* (sauf *A3*) et *D* donnent la leçon *mais il est moult selé* dont le sens est peu explicite. La correction adoptée d'après *F*: *et c'est moult sage* convient mieux (*sage*: judicieux).

97, 9   *iamb* est un terme mongol transcrivant deux mots chinois (*yi-ma* prononcés *iemb*) et désignant un relais de poste. Cf. P. Pelliot, «Sur *yam* ou *jam*», «relais postal» dans *Toung Pao*, t. 27, 1930, pp. 192-197. Ce terme, répandu à travers l'Asie par les Tartares, a survécu en Perse et en Turquie avec le même sens.

Les mss. *A* et *B* (sauf *B5*) expliquent ce qu'il veut dire : *et nous disons poste de chevaux*, de même que *F : que s'apelent iamb en lor langue et en nostre langue vaut a dir poste de chevaus*. Les mss. *C* réécrivent le passage sans employer ce mot, dépeignant seulement l'hôtellerie comme une maison confortable prête à accueillir les voyageurs. Ces relais de poste furent l'une des grandes initiatives de Khoubilai, préoccupé par la gestion de son immense empire. Ils étaient destinés initialement à acheminer le courrier officiel, mais aussi à faciliter les échanges commerciaux, accueillant les marchands en plus des fonctionnaires et des étrangers. Cf. Gazagnadou, Didier, « Les postes à relais de chevaux chinoises, mongoles et mameloukes au XIIIᵉ siècle : un cas de diffusion institutionnelle », in *La circulation des nouvelles au Moyen Age, XXIVᵉ Congrès de la S.H.M.E.S.* (Avignon, juin 1993), Ecole française de Rome, Rome, 1994, pp. 243-250.

97, 16   et sqq. Il est difficile de savoir si les chiffres avancés par Marco Polo sont très exagérés. M. Rossabi écrit (*op. cit.*, p. 250) : « Dans la province frontalière du Liauyang, un relais de poste typique pouvait posséder vingt chevaux, vingt bœufs avec des chariots et, selon sa situation, quelques mulets et quelques chameaux. »

97, 33   Omission dans les mss. *B* à partir d'un saut du même au même : *milles... milles.*

97, 36   Tous ces relais comportaient une hôtellerie, des cuisines, une salle commune, un espace pour les bêtes et un hangar pour entreposer les grains. Cf. M. Rossabi, *op. cit.*, p. 140.

97, 42   Le nombre de *.CC.* chevaux indiqué dans *B1* et *B2* est sans doute fautif par rapport à la tradition manuscrite (absence de l'exposant ᴹ). Nous avons choisi la leçon *.CC.ᴹ* de *B3, B4, B5, C, D* et *F* (les mss. *A* ont *.CCC.ᴹ*) plus conforme à l'hyperbole du récit même si le chiffre indiqué est peu plausible. Le mot *palés* (**97**, 44) désigne ces relais de poste.

97, 58   Le fait que les messagers à pied portent une large ceinture à
et 62   laquelle sont accrochées des sonnettes qui permettent d'entendre de loin leur arrivée est bien attesté dans les manuscrits, mais le mot désignant les sonnettes varie : *sonaille* dans *F*, *sonnettes* dans *A2, A3, A4*, *clocquettes* dans *D*; *A1* et *B* ont *campaneles* qui est un italianisme. Ramusio (p. 188) ne parle pas de

clochettes, mais d'un cor que l'on entendait de loin et qui invitait les nouveaux cavaliers à être prêts pour prendre le relais.

97, 67   L'*escrivain* est une sorte de greffier ou de secrétaire capable de transcrire une dépêche ou un message. Khoubilai a développé un système postal permettant de transmettre messages et rapports officiels à travers tout l'empire. Les Mongols étaient peu habitués à l'écriture qu'ils ne connaissaient pas avant le début du XIIIe siècle. C'est pourquoi Khoubilai nomma de nombreux secrétaires et fonctionnaires à la cour et dans tout l'empire.

97, 73   Selon M. Rossabi (*op. cit.*, p. 141) « un messager pouvait parcourir jusqu'à 375 kms par jour, performance remarquable pour l'époque.»

97, 104   Le cheval joue dans l'empire un rôle essentiel. « Khoubilaï créa une 'administration du cheval' et institua une réglementation pour la protection des montures. La Direction des écuries impériales reçut la charge de s'occuper de ses troupeaux personnels, ainsi que des chevaux des relais de poste, de la garde impériale et de l'armée. Selon un règlement édicté par la cour, un cheval sur cent devait être remis à l'Etat (…) Il arrivait même de réquisitionner des bêtes sans dédommager le propriétaire.» (M. Rossabi, *op. cit.*, p. 145).

98   Ce chapitre vante la façon dont le Grand Khan vient en aide à ses sujets en difficulté quand ils manquent de grains. Marco Polo présente ce comportement comme un signe de *bonté* (l. 10) proche de la charité chrétienne. Voir aussi les ch. **102-103**. En fait l'habitude de secourir les pauvres n'était pas propre à Khoubilai, mais existait depuis longtemps en Chine. Des préposés aux secours publics décidaient des approvisionnements nécessaires pour subvenir aux besoins de la population en cas de disette ou de calamité. Le Grand Khan a su allier une politique humanitaire servant sa popularité et les intérêts économiques de l'empire.

98, 7   Ramusio (pp. 188-189) développe le système de dégrèvement d'impôts et les distributions dont bénéficiaient les éleveurs en cas de foudre, de calamité naturelle et de perte de leur bétail.

99, 2   Les témoignages de missionnaires confirment que les voies publiques et les routes étaient bien tracées et bien entretenues en Chine, souvent bordées d'arbres de grande taille. Marco Polo attribue cet usage au désir du Grand Khan que les voyageurs, particulièrement les messagers et les marchands, ne s'égarent pas. Ramusio (p. 189) précise que dans les régions où le sol ne permet pas de planter des arbres, on mettait des pierres pour signaler la route. Il parle lui aussi de la hauteur des arbres qui permettait de repérer facilement son chemin.

100, 2   La boisson ici appelée *vin* était obtenue par la fermentation de certains grains (riz, millet, sorgho) et était appréciée des Mongols, grands buveurs habitués aux boissons fermentées et fortes, contrairement aux Chinois qui connaissaient déjà le thé avant l'époque de Marco Polo. Sur le vin de riz, voir Yule, *op. cit.*, p. 441. Seul le ms. *D* compare cette boisson au *vin de vingne* (**100**, 7) connu en Occident. Guillaume de Rubrouck dit que en 1254 à Karakorum son guide buvait une boisson de riz conservée dans de longues bouteilles au goulot étroit. Il la compare au meilleur vin d'Auxerre.

101, 2   Il s'agit d'un charbon minéral connu en Chine dès avant notre ère, qui était très abondant surtout dans les provinces du nord et du nord-ouest de la Chine, mais inconnu en Occident sauf en Belgique ou en Angleterre (cf. Pauthier, *op. cit.*, p. 344). Ramusio (p. 190) multiplie les détails pour expliquer la différence avec le charbon de bois et signale que le bois, bien qu'abondant en Chine, ne pouvait pas suffire à cause du grand nombre de bains publics ; c'est cet usage qui aurait entraîné une grande consommation de charbon. Z omet le chapitre consacré au charbon fossile.

102, 1-4   Un des axes du progrès économique voulu par Khoubilai fut le développement de l'agriculture. Il eut aussi le souci de conserver à ses sujets un pouvoir d'achat constant. C'est pourquoi, en prévision des années difficiles, il fit construire des entrepôts pour conserver le surplus des récoltes. Selon M. Rossabi (*op. cit.*, p. 136), la capitale fut dotée de 58 silos, chacun ayant la capacité de garder 145 000 *shi* (un *shi* = 65 kgs) de grains. Des fonctionnaires étaient chargés de gérer le cours des denrées afin qu'il demeure constant dans les temps d'abondance comme dans les temps de disette, mais surtout afin que le pouvoir central puisse maîtriser le marché. Voir Lo Jung-Pang, «The Controversy over Grain Conveyance during the reign of Qubilai Qagan, 1260-1294», in *Far Eastern Quaterly*, 13, 1954, pp. 263-285.

102, 5   Le verbe *estuier, estoier* signifiant «enfermer, tenir à l'abri, conserver» est courant en ancien français. Cf. God., III, 662-663 ; T. L., II, 1497-1499. L'étymon proposé par FEW, XII, 310 est *studiare*. Dans *F* on a la forme *estudier*.

102, 6-7   La liste des céréales n'est pas donnée dans les mss. *B* soit à la suite d'un saut du même au même (*blez... blez*), soit pour alléger le développement. *A1* et *A2* ajoutent *panise*, variété de millet (cf. tome I, p. 207).

103, rub.   A nouveau Marco Polo insiste sur la façon dont le Grand Khan exerce la *charité* envers son peuple en des termes qui peuvent faire penser à un comportement humanitaire proche de celui d'un chrétien ou d'un bouddhiste, créant des hospices et pratiquant l'aumône à la cour. Selon M. Rossabi (*op. cit.*, p. 136) des entrepôts de charité (en chinois *yitsang*) furent créés pour secourir les indigents et pour nourrir les veuves, les orphelins et les vieillards. Marco Polo insiste sur les distributions de pain faites chaque jour à la cour à plus de 30 000 nécessiteux ; Ramusio (pp. 190-191) évoque aussi des distributions de vêtements aux pauvres et aux soldats.

103, 9   *hostel*: Un édit de 1271 institue des maisons d'assistance publique ainsi que des pharmacies et dispensaires pour les catégories défavorisées de la population (orphelins, malades, infirmes, etc.). Les familles nécessiteuses étaient en effet logées dans des quartiers qui leur étaient réservés et bénéficiaient de distributions de nourriture. Ramusio (p. 191) explique que la coutume des Tartars était de ne pas faire d'aumônes, mais que le Grand Khan avait voulu que ces distributions aient lieu chaque jour pour asseoir sa popularité en particulier auprès des Chinois.

103, 26   La nouvelle partie annoncée ici sera consacrée aux voyages de Marco Polo, envoyé en mission par le Grand Khan *dedenz le Catay*, i.e. dans les territoires de l'ouest et du sud de l'empire.

Variantes

75   *Rub. :* Ci devise des faiz au G. C. et de sa court et comment i. m.
s. g. *B5*, a. e. raconte *C1*, *C2*, dirons *C3*, devise *A1*, *A4*, *D*,
devise et compte *A3*, f. de sa cour comment i. m. *A1*, f. du du G. C.
et du maintien de sa noble court *A3*, f. de sa court et (or *A4*)
comment *B3*, la terre en justice *omis dans B5, de* qu. o. regne *à*
en justice *omis dans C1*, g. f. d. g. C. nommé Cublay Kaan *D* –
1 Chi devise des g. f. d. g. k. q. o. regne – 2 f. de t. l. g. m. *B3*,
B4, l. grans f. et m. *B5*, les granzdisimes f. *C1*, grandismes fais
et des merveilles dou grandisme seingnor *F* – 4 d. e. nostre language *A*, *C*, *D*, *VA*, *TA*, *Ram.*, *F*, en françois, *B;* grand *omis dans
B3;* des s. et d. s. e. *omis dans C2*, et d. s. e. *omis dans F*, et *omis
dans C1*, *C3*; le g. s. des s. e. *A1*, *A2*, *A4*, *D*, l. s. d. s. e. *B3*, *B4*,
B5, l. g. s. s. des e. *C1*, *C3*, l. g. s. d. s. et e. *A3*, *B2* – 5 bien doit
avoir ce nom et pour ce saiche *A3;* sache *omis dans B3* – 7 t. et
d'avoir et de possessions qui *C3;* de tresor *omis dans C1* – 11 *de*
livre *à* vez ci *omis dans B5* – 12 contentent *B1*, *B2*, comptens
A2, contemps *A4*, content *A1*, *A3*, *B3*, *B4*, *C1*, *C3*, *F*, contens *D;*
le greigneur s. q. o. au monde fust *A1*, *A2*, *D;* ne ore soit *A1*, *A2*,
fut oncques au monde et v. *A3*, qui o. f. nez qui *B4* – 14 c. car
vous verrez (vous cognoistrez *C3*) tout apertement, se vos
considerez toutes les choses qui a considerer sont, que touz li
autres remananz (demeurant *C2*) du monde hors de sa seignorie
n'ont mie tant de richaces ne de pooir come li Granz Kaans a. *C.*

76   *Rub. :* dit et racompte de *A3*, c. parle de *A4*, c. devise de l. *B5;* f.
Caan *omis dans B4* – p. en s. s. demourer *B3*, *B4*, *B5*, oncle. Il
est vray q. c. *A3; de* pour entre *à* devoit *omis dans D* – 1 il est
voirs q. *A1*, c'est voirs que cellui *C. B3*, il est vray q. *B4;* d. l. d.
l. imperialle de C. C. *A2*, *A3*, *C*, *D* – 2 le p. s. de tous les Tartars
du monde e. *A2*, *D;* de tous les Tartars du monde *omis dans
A1*, *A3*, *A4* – 5 le siesme *A1*, le .VI.ᵉ *A2*, *A3*, *A4*, *C3*, *D*, seisme
F, li .VI. sires *C1*, *C2*, li .XVI.ᵐᵉ *B1*, *B2*, *B5*, le seziesme *B3*, sei-
ziesme *B4* – 5 a. c. cy devant *B3*, *B4* – 8 grant *omis dans D;*
vaillance et p. *A3* – 9 pr. et pour ce que par droit *A1*, *A4*, *B3*, *B4*,

p. d. et raison *B5*; p. s. vaillance et p. la conquesta *A3* – 10 l. d.
m. il par sa grant proesce l'ot e. p. c. q. par d. e. p. r. *A1*, l. d. m.
il par sa grant prouesce ot comme droit h. de l'i. l. *D* – 11 vasselage *omis dans B5* – 14-15 l. de quoi *A1*; a. r. .XL. a. *B1, B2, B5*,
a r. .XLII. a. *A, C, D, VA, F,* ans de l'Incarnation de nostre seigneur Jhesus Crist *A3;* jusques a ores que nostre livre fu trans-
latez *C1, C2,* j. au temps de la translation de nostre livre *C3* – 17
d. C. avant qu'il fust sires *C1, C2* – 18 .IIII. ^XX cinq ans *A1, A2,
A3, B3, B4, B5, C, TA, VA, F* – entour quatre vins cinq anz si que
il pot bien avoir d'aage *omis dans A1, D,* environ .IIII. ^xx et cinq
ans si que il pouoit avoir d'aaige quant il entra en son regne *A2*
(siege *A2, A3, A4*) e. q. *A2, A3, A4* – 19 quant il entra *exponctué
dans B1* – 20 q. t. a. Et pour lors fist de grans et merveilleuses
prouesses en armes. Mais depuis qu'il fut seigneur n'entra en
bataille que une foiz qui fut en l'an m. *A3* – 21 en l'an plusieurs
foiz en l'ost *B4,* i. a. e. l'o. avant plusours foiz et estoit proudome d'armes (toujours enfant d'armes *C3*) et moult bons che-
vetaine (e. m. b. c. *omis dans D)* mes puis que il fu seigneur il
n'ala en ost que une foiz. E. c. *A, D, F*; p. f. et s'en alla l'a. m.
B5 – 24 f. en ce temps fu *A4, D,* et ce temps fu m. .CC. q. v. *A1,
A2,* u. f. qui fut e. l'a *A3* – 25 il y fu il estoit *A1,* p. q. i. *rature
B1,* p. q. il fu *B2,* p. q. il le fu il *B3,* p. il y alla si fut *B4,* p. ce fu;
p. il estoit .I. g. s. t. *C1, D,* p. il estoit *C2,* p. ce fut il y eut ung
C3 – 25 Il estoit ung g. s. t. *A1, A2, A4, B2, B3, B4, C, D,* Il y
avoit ung g. s. *A3* – 26 un g. seigneur t. q. a. nom N. qui estoit
son oncle lui voulloit tollir l. s. *B5* – 27 e. jeune personnaige (j.
homme *A2, A4, C3*) (j. enfans *F*); seigneur de m. t. *A3,* plusieurs
t. *B4,* m. t. et de maintes contrees *C1, C3* – 28 m. p. Or advint
que quant il se vit seigneur si grant s'e. o. *D* – 29 s'en orgueillist
omis dans B1, B2, q. i. s. v. sires (s'en vit s. *A4*) si s'enorgoilli
(moult *A4*) pour son jovent *A1, A2, C1,* si grand seigneur si s'en
orguillist *C2, C3;* tant pour sa jeunesse comme pour son avoir
et pouoir *C3,* et soy voyant ainsi en grant auctorité de seigneurie et pouvoir si le surmonta orgueil car il pouoit *A3,* Kaan et de
vouloir lui tolly la seigneurie *B3, B4* – 33 G.C.C. et le devoit
estre par raison; mais quant il se vit de grant pouoir si se pensa
qu'il ne voloit (seroit *A3*) plus estre hons au Grant Kaan ainçois
lui vouloit toillir (tolliroit *C3*) ains conquesteroit sa seigneurie
A3, se il onques pouoit *A, C,* il s'en orguilly pour son pooir car
i. p. *D; B5, plus concis, écrit:* Nayam pour venir a ses fins

manda a un s. n. Caydu ; G . C. et le devoit estre par raison. Or
se penssa qu'il ne voloit plus estre homs de son nepveu mais lui
voloit t. s. s. *D* – 36 N. par ses messaiges a un aultre s. t. *D* – 39
Kaan vouloit grand mal et c'estoit son oncle. Et lui manda *A4*,
puissant et si estoit parent d. G. K. non mie du parenté de Naian
C3, Kaan mais non mie du parenté Naian et estoit hons au G. K.
C2, m. i. est revelez contre lui (se rebella voulant mal *C3*) et li
voloit grant mal si s'alierent ensemble encontre le G. K. por
toillir li honour et la seignourie se il puent *(fin du chapitre) C*;
G. C. et si estoit pour Naian et estoit homs au G. C. m. i. e. r. *D*
– 40 e. revelez *A1, A2, B1, B2, D*, rebelle *B3*, rebellez, *B4* hayneux et desobeissant *B5* – 42 l. m. disant ces paroles que *A1, A4*,
telles ou semblables paroles *A3*; q. i. s'a. de t. s. p. pour aller sur
l. G. C. *D* – 44 et que de son cousté il en feroit son plain pouoir
et que nullement ne devoient plus estre subjectz a luy et que
quant chacun d'eulx feroit son devoir en allant chacun par ung
cousté il estoit impossible qu'ilz ne conquestassent sa seigneurie *A3*, l. G. C. de autre part a celle fin que quant ilz iroient sur
lui a si grant gent lui d'une part l'autre d'autre qu'ilz lui peüs-
sent tollir sa seignourie par force *A4, C* – 46 d'a. si li voudroient
sa seignorie par force et C. *A1* – 48 ot entendu ceste nouvele *A1,
A3, A4, B5*, oy ceste nouvelle *A2*, ouy ceste messagerie *B3, B4*,
entendi ceste nouvele *D* – 49 p. q. il estoit temps d'avoir s. e.
A1, A4, m. joyeulx si p. qu'il estoit temps de besongner en ceste
entreprise *A3* – 50 si lui manda respondant que aussi f. i. ; si
s'apareilla incontinent atout *A4*, fist response que ainsi feroit il.
Si se pensa de promptement fere son appareil ouquel il assembla c. m. *A3* – 51 si s'apareilla *B3, B4*, sa s'apareilla *B1, B2;*
joieux et s'appareilla *B5*, aussi f. i. et s'appareilla *D*.

77 1 G. C. s. l'affaire s. s. *D*, s'appareilla *B4* – 2 moult vessaument
C1, m. vistement *B1, B2*, m. courageusement *A3*, vaillamment
A1, A2, A4, D, p. n. l. doubta *B4*; pour ce qu'ils faisoient contre
raison et droiture *omis dans D* – 3 p. c. q. ils alloient c. r. *C3*, c.
droit et r. *A3*, et droiture *omis dans A2, A3, A4, B3, B4, C* – 4 de
riens e. *B4;* r. e. pour s. g. s. et par sa p. *A4*, prouesce *B3, B4*, et
ne le souffrirent ses sens (son sens *C3*) et (ne *C3*) sa proesche
esbahir de riens *C1, C3*, c. r. ne souffrit son sens et sa prouesse
C2 – 5 n. porteroit j. c. se i. n. metoit *D* – 6 a male mort *A1, A2,
A4, C, D*, c. tant qu'il fust vengié d'iceulx seigneurs tartars et
iceulx mis a mort comme t. e. d. *A3* – 7 traître *omis dans C1*,

desloial *omis dans B5*, traïtres et desloyaulx *A3, B3, B4, C2*, m.
t. et moult coiement *A1, A2, A4, D* – 8 en deux j. *A4*, e. assembla en l'espace de onze ou douze jours par s. bon c. *A3*, en .X.
ou en .XII. j. *A1, A2, B1, B2, C, D, F*, in .xxij. die *TA*, autre q. s.
p. *B3*, fors ceuls de s. p. *C3* – 10 m. h. d'armes a ch. *C* – 11 p. d.
g. pour ce estoient de ces os (osts *A2*) qui li estoient entour *A1*,
a. p. et si tout ce n'estoit que de ses subjetz qui estoient residens
pres de lui *A3*, a p. et n'assembla que de ses prochains car d. s.
D, il si fit si pou de genz *B3*, ilz furent s. p. d. g. por ce que
les os (ses ostz *C2, C3*) estoient en autres pais qui ne porent mie
si hastivement venir qui e. g. s. n. en voie dou Grant Kaan
pour conquester c. et p. *C1, C2*, i. e. de son ost *B3* – 13 osts *A2*,
A4, os *A1*, olz *B1*, de son ost qu'il lui estoit *B4*, ostz *B3, B4, B5*
hosts *D;* estoient alez *B4* – 14 s. n. lesquels il avoit envoyé en
diverses contrees pour conquester *D* – 16 p. c. par son ordonnance et c. *A3* – 17 car s'il eust eu (mandé *A1, A3, A4, D*) tot son
effort (et puissance *A3*) il eust fait une si grant essamblee q. c. s.
A3, A4, C2, se tout son effort eust esté assemblé ce eust esté
chose comme i. a veoir ne a croire *C3*, i. c. a croire ne a o. *B4* –
20-22 *Absence de* Quar…braconniers *dans B5* – 21 q. i. f.
assembler f. – 22 f. ces f. et braconniers *A, B3, D,* baconniers
B1, favourables et si b. *B3, B4, omis dans C2, C3*, f. et gent qui
aupres de lui *C1, C2*, oupres demouroient assiduellement *C1*,
demenoient *C2*, continuellement avec luy demouroyent *C3*,
uomini della sua famiglia *VA*, gente che andava drieto a llui *TA*
– 24 astronomiens *A1, A2, A4, B4, C1, C2*, a. et devins *B5*,
astrologiens *A3, C3;* et se il en vendra a chief d. s. e. *A2, A4, B3,
B4*, se il vendra (vendroit *A3, C2*) au dessus de ses enemis, s. i.
v. a honneur et a chief de la bataille *B5;* se il ennemi *le verbe est
omis dans A, B1* – 25 d. s. e. lesquelz astrologiens et devins *B5*
et qu'il vaincra la bataille *B4*; aura l'o. et l'auctorité *B3, B4,*
avera l'o. *C1*, a l'o. de la v. *A2*, a. l'o. et triumphe de la v. *A3*, v.
sans nul deffault *B5* – 27 liez et joyeulx *B4*, joians *A2, C1*,
joyeulx *A3, A4, C2, C3, B5*, l. v. de quoy il fu moult joyeux *D* –
29 e. u. g. plaine o. *A3*, g. c. ou estoit N. *B3, B4, B5*, qu'il furent
venus en un grand plain *D*; b. e. .IIII. mille h. a. c. *B2, C2*,
.CCCC. mile h. *A4, B3* – 32 G. C. au m. *D* – 33 c. n. s. niant *C1*,
q. Nayan et ses gens n'e. *B5*; les autres n'en savoient r. *D* – 34 g.
l. chemins et passaiges p. l. e. *A3*, g. l. v. que nule espie n'avoit
peu aler ne venir qu'il ne fust (feussent *C2*) prise *C1, C2*, nulle

espie ne peust aller ne venir parquoy furent deceuz de sa venue
C3, n. p. aller ne venir q. n. f. p. *A4, D* – 36 Et pour ce les autres
furent deceuz de sa venue *C2* – 37 s. v. Lors fu ledit Naian moult
esbahi e. s. *D* – 38 v. d. q. q. l'ost du Grant Kaan se fut assemblé
B4, B5, joinst *A1, B1, B2, B3*, vint *C1*, se joinst a N. N. e. e. s. t.
A2, A4, G. C. aborda a ses annemis *D* – 40 d. et prenoit soulaz
avec elle *B5 (fin de chapitre)*; a. s. f. e. s. l. qui dormoit *A3*; d.
ainsi furent sousprins par la dilligence du G. K. *D* – 41 venir
omis dans B3, B4 – 42 c. i. l. voloit m. grand bien *F*, g. b. a desmesure *A1, B1*, c. i. l. v. trop g. b. oultre mesure *A2*, e. d. c. i. a.
trop sa femme a desmesure *C1, C2*, car il l'amoit trop *C3*, a d.
omis dans A3, A4, D.

78   *Rub.:* Cy commence l. b. *B5*, traître *B3 omis dans C3* – 1 Que
vous en diroie je *omis par B5, D* – 2. s. u. g. tartre a. p. *B4* – s. u.
t. et Naian estoit ou (en ung *C3*) plain a tout son ost *C*, s. u. t. ou
p. *A2, A4 ;* s. o. se mist ou plain o N. *A3 ; en B5 les lignes 11-13*
sont insérées dans un ordre différent – 3 N. e. en ses tentes qui
demouroient m. s. *A1*, qui dormait m. s. et ne cuidoit point que
nulz venist *D*, N. pensoit dormir illuec moult seurement ne craignant que nul lui eust peu f. d. *A3*, c. c. q. ne craignoit nulles
gens du m. *B5 ; dans C, les lignes 3 à 16 sont omises* – 4 c. ceus
qui ne creoient p. r. *A1*, queroit *A2*, ne craignant *A3*, c. cil qui ne
creoit *A4*, craingnoit *B3*, creingnoit *B4* – 6 p. q. ilz *B3* – 7 *de* si
comme je vous ai dit *jusqu'à* de lui encontrer (*l. 14*) *omis dans*
D; f. garde nes unes *A4* – 9 p. c. q. tous les pas e. *A2, A4*; au
moyen des passaiges qui si bien avoient esté gardez et q. i. e. *A3*
– 11 .XX. (jours *omis*) *B3* – 13 p. l'ardent desir q. i. a. *A3* – 15
Que vous diroie je *omis dans D* – 16 u. g. engin s. *A3*, grans *omis*
dans A4, B3, C2 – 17 e. a. d. celle breteche son e. q. e. *B5* – 19
p. ses gens estoient par eschelles de .XXX.^{M} *D*, s. g. e. t. a celé
A1, a cellee *A4*, celeement *C*; p .XXX.^{M} et le remenant (deme-
nant *C2*, demourant *C3*) ; trente m. h. a c. et derriere chacun ung
homme de pié t. u. l. *A3*, avoit ordené par eschiele chascune de
.XXX.^{M} homes a cheval et derriere chacun homme de cheval
avoit un home de pié q. t. u. l. *C* – 20 a c. et a chascun cheval un
hom a pié tenant u. l. *D* – 21 t. u. l. en sa main *omis dans B3*, u.
hache *B5* – 23 atout…maniere *omis dans B5* – 24 tous les
champs *B3* – 27 q. N. sceut ceste chose il fist tost appareillé ses
gens *B5* – 28 m. effrayez et e. *A3*, moult effroy *C* – 29 o. et quant
i. *D*, e. et de belle ordonnance *B5* – 30 p. e. d'a. assemblé et

approchié de ferir *A3, C1*, a. ils commencerent de sonner instrumens *B5*, p. e. d'a. il n'y avoit que du ferir adont p. o. o. *D* – 31 si comme je vous ai dit *omis dans B3, C2, D*, i. n'i a. mes que d. f. *A4*, et ne restoit que de frapper tous appareilliés *B3* – 32 o. o. sonner m. i. *A1* – 34 car *B3* – 35 est si faite que *omis dans D* – 36 c. e. sonne *A, B3, B4, B5, C, D*, e. donne *B1, B2* – 37 p. a o. et sont ainsi sans batailler j. a t. *B5* – 38 demourent *B3* – 39 t. q. le grant nacaire sonne qui est au seigneur *D*, s. sa trompette *B5* – 40 m. q. elle commence *A4*; et tantost q. i. *D* – 41 erraument *omis dans B3* – 45 q. tous *B3* – 46 C. et l'autre de N. *A4, C1, C2, (suite omise dans C2 jusqu'à la l. 60)* – 50. a. l. et aux haches et a. e. *B3*; es ars et a. m. *C1*, aux ars aux maches aux lanches et aux espees *D*, arbalestes *omis dans A4, C1, C3, D*; ars m. l. e. a. et aultres bastons *A3*, l. de dars et maces et d'espees et de a. *B5* – 51 a p. o. si furieusement *A3*, s. f. q. ce fu m. *B4*, si follement q. *D* – 52 o. peust *B3*, c. e. chose moult cruelle a v. *A3* – 54 espesse *omis dans D*; c. pluie espessement *A1* – 55 p. o. v. chevaliers espessement et sergens a cheval c. m. *A1*, p. o. v. cheoir dessus son cheval maint homme mort *A3*, p. o. v. archiers et sergens a cheval cheoir *A2, A4*, v. chevaulx *B3* – 56 p. e. d'a. moult grandement t. q. *D*; t. q. tout l'air *B2, B3* – 57 g. c. d'u. p. et d'a. et moult grant planté de mors et de navrés s. q. *A1, A2, A4*, g. c. et grant planté de gens navrez q. pour ce o. n'i o. *A3*, g. c. des mors (mourans *C3*) et des navrez q. *C1, C3* un estremo spavento *Ram.* – 58 Dieu *omis dans D* – 59 m. a. et oultrageuse e. n. *A3*, m. pesant et m. f. *C1*, m. a. et cruelle *B5* – 61 Que vous…lonc conte *omis dans D* – 62 sans faille *omis dans B3, B4, B5, D*, doubteuse *B3*, e. l. p. d. et la plus aspre que onques fust veu nul tens et de la plus grant quantité de gent d'armes que on oïst onques dire q. b. f. *C1*, l. p. d. et la plus aspre qui onques fut veue en n. t. ne ne fu veu en champ tant de gent d'armes a une fois p. f. b. *A1, A2, A4, D*, l. p. d. qui oncques fust veue d'icelluy temps car pour lors ne fut jamais veu si grant nombre de gens d'armes en champ de bataille *A3*, jamais fussent tant de gens veuz ensemble pour faire bataille come a celle foiz car ilz furent *B5*, c. ne ne f. t. d. g. p. bataille faire ensamble comme ceulx furent *B3, B4*, jamais fust veue en a nostre tens ne furent t. g. *F* – 66 car bien furent que *B3* – 68 f. grant n. c. b. *B3, B4* – 70 l. m. jusques environ le midy *A3*, j. a mydy *B3, B4, C2, C3, D, F*, medi *C1* j. enmi jour *A1, A2*, j. enmi le jour *A4*, environ le midy *A3,* jusques au soir *B5*, dalla matine sino a mezogiorno *Ram.*, a mezodi *VA*, al mezzodie passato *TA* – s. c. voult Dieu que r. l. G. K. *A2*, et a la raison *omis dans A3, C* – 72 l. v. par droit et raison *B5*, perdy Naian la bataille *B3* – 73 d. car il fut prys en fuyant et tous ses barons avecques luy et fut rendu au G. C. atout ses armes. Et s. *(l. 86) B5*, et vaincu *omis dans B3, B4* – 74 q. la gent N. *A4* – 75 n. l. p. s. et s. m. a la fuite *A, C1, D*, en fuite *C2, C3* – 77 retenus *omis dans B3*, p. et grand planté (nombre *C3*) de ses barons qui avecques lui estoient *C2, C3* – 80 vraiement *omis dans B3, B5, C2, D* – 81 p. en son escu l. c. *C*, m. elle n. *B5* – 82 c. s. s. non ayant bonne querelle ne bon droit *A3*, c. s. s. a mauvaise cause le greva *C*.

79 2 f. m. liez et joyeux *B3, B4*, m. joians *C1*, m. joyeulx *A3, A4, B5, C2, C3*; durement *omis dans A et D*; e. c. que il fust mis a mort et maintenant que nus ne le veist a ce que pour ce qu'il estoit (de sa chair et *omis dans A2*) de son sanc il en eust pitié et li pardonnast e. f. o. e. c. *A1, A2* – 3 a m. tantost que nuls ne le veist p. c. q. *D*; m. a m. incontinant secretement que nul ne le veist pour ce qu'il estoit de son sang et lignaige il ne voulut icelluy veoir pour doubte qu'il ne fust esmeu a lui pardonner *A3*, m. a m. tout maintenant que nulz ne le veist ad ce que pour … sanc il en eust eu pitié et li pardonnast *A4* – 4 plus pour ce qu'il n'eust pitié de lui. Et *omis dans D*; pour ce que N. estoit son oncle car il en eust eu pitié *C3* – 6 t. et le touaillerent tant *C*; t. et il rendit l'esprit *A4* – 8 il ne v. *B3, B4, B5, D*, il ne voloient (voulloist *C2*) mie q. l. sanc dou lignaige de l'empire *C, D, F*, l. s. de son lignage (*A2*) et empire *A3*, l. s. de son propre lignage f. e. pour l'onneur de son empire *A4*; e. tele. m. que il ne vuelen q. l. s. *F*, ne *omis dans B1, B2* – 10. e. en l'air en t. n. a. s. *A, D*, e. ny en la mer ny en l. t. *C3* – 13 et le hommage *omis dans B3, B4, D*, la foy a. G. K. *B5*, f. serment de feaulté au G. K. *A3* – 15 s. f. d. .IIII. contrees dont cis N. estoit sires *C* – 16 qui avoient eté de la seignorie *A1, A2*, seigneurioient *B3*, qui avoient esté home à N. *C1* – 17 Ciorcior *A3*, Ciorcia *A1, A2, A4, B4, B5*, Chiorcia *C*; Cauli *A2, A3*, Cauly *A1, A4, C, D*, Causy *B5*; Brascol *A1, A2, A3*, Brastol, *A4, C3, D* Bascol *B5* – 18 Chiguy *C1, C2*, Sichitigin *A3*, Sichytigny *A2*, Sichigin *C3*, Sichyguy *B5*, Sichingin *A1*, Sichitigyn *A4*, Sichitingin, *D* – 20 g. chose a. t. *D* – 21 e. c. v. o. conter *omis dans B3, B4;* la gent des dites (.IIII. *C1*) contrees *C1, C2* – 23 idolastres et sarrasins *B, omis dans C* – 26 por son enseigne *B3, B4, B5*; p. d. lesquels reprochoient a aucuns cretiens et disoient: Voyez c. l. c. *A3*; en euls contraliant *omis dans A, B3, B4, B5, D*; d. mout de despiz es crestiens…et moult en desprisoient la loi crestienne et tant que les paroles en vindrent a. G. K. *C* – 27 ore veez comment *B3, B5* – 30 q. e. vint j. *D* – 31 s. reprist mout ceux qui le gab (gap *A1*) en faisoient e. d. l. c. *A1, A2, A4*; G. C. fut adverty. Si dist que la croix avoit fait droit et justice contre ung traître *A3* – 32 c. q. se mocquoient *D* – 33 qui dolent estoient *omis dans B3, B4, B5;* d. r. non pas prendre desconfort *B5* – 35 q. e. a. fait g. r. *D*, car bonne chose si comme elle est ne devroit une autre chose faire qu'elle avoit fait car *A4, B3*, q. saintisme chose ne doit aidier a desloiauté *C* – 37 N. e. d. et traytres *A4, B3, C1, D*, d. et traystor *B5*, traître et d. *C2, C3* – 40 ne lui aida *B3*, ne li aidai c. d. Et monstre bien que en lour Dieu nul mauvais ne doit avoir fiance de sa mauvaistié acomplir s. q. d. *C* – 43 n. c. n'ayda elle *B3, B4, B5*; a. nullui a tort *A4*, n. v. nullui aydier a t. *D* – 46 f. (nulle *A1*) reprouche des mescreans *A2, D*, f. aucunement reprouche par iceulx m. *A3*, f. nulle desloiauté des mescreans p. *A4*, r. par iceulx mescreans *A3*, f. nule reproche pour ceste cause car il (les sarrazins *C3*) s'aperçurent bien qu'il avoient la grace du (de leur bon *C3*) seignour (*fin du chapitre*) *C* – 47 l. p. du Grant Kaan a. c. *B3, B4*, d. Caan a. c. *D* – 48 e. et ne lui avoit mie aidié *A2, A4*, en son e. *B3, B4*, et ne l'avoit pas aidié *D*.

80 *Rub.*: de la cité de Cambaluc *C1* – 2 m. comme vous avez oy *B3, B4*, comme je vous ay dit *A2, A4*, ainsi comme je vous ai conté *C2*, c. vous avez ouï *A1, A3, C3, B5*, en tel maniere *omis dans D*; Carbalut *A3*, Carabalut, *A4* – 3 g. joye *A2* – 4 s. t. appellé Caidu q. – 5 desconfit et a mort *B3* – 6 moult g. d. *B3, B5, C1, C2*, et laissa a faire son a. *C* – 7 m. que N. *B3, D*; avoit esté *omis dans D* – 8 o. a. entendu *D*; C.a. en bataille q. *A3*, ala en l'ost ou il ne fu onques plus que celle foiz *C* – 9 u. s. f. et c. f. c. *A2*, ce fut ceste *omis dans B5* – 10 e. t. a. b. a osts *D*, a. besoins et os (osts *A2*) i. *A1, A2* ses f. et ses b. *B4*, besongnes et choses necesaires comme bataille *A3*, b. batailles et affaires *B5*, a. osts besoings *A4, C1, C3*, b. et en ost (en tous ses ostz *C3*) envoioit (envoie *A4*) ses enfanz (ses enfanz *omis dans C2*) o ses barons *A4, C*, ses filz *A4, B3, B5, D* – 11 m. e. c. y voulut estre en personne pour le peril qui luy en pouoit advenir par l. s. *A3*, que nulz n'alast *B3* – 13 et mauvais *omis dans D*, de la seurcuidance

… Naian *omis dans B5* – 15 a c. de ceste matiere et retournerons
a compter (dire *A4*) des grandismes fais du grant Kaan, *A2*, (et
B3) car nous vous avons compté de quel lignage il fu et son aage
A, B3, B4, F, d. c. m. vous dirons de quel lingnage il fut et son
eage *D* – 18 ore v. di. *B3, D,* Or est avenant (advenu *C2*, convenable *C3*) que nous vous dyons (dirons *C2*) les graces et les
honours que li granz Kaans fist a ces qui furent avuec lui en
celle b. q. s. p. b. *C* – 20 q. e. sires (seignor *C2*) de C. h. il le f.
seignour de M. *C1* – 23 a c. selon son estat *A3,* c. q. i. e. acrois-
soit et multiplioit sa seignoirie e. s. t. *C,* e. e. avec tout ce leur
fist grans dons d'or et d'argent de vessellement et de pierres, de
chevaux et de plusieurs autres richesses, car i. l'a. d. *B3, C1, C3*
– 24 vesselle *B3, B4,* v. d'a. (bel *omis dans A3*) harnois e. l. c.
A, D, et de biaus joiaus *omis dans A1, D; F, plus concis, écrit* d.
d. b. v. d'argent et de table de c. – 25 t. de c. et leur presentoit
aussi de (leur donna *B5*) beaulx joiaux d'or et d'argent et de
pelles (et de pierres precieuses *omis par A3*) et de chevaulx e. t.
d. *A, B3, B4, B5, D,* v. et de pierres et de chevaulx et de plusours
autres (richaces *C1*) richesses *C,* cressoit *A4* – 29 m. et que
chascun se tenoit pour content *A3,* m. car *B3,* b. d. car ils avoient
fait moult d'armes pour l'amour et l'honneur de leur seigneur.
L. t. d. c. *D* – 31 p. l'a. et honneur d. l. s. *A1, A4* – 37 d'o. a chief
de l. *C;* e. v. d. quelles seneffient *D,* Et poisent les tables *C1,*
poise *C3,* v. d. le pois *A2, A3,* le poys *A1,* le poiz *A4,* le posse *F,*
v. d. l'espes, *B1,* l'espesse *B3, B4,* l'espese *B5* – 38 c. qu'elles s.
B3 – 40 e. ceux qui ont la seignorie de .X.^{M} et qui ont la table de
lyon entaillie poise ossi .VI.^{XX} e. e. t. c. t. *D* – 42 un c. *A, B3, B4,*
C, D, F, absence de chiffre dans B5, .IIII. c. *B1, B2* – 44 d. a n.
empere *B1,* emperiere *B3* – 45 c. q. ne le beniront s. m. *A3, D,*
m. e. desconfit *C* – 47 E. encore nos di q. t. *C1* – 48 privilés, *B1,*
B2, previleige qu'ilz peuent faire tout ce qu'ilz veullent en l. s.
A3, privileges *A1, C, D,* previleges *A2, A4, B3, B4, B5,* brevi-
lejes *F* – 49 a leur seigneur *B3,* q. sont capitaine (cappitaines
C2, C3) en ost pour le seignour de .C.^{M} *C* – 50 h. o. qu'ilz sont
s. *D* – 54 d. e. dessoubz l. l. *A1, A2, A3, B5, D,* l. l. est portraiz
le s. e. l. l *C;* pourtrait *B5,* desus les lettres y a portrait le lyon
omis dans A4 – 55 p. et d'autre part leurs commandemens *A4* –
57 t. s. o. par c. *A1, D* – 58 q. i. c. peuent porter sur leur chef ung
signe en signifiance de leur g. s. *A3,* s. l. c. un paheque q. o. d.
A1, A2, A4, D – 59 que l'on dit ombrel *omis dans A4 ;* o. par c.

que *B3*; p. qui lour tient (*l'C1*) ombre qu'il p. s. u. l. *C1, C2*, p.
qui leur fait o. *C3* – 62 t. d. g. est donné es tres grans barons qui
ont plainne seignorie come le seignour meisme *C*, et c'est aus
grans barons *omis par B5* – 64 et baillie comme lui meïsmes
omis dans A3, A4, D; l. m. Et peuvent envoyer mesagers par tout
le pouoir du seigneur et par toutes ses contrees *C3*, l. m. Et s'ilz
ont a envoyer messages e. a. l. si peuvent prendre des meilleurs
chevaulx du seigneur et toutes aultres choses a leur v. *A3* – 66 p.
chevaux et a. c. a. s. v. *A4*, p. les chevaux *B3, B5*, ch. et tout ce
qui mestier lour est comme le seigneur *C3*, l. e. aussi come se
tout fust lour propre *C1*, p. l. c. du seigneur qui y soient e. t. a. *D*
– 68 Ore vous lesserons de ceste matiere *B3*, lesserons a parler
de ceste. matiere *B4, B5* – 69 fauçons *B1, B2*, faulçons *B5*,
façons *A, B3, B4*, f. du G. K. et de sa contenance *A2*, fachons *D*,
fassionz *F*, conditions *C*.

81   *Rub. :* De la façon du G.K. et de ses conditions *C1* – 3 b. grandeur *B5* – 4 chaulue *A3*, charnus et de b. m. *B4*, grandeur *A4*,
C3, D – 6 e. v. chome ruoxa *VA*, come rosa *TA*, come rose *F*, i.
vers l. n. *A2, A4* – 8 droites *omis dans A4*, e. le greigneur f. *A1*,
l. plus grand fil q. i. *A3, D* – 10 l'e. apres son trespas *A3* – 11
emperieres *A3, C3, D*, empereis *A2, A4*, empereris *A1*, esperace
B1, B2 esporaces *B3, B4, B5*, emperiaces *C1*, esporaices et
chascune por son non *F*, emperialles *C2*; s. a. e comme femme
de l'empereur combien que chacune a son propre nom (autre
propre nom *C1*, c. a s. propre n. *C2*) et tient chacune de ces q. d.
m. b. c. *C* – 11 c. a autre propre nome c t. m. *C1* – 15 m. vaillans
e. *A, D*, m. varlets *C2*, m. varlets et e. *C3*, m. valez essoriller *C1*,
m. v. esculiés *F* – 16 a b. mille p. *B5* – 18 c. e. tel f. *A1* – 20 et
vous diray en quelle maniere *omis dans D* – 21 q. i. y a u. g. *A,
B3, B4, B5, C3, D*, a. Ungrat *A, B3, B4, B5*, Ungrac *F*, Umglars
C3 – 23 p. des plus belles d. c. g. *A4*, pucelles *omis dans A2, A4*
– 28 sainnes *omis dans A4*, saines *B3, B4, B5*, s. e. s. bien fournies de t. l. m. *C3* – 29 q. s. belles, bonnes e. s. de toutes choses
s. m. a. *D* – 33 e. s. l. et en tout ce qui lui besongne *A1, A2, A4*,
t. c. q. le besoing en est *B3, B4*, q. besoing est *B5*, il en fait sa v.
B5 – 35 s'en partent celles et cy en vient d'autres .VI. et ainsi se
font en (par *C1*) ordre pour tout l'an *C1, C2*, pour toute la dite
année *C3* – 37 d. nouvelles *D*.

82   *Rub. :* G. K. de Tartarie – 1 de ses .IIII. femmes .XXII. f. *A1, A3,
B1, B2, C*, de ces .IIII. siennes m. .IIII. filz *A2, A4*, f. varletz *C3*

– 2 malles *omis dans D*, le grant a. n. *A1, A2, A4*, l'aisné *A3*, le premier *C3*, Chinguy *B5*, Chinguin *A3*, Chingin *A* – 3 a. bon C. C. *A, D;* s. des Tartars c. C. ainsné filz *A4, D*, greigneur *B3* – 5 O. a. que cellui filz qui devoit regner aprés. la mort du pere (devoit regner *barré*) m. il demoura d. l. *B5*, il mourut mais *omis dans D* – 6 Temur, *A*, Themur *B3, B4, B5, C3* – 7 G. K. et seigneur apres. la mort de son aieul. Et c'est raison pour ce que il fut (du *omis dans A3*) du greingneur (de l'aisney *C1*) filz du grant Kaan *A, C, D* – 10 et preux *omis dans D*; s. p. et hardy c. *B5* – 12 vingt cinq filz (enfans *C3*) d. s. a. *A3, C3*, .XXV. *A1, A2, A3*, .XV., a. f. *A4* – 13 b. e. v. en fait d'a. *A1, D*, en a. *B5* – 15 grandismes p. *A2*, grandisimes p. et r. *A4* – 16 m. honnorablement l. r. *A* – 19 s. et prudent en t. c. *A3*, s. et prudenti *Ram.*, et ce est bien raison *omis dans D*; l. p. preux d. t. c. *A4, C3*, h. et preux et le meilleur cappitaine d'o. *D* – 20 meilleur rengneur *A2*, rangeur *A4*, d. g. et d'empire *omis dans A4*, l. m. governour (d'ost *exponctué C2*) de gens et d'e. *C1*, le m. chevauchant d'ost *C2* – 25 vueil *B3, B4*, e. d. s. f. et de sa fachon *D* – 26 s. m. Cy vous devise du palais *A4, B3.*

83   2 c. d. Catay *A, B3, B4, C1, C2*, Catai, *D, F*, Taltay *B1, B2* – Cabalut *A3*, Cambaluc *F* – 3 delier, jenvier *B1, B2*, decembre, janvier et fevrier *A, B3, B4, B5, C1, D (*jenvier, fevrier *C1)*, *C2* frevrier, *C3*, decebre *F* – 5 c. escarrure *A3*, esquarreure u. m. *A1, A2, A4, D*, quareure, *B2*, c. costiere u. m. *C* – 6 c'est a dire qu'il dure tout entour .IIII. milles *omis dans D* – 7 s. e. m. grant palays moult biau et riches et s. a. de hautesse bien .XX. p. *A4* – 8 dix piez *A3*, b. et carnelles *A4* – 9 C. coing d. *A, D*, c. querreure *C1*, quarrure *C3* – 10 s. t. dedenz l. h. d. s. m. r. et met en dedens le h. *C2* – 11 a. carratz s. f. c. d. et choses necessaires pour fait de guerre *A3*, a. tatars s. e. f. *D*, c. et toutes autres choses necessaires a la guerre *B5*, choses qui ont mestier pour ost *C1*, n. pour ost *C3*, a. et tartars e. s. *A4*, a. turquoiz s. e. f. *B3*, c. e. dars et toutes choses besoingnables a o. *A2, A4, B3, B4, D* – 13 p. s. a un de quatre coins *A1, A2, A4*, aultres coings *A3*, p. s. a un de ces .IIII. corons, *C1*, cornes *C2*, p. s. a ceulx de chascun quartier *B5*, a chascun quartier si que il y a *omis dans D*, p. s. et ainsi a t. e. *D* – 15 m. grans *A4* – 17 entendez que *omis dans B5* – 18 car se l'u. *A3, D*, li ungs *B3*, d'ars *A*, d'arcqs *B5* – 20 f. et ainsi est chascun palais ordonné pour une chose *D* – 21 n'a que de une chose de h. *A4*, de h. en celui ou sont li arc n'i a autre chose et

aussi des autres. Enz ou mur *C1*, E. l. m. a a la face de m. *A1*, Et
a ce mur .V. portes vers la face d. m. et a. m. a u. g. p *A2*, *A4*, a
la face vers m. y a cinq p. *A3*, a a la face de *B3*, *B4*, f. d. m. a .V.
p. *D* – 22 V. p. et y a une plus g. qui onques n'est ouverte fors
que quant on trait dehors (tire hors *C3*) le harnais du seignour et
par les autres .IIII. portes passent toute maniere de gens et
d'autre harnois et au devant est li granz palais d. s. *C* – 23 n. foiz
si non quant *B3*, *B5* – 24 i. pour fait de guerre e. e. *B5;* de c.
grant p. *A*, *D* – 26 e. p. ces. portes mendres e. toute l'autres gent
A4, *B3*, et est la grant porte ou milieu de ces .IIII. mais celles
quatre portes o. e. la gent ne s. *A4* – 28 n. s. m. l'u. jouste l'a. *A1*,
A2, *A4*, *B3*, n. s. pas l'une pres de l'a. *B5* – 29 les .II. aux .II.
coins *A2*, *A4*, .II. aux .II. *B3*, a. deux costez *B5*, sont les deux
aux .IIII. q. d. c. *D* – 30 sont encoste *B3*, s. aupres d. l. g. *B5*,
delez l. g. porte. Et aussi a .VIII. palais dedens e. l. m. d. a. *(l.
35) D* – 32 m. en my ceste face de ce mur devers midi l. u. m.
B4, de ce mur *omis dans B3* – 34 q. l. Et a aussi .VIII. *A4* – 38 f.
d. m. aussi comme dehors *D*, en la face de midi *omis par B5* –
39 et puis en chascune des autres quarreüres …. .II. murs ou
milieu est *omis dans D*, c. d. a. coings *A* – 40 Et ou millieu de
ces deux murs e. l. g. p. *A* – 41 e. f. comme je vous diray *D*, f. e.
c. m. que je vous dirai *A*, e. telle m. *B5* – 43 sachiez que *omis
dans B5*, *D* – 44 i. n. p. esolier haut mes est a pié plain *A1*, *A2*,
mie a solier plain mais est a pié plain *A4*, p. a plancher hault m.
e. a p. p. *A3*, p. en hault solez *B5*, en souillié (solier *C1*) h. *C1*,
C2, pas en solier hault ains est par terre *C3*, p. a solier h. m. e. a
p. p. et est le pavement plus plain que hault de e. *D* – 46 l. c. e.
moult haute *A4*, *B3* – 47 m. du palais et les chambres s. t. c. *A1*,
D – 48 y a pourtrais *A*, *B3*, *B4*, *B5*, *D*, portrait *C1*, *C2*, a en pour-
traicture d. *C3*, par tout *B1* – 49 chevaliers *omis dans A4*, i. (et
B3) de p. g. *A4*, *B1*, *B3*, *B4* – 51 autre chose que or *A1*, *A2*, *A4*,
B3, *D*, i. n'y a q. o. *A3* – 52 painture *omis dans C2*, que bien y
mangeroient … chambres *omis dans B5* – 54 a v. il n'i a s. b. *B1*,
B3 – 57 *l. 57-63 omises dans C depuis* les trez *jusqu'à* entre l'un
mur – 58 v. jaulne, v. e. b. *A3*, v. et jaune et v. *A1*, *A2*, *A4*, c. vert
et bleue *B3*, *B4* – 59 vernissiez *B3*, et si soutilment *omis dans D*
– 61 l. p. sont r. *A4* – 63 d. a t. temps *A*, a durer pour tout temps
D; l'un mont *B*, e. l'un mur e. l'a. *A*, *C*, *D* – 64 si comme je vous
ay conté *omis dans D* – 66 a. d. m. de fruis *A1*, *A2*, *A4*, *C*, a. portant divers fruitz *A3*, et si y a bestes de maintes manieres si

comme c. *A4*, et y a plusieurs bestes comme c. d. chevaux b. e.
v. *D*, d. m. et plusieurs bestes si comme cerfs *B3*, *B5* – 67 b. et
plusieurs aultres bestes qui font le muglias en g. h. *A3*, m. et des
bestes qui font le m. *A1*, *A2*, *A4*, *D*, d. e. bestes de maintes
manieres d. l'e. f. l. m. *B5* – 69 m. belles *omis dans B5*, et moult
diverses *omis dans A3* – 70 que il n'y a de voie se non que la
gent vont et viennent *omis dans D*, q. l. g. peuvent aller. Item il
y a un vivier ou le sire prent du poisson *C3* – 72 v. e. v. Et de l'un
coing a l'autre a u. l. *A*, *D* – et de l'un (canton *B3*) coste devers
maistre a u. l. *B4*, *B5*, devers maistres a ung lac *B3*, *B4*, *F*, cornon *B1*, *B2* – 75 s. e. p. a sa voulenté et a s. p. *A*, v. en a a s. p. *D*
– 77 i. pour le fil *A*, roiz *B3*, *B4*, reses *omis dans A*, passer *omis
dans B3*, pour reses de fil de fer et de airain qui ne le laissent
passer *omis dans D* – 80 l. d. p. entour une archie *A1*, environ
une archiee un t. *A2*, *A4*, environ le trait d'un arc *D*, entour une
arche une montagne qui dure environ une mille l. *A3*, c. p. et
dure environ un mille l. m. *A*, *D* – 83 pendent *B*, ne perdent *A*,
D, n'y perdront f. m. toujours s. v. *A4*, perdono le foglie *Ram.*,
TA, *VA*, arbres qui toz tens sont vert et ont fruit en totes saisons
C – 84 Et si vous di que *omis dans D*, la ou onques fust ung bel
arbre et le s. l. s. *B3* – 85 l. s. il l'envoi querre *A*, *D* – 88 et soit
l'arbre tant grant comme il velt *omis dans D*; quelque grant qu'il
soit *A3* – 89 a. d. m. si l'arbre est si grand que nul ne le puisse
porter si le fait porter par ses olifans et par ses engins *C3* – 91 t.
c. m. de rose de l'azur qui est moult vert s. q. *A1*, *D*, de rose
d'azur qui est vert *A3*; tout de couleurs qui sont moult vers s. q.
A2, c. t. c. m. de choses qui sont moult vers s. q. l. a. *A4*, t. c. m.
de rose et de l'azur (d'azur *B3*, *B4*) q. e. m. v. *B3*, *B4*, *D;* si que
les arbres sont tous vers et le mont tous vers si que il n'i apert
autre chose que tout vert *omis dans D* – 95 en la cime *omis dans
D* – 97 l. p. est belle chose a veoir *A4*, *D*, *B3* – 98 p. l. v. et si plaisans pour l'odeur t. d'u. m. q. c. e. m. *A1*, *A4*, p. l. verdeur toute
d'une maniere *B3*, *B4* – 99 m. a v. et plaisant pour la couleur qui
est tous jours verte et t. c. q. l. v. *D*, merveille pour la couleur qui
est si belle car t. c. *A3* – 100 v. en sont consolez e. j. *A3*, en d. lies
et joiant *A1*, *A2*, e. d. lies et joieux *A4*, alegre *B1*, alegrez et
joyeulx *B3*, *B4* joyeux et liez *D* – 102 p. c. le a f. f. *A*, *F*; p. a.
deduit, plaisir s. e. j. *A2*, *A3*; confort *omis dans A4*; p. a. le cuer
joyeux *D*.

84   Rub. : *De* Ci d. *à* chapistre *omis dans* A ; *de* li *à* chapitre *omis
dans C2, D* ; Ci dit d. p. *A2*, Cy (C. nous *B4*, *B5*) devise d. *A3,
A4*, *B3*, *B4*, Chi parle d. *D* ; chapitre *omis dans B2* ; du Can qui
doit regner apres lui *F* – 1 Aupres de c. p. devant dit a f. *C3*, Et
aupres d'un p. le grant sire en y a f. *B5* ; s. q. de jouste c. p. *A1*,
d'un cousté *de* c. *A3*, de coste c. *B3*, *B4*, du costé de *C2*, delez c.
D – 2 en a f. f. *A*, *B3*, *B4*, *B5*, *C1*, *C2*, *F* – 2-5 f. f. le Grant Kaan
ung palais pour son filz semblable au sien pour ce que quant il
regnera et s. s. *C3*, f. f. un semblable au sien mesmes et le fist f.
pour s. f. q. il regneroit et il seroit s. *B5*, p. le s. en a f. f. ung tel
ou semblable au sien pour s. f. q. il r. et s. s. après son decés *A3*
– 3 *de* si que *à* riens *omis dans A3*, *B5*, *C*, si que de riens n'y faut
A4, *B3*, *B4* – 5 *de* Et p. *à* vit *(l. 11) omis dans A3* ; m. einsi granz
s. *C1*, *C2* – 6 G. et con tantes murs cume cel dou Grant Kaan *F* ;
si que *omis dans A4*, afin que *C3* ; t. ces man. et ces c. *A1*, *A4*,
celles m. et celles c. *B3*, *B4*, *B5*, ses man. et ses c. *C2*, ses m. et
c. il p. *C3* – 7 t. son e. *B1*, *B2*, t. seau d'e. *A1* *A2*, *A4*, *D* ; soel d'e.
F, t. lieu d'e. *C* ; *de* il tient *(l.7) jusqu'à* or vous ay *(l. 10) omis
dans A3* ; t. lieu d'e. *C* – 8 mais *omis dans C3*, si compliement
C1, m. non mie si acompliement c. a le Kaan s. *A4*, c. c. a le g.
A1 – 9 tant c. il vit est *omis dans C1*, *C2*, *D*, c. i. vivra *A1*, *A4*,
B3, *B4*, *B5* – 10 O. vous avons *C*, v.a. conté *A2*, conté et devisé
A1, *A4* ; grans *omis dans A2*, *A3*, *A4* ; grant *omis dans A2*, *A3*,
A4 – 11 G. sire *C1*, Kaan *C2* ; si vous conterons *C1*, *C2*, dirons
C3 – 12 grans *omis dans A2*, *A3*, *A4*, *C* – 13 f. f. et (e. vous *C2*)
conterai (e. c. *omis C3*) pour quoi elle e. a. (e. fut ainsi ap. *C3*)
C – 14 Cambaluc *A1*, *A2*, *A4*, *B2*, *C*, Cambalut *A3*, *B3*, *B4*, *B5*,
D, Canblau *TA* ; *après* Cambalut, *nouveau chapitre dans B3*, *B4*
et *B5* : Cy (c. nous) devise de la (l. grant *B5*) cité de Cambalut
.IIII.^{XX} .V. ; *De* Il est *jusqu'à* Garibalu *omis dans C2* – 15 u. anc.
c. G. et n. *C1*, *C3*, anc. G. c. et n. *D*, u. anc. n. et G. c. *A3*, q.
anciennement avoit il une G. c. *A2*, *A4*, i. avec anciennement
une G. c. *A1* ; Garibaluc *A4*, qui av. a n. Cambaluc *C1*, qui aussi
a nom Cambaluc *C3* – 17 n. langaige *A2*, *A3*, *A4*, *B3*, *B4*, *D*, en
françoys *B5* – 18 p. ces a. *A1* ; s. astrologiens *C3* – 19 d. relever
B3, rebeller *A3*, *B4*, *B5*, *C3*, *D*, reveller *A2*, *A4*, *C2* ; G. contra-
rieté *B5* – 20 p. c. cause *C2*, *C3*, et pour ce *B5*, *D* ; 21 f. f. une
autre cité nommee *C*. pres de *C3*, C. de coste c. *B3*, delez c. *D*,
bien pres de *C1*, *C2*, c. ancienne cité et n'a qu'.I. petit fl. entre
deux *C*, d'un costé ou il a ung fleuve *A3*, et aupres d'icelle n'y a

que le fleuve entre deux *C3* – 22 f. retirer, *A3*, oster la gent (les gens *C3*) d'icele cité ancienne et les fist (f. mettre et *C3*) venir demorer en celle cité q. *C*; celle *omis dans A1* – 23 av. restaurée *A3, C3 ;* e. qui est apellé Taidut *F* – 24 v. diray *A3* – 25 e .XXV. mille *B5*; e. a de tour v. *A1*, *A2*, car elle contient de tour v. *A3*, elle a .XXIII.ᴹ d'entour *C*; *de* ce est *à* car *omis dans C* – 26 ch. esquarye *D*, f. six lieues c. *B5* – 27 q. en tous sens e. *D*; *de* que *à* et *omis dans C* – 28 q. s. G. dessoubz *A, B3, B4, B5*, desoz *C1*, *C2*, de soubz *C3 ;* desout *F*; 29 *De* mais *à* .IIII. pas *(l. 31) omis dans C*; *de* comme *à* pas *omis dans D* – 30 v. touzjours en estreçant (estretissant *A3*) A, v. en agreslissant par le hault et sont bien par le hault gros de .IIII. p. *B5*; *de* ensus *à* et sont *omis dans A3* – 31 G. environ *B3*, *B4*; trois p. *A2*, *B5* – 32 s. tous environ cr. *B5*; q. sont beaux et bl. et ont les m. v. piez de h. *A3 ;* t. c. de q. bl. *C* – 33 .X. p. *A2*, *TA* – 35 quarreure *A*, ch. esquarrure *D*, et .III. palais *omis dans C*, et .V. p. *A, B1, D, TA*; *de* pour ce *à* ce palais *(l. 37) omis dans B5* – 36 q. en chascun coing *A1*, *A3*, *D*, q. a. l. p. ou coing *A2*; et moult grant *omis dans C*; en ces p. *A3*; G. s. as queles on mest les armeures de la gent qui gardent la vile, *C*; *de* la ou *à* demeurent *omis dans B5* – 38 g. la cité sont *A*, *D* – 39 de la ville *omis dans A1* – 40 on v. d'un bout a aultre *A3*, d'une part a l'a. (et d'a. *A2*) *A1*, *A2*, *A4*, *D*, v. tout droit d. *C1*, *C2*; *de* car *à* rues *omis dans B5*, *de* car *à* porte *omis dans D* – 41 v. comme l'a. *B3*, *B4*, de l'a. *A1*, *A2*, a l'a. *A4*, d'u. p. on v. l'a. *A3*, et se voit on d'une porte l'aultre et par la c. *D* – 43 p. logiz et b. m. *A3*, m. b. h. *omis par B5 et C2*; h. et ostelleries e. m. *A2*, h. et nobles habitacions *(fin de la phrase) C*, herbergheries et grant cantité de b. m. *D* – 44 Et ou milieu d. *D* – 46 G. cloche *D*, q. s. si tost qu'il est n. et signiffie ledit son q. n. *B5*, la nuit *omis dans D* – 47 v. de nuit d. *D*, q'e. sera s. *C*; f. et sachiez que pour certain q. n. *A2*; *de* car *a* lumiere (l. 51) *omis dans C2* – 48 a. si non par grant necessité comme p. une f. *A3*; p. besoigne de f. (pour f. *B5*) qui tr. *B3*, *B5* – 49 le soing *omis dans A3*, *D*, pour besoing (p. le b. *B3*, *B4*, *B5*) d . m. *A1*, *A2*, *A4*, *B3*, *B4*, *B5* – 50 e. e. faut il porter l. *D* – 51 *de* et si *à* ordené *omis dans B5* – 53 p. que il gardent p. *A1* – 54 m. pour l'onneur d. s., p. onnourance et gardance *A1*, *A2*, p. honneur et grandeur *D*, p. magnificence, honneur et grandesce *A3*, honnourance et pour venerance *A4*, p. mostrer la grandesce d. s. et de sa vile *C* – 55 et n'oseroient nuls personnages, barons ou aultres faire aucun oultrage ou

dommage par la ville *A3* – 56 nul dommage *omis dans D* – 58
de Or *à* desore *omis dans B5; de* Or *à* apres. *omis dans C*; v. des
hommes *A1*, *B5*; Ore v. *A2*; v. conterons c. *A1*, *A2*, v. avons c.
A4, ay dit et c. *A3*, Si vous vueil compter *A3*; la v. et des hommes
vous compterons. Et c. *A4* – 60 *de* si *à* aprés. *omis dans A3* et *D*.

Rub. : de Ci d. *à* chapistre *omis dans A1*, *A2*, *A3*, *B3*, *D;* C. nous
d. *B5;* Cy (C. nous *B4*) devise c. *A4; rub. rajoutée :* Comment
le grant Kaan se fait garder *C;* s. f. bien g. *A4*, s. f. par sa grandesce g. a .XII.^M.XX. h. *B5;* hommes a cheval *omis dans D*; que
on ap. *A3*, *A4*, et s'ap. *B5;* Quesitans *B5*, Questian *A* – 1 p. sa
noblesce et G. *A2*, *A4*, p. sa magnificence et haultesse, *A3* – 2
sont appelé Questian *A1*, Questians *A2*, Quesitans *A3*, *A4*, *C3*,
Quesitam *F* – 5 *de* que *à* homme *omis dans D;* m. p. honneur et
h. *B5*, p. grant h. *A1*, *A2*, *A4*, *D;* h. mais pour la cause que dit est
dessus. E. *A3* – 6 et aultre .XII. ^M *D;* .VII.^M h. *A3;* quatre cen-
taines et a chascune centaine a .III.^M *C2* – 7 ch. car ch. e. *B3*, *B4*
– 9 .III. j. et .III. n. *omis dans A2*, *A3*, *A4*, *D* – 10 n. passé s. v.
B4; l. et apres. ses trois jours passez s'en v. *B5;* b.l. et puis vont
(s'en v. *C1*, *C3*) et puis (e. y *C1*, *C3*) viennent l. a. *C* – 11 et gardent autant la ville comme ont fait les autres p. *C3* – 12 *après*
trois mille *B5 ajoute :* et gardent aussi trois jours et trois nuytz *et
achève ici le paragraphe* – 12 a..IIII.^M et en font autant *A3* – 13
de et puis *à* seigneur *omis dans A1*, *de* et puis *à* .XII.^M *omis dans
A2; de* s'en partent *à* l'an, *leçon courte dans C :* s. p. et emsi le
font par ordre tuit li .XII. par tot l'an (*fin du paragraphe*); p. et
s'en viennent gardant (reviennent garder *B4*) les autres .III. s. q.
B3, *B4;* garder le seigneur *omis dans A2*, *A4*, *D;* l. a. et par
ainssi il y a tous jours .III.^M qui gardent et sont ainssi jusques a
.XII.^M puis recommenchent et ainsi font tout l'an *D* – 15 f. a
.III. ^Mj. *A1*, a trois mille hommes a cheval et sont appellez Questians comme dit est j. *A2*, *A4* – 17 C. t. court i. *D*, t. court solen-
nel (c. son donseil [*sic*] *C3*) il s. *C* – 19 p. q. nulle autre de leans
A2, *A4;* il siet en tramontane si que *omis dans A3 et C*, l. a. le
visaige contre midi e. *C*, *D*, l. a. il a le visaige vers midi e. *A3* –
21 s. de costé l. *B4*, a costé de l. (de lui *omis dans C2*) *C*, auprés
de l. *A3*, delez l. *D;* l. et a la d. et sen. p. *C2* – 23 e. ses p. (p. et
B5) ceulx de l'i. *B3*, *B4*, *B5*, p. (cil *C*, *A1*) qui sont d. *C*, *A1*, *D*,
n. avecques ceuls de l'i. *A2*, *A4;* i. l. au plus bas si q. *C3* – 24
chief *omis dans B3 et B4*, b. qu'ils v. *B5;* ch. sont es piez d. *C1*,
endroit l. p. *C2*, aux p. *C3*, contre les p. *D* – 25 b. sont a. *C1*, sont

es autres tables moult b. *C2, C3* – 26 d. autres f. *C3* – 27 f. qui
ont f. d. *B5*, f. et filles d. s. *C2, C3;* n. (*écrit* vensnes *C3*) et des
parens (de ses autres p. *C3*) se siessent d. l. *C2, C3*, s. a. parens
s. *A1, A3*, n. et de ses parens s. *A2*, et des siens a. parens *A4* – 29
p. plus b. *D;* a. dames des barons et des ch. *A, de* après *à* quantité, *autre version*: a. b. et après les autres dames des barons et
des ch. p. b. (*C, D*) ensi comme l'estat de chascune le donne *C*
(b. chascun selonc son degré *D*). Et sont ainsi les t. ordenees que
l. g. s. puet veoir partout. E. d. *C* – 30 ch. set son lieu *A1, A3*, siet
(se s. *A4*) selon son lieu *A2, A4* – 32 v. d'un cousté et d'aultre *A3*
– 34 .X.^M h. *C*, .XII. ^M *B5* (dix mille *dans VA*) – 36 *de* ce sont *à*
gens *omis dans D, à* estranges *omis dans C* – 37 *de* qui *à* ch.
estranges *omis dans A3;* e. en ung lieu de c. *C3*, e. et de tiel bia
que ont en seingnorie et encore en vuelent et cesti tielz homes
vienent en cesti tielz jors quant le Grant Kaan tient cort et fait
noses *F* – 38 t. sa court et sa t. *A2* – 39 G. pot d. *AD*, G. nef d'or
sus roes q. *C*: q. b. tient d. v. *A, F* – 40 b. commune *A4*, c. baris
pintes (*sic*) *B5*, c. un bousel *A1, A2*, boissel *A4*, boisseau *A3*,
botet *F*, bote *TA*, boistal *D*, c. quatre tonneaulx (tounel *C1*) *C; de*
et *à* mendre, *autre leçon B5:* Et en y a de petites et l. v. – 41 ch.
cadoir, *B1, B2*, canton *B3, B4*, cant *F*, coing *A, D*, odron *C1*,
ordon *C3*, cordron *C2;* c. potiere s. *B3*, ce grant pot s. *AD;* ch. c.
de la nef si a une plus petite nef qui sont entour et sont pl. *C1*, y
a une plus petite nef entour et sont toutes pl. *C3;* a une petite nef
qui est pl. *C2* – 43 quant il veut *omis dans B5, D;* s. aussi pres
pl. *B3, B4*, s. entour aussi (e. tous *D*) pl. *A1, A2, A4, D*, s. autour
pl. *A3* – 44 et de G. vaillance *omis dans D* – 45 v. par G. *D;* d. l.
a granz hanaps d'o. *C* – 46 q. deux p. *A4, A2;* G. que quant ils
seroient plains assez en auroit pour dix p. *B5;* p. en ont a. a b.
d'un hanap *C* – 47 p. et en y a tele quantité come il y a de gent
si que cil hanap valent .I. moult G. tr. *C* – 48 a pié *omis dans A3,
A4*, o. a mances *A1, A2, D;* p. si que chascun a son hanap si que
ch. pr. *B4;* (et *D*) a (a *omis dans A1, A2*) ch. de quoi il prennent
du v. *A1, A2* – 49 qui est entre .II. uns *omis dans B5;* q. estre
deux un *A2*, un *omis dans A3, de 49 à 55 autre rédaction dans
D:* q. est entre deux et ainssi sont servies les dames et y a grant
cantité de v. d'or et d'argent et tant y en a que nulz ne le poroit
croire qui sont au G. K. et vallent un moult G. tresor e. *D* – 52
vesselemante et cele et autre q. *C1*, vesselle et telle q. *C2*, vesselle venante et autre q. *C3* – 53 *de* et d'autre d. *à* croire (*l. 55*)

omis dans B5; le second et d'autre *omis dans A* – 54 d. e. ne
l'eüst veu q. *B3, B4,* n. qu'il l'oïst dire s'il ne l'avait veu qui le
peüst croire *C* – 56 C. de mengier et de boire s. *D,* l. cr. des vins
et d. b. *C;* b. don il use sont G. b. *C1,* dont usent le grant Kaan
et ses barons ont le visaige et la b. couverte d. s. *C2, C3*; s. tous
G. b. *A3;* o. couverte l. b. *A, C, D,* fascie *F* – 59 o. ne voist s. *D*
– 60 ne ens ou buvrage *omis dans D* – 66 on *omis dans A1, A2,
A4;* comme je vous ay dit *omis dans D,* c. vous avez ouÿ *A1,
A2;* et ainsi li fait on t. l. *C1, C3,* et fait on ce *C2* – 70 tuit li b. et
tuit l. *A1, A2, A3, D* – 71 il couvient *omis dans A1 et* f. a. *A3,* m.
ne contredient que leurs f. ne s. a. *B5,* q. toutes leurs f. y men-
guent a. *A1, A2* – 73 si vient e. *A1, A2, A4,* viennent *A3, C,
D* – 74 e. d. les dames g. *D, de* et devant *à* hostel, *autre leçon
dans C:* l. s. grant plenté (G. nombre *C2, C3)* de menestriers et
d'enchanteours qui deduient le seigneur et ses barons de plusieurs esbanois (esbatemens *C3 qui termine ici le chapitre),* si
en ai li sires grant alegresce *C* – 75 j. et des clarons et autres
manieres d'esbatemens *B5,* j. et d'entregetours *A1, A2, A3, D* –
77 e. d. chascuns s. *A1, A2,* d. chascun et y fait on grant joie e.
q. t. *D; de* si que *à* y est (78) *omis dans B* – 78 qui y est *omis
dans A1, A2, A3 et B3, B4,* r. et fait j. et s. *A4* – 79 e. f. chascun
se deppart et va chez soi *B5,* f. on se part de la plache e. *A2, D;*
m. toutes leurs femmes a. *D.*

86   *Rub.: de* Ci d. *à* chapitre *omis dans A4; de* li *à* chapitre *omis
dans A1, A2, A3, C, D;* Cy nous devise de l. *B3, B4.* Cy nous dit
d. *B5;* a. au jour de s. *A3,* f. au chief (a. bout) de l'an de sa (d. la
C2) nativité *C1, C2* – 1 Je vous di que tuit l. T. *C; de* que *à* et
omis dans B5 – 2 et quant le *C1, C2;* Caan *omis dans C3*; f. n.
fu le *C1, C2;* .XXVIII.ᵉ jour d. *A, B3, B4, B5, C, D* – 4 c. j. chascun an il f. l. *B5;* c. j. de la lune du mois de septembre f. *A2, A4;*
f. que il fachent en t. *D* – 7 se vest *omis seulement par B1 et B2*
– 8 que il ait *omis dans D;* v. (v. pour *A3)* cellui jour d. *A3, D* – 9
m. c. et tuit d'une maniere samblant (semblable *A4, C3)* a celui
(celle *A1, A2, A4)* du G. s. *A1, A2, A4, C1, C3,* et sont d'une
meme semblance et maniere a celuy du G. *C2,* ce dit jour semblable a celle du G. *A3;* t. s. a lui n. p. *B5* – 11-12 *de* mais *à* or
omis dans D – 12 ch. et a chascun sainture d'or sur son v. lesquels v. le G. C. l. d. dont lé aucuns ont p. *A3;* ch. combien
qu'ils soyent d'une mesme couleur et d'une façon et tous d'or et
leur donne le s. yceulx v. Aucuns mettent en ces v. grant planté

de p. precieuses *C2*; u. c. et d'une façon et sont tuit dr. *C1,
C2* – 12 dr. de soie *A2, A4*; *leçon courte dans B5*: dr. d'or en
leurs v. qui ont tant d.; ch. d'eulx ceint une centure d'or et ces v.
l. d. *C1, C2* ch. par ces vesteures chainture d'or *D* – 13 s. d'or et
leur d. le s. pour eulx saindre sus leur v. q. *B3* – 14 d. t. qui ont
mis en ces v. grant plantey de p. *C1, C2* – 15 *de* qu'i valent *à*
plusieurs (17) *omis dans C1 et C2* – 16 plus *omis dans A1*, v.
bien *A2, A4, D*, mieux *A3*; d. deux mil b. *B5*, dix b. *A4*; *de* et de
à plusieurs *omis dans A3 et B5* – 19 .IIII. b. *B1 et B2*, .XII. b *C3*,
a chascun de ses .XII.^M (.XII.^M *omis dans A3*) b. *A3, A4, D*; *b. et
c.* telz *A3*, tex v. *A1* – 20 s. v. tous jours a. *D*, s. v. lui mesmes de
la couleur des autres a quoy povez veoir q. *B5*, v. avec ces (a.
eulx *C2, C3*) et sont tousjours a chascun terme de coulour
devisé *C* (*C1 et C2 ajoutent*: autre que cele qu'il ont eu au terme
devant) – 22 p. congnoistre q. *A3* – 23 ch. et croy qu'il n. *D*; n'e.
sire du monde fors il ne porroit ce faire *C1*, ch. et que tous les s.
(nul autre s. *C3*) du monde (m. fors lui *C3*) ne porroient ce faire
C2, C3, n. s. ou monde q. *A* – 24 *de* fors *à* seulement *est omis
dans A2 et A4* – 26 et ce j. meismes d. *D*, et ce j. mesmes t. *C2*;
d. la sainte nativité *B1*; l. Tartres *D* – 27 m. et toutes les terres et
contrees (l. regions et provinces *A*, l. religions et provinces *D*)
qui de lui sont tenues (l. tiennent *A*, tiennent terre *D*) li f. *A, C,
D*, m. et toutes les provences et regions qe de lui tenent tere et
regions l. *F*; s. p. et non pas eulx seullement mais aussi autres g.
B5 – 28 c. a celui que l'aporte et selonc qe est ordree *F*; qui est
ordené *omis dans A3*, *D* – 29 pr. et ce sunt celz qe vuelent
demander qe il lor donent aucune seigneurie *F* – 30 S. auxquels
il fait donner par .XII. de ses b. a ce par lui ordonnez selon que
a chascun d'eulx affiert *A3*; S. a .XII. b. par lui esleus a recevoir
ces gens et presens et a d. a ch. *B5*, S. a ordonné sur c. .XII. b. et
les a esleus pour d. *A2, A4* – 31 ordonnez *omis dans B1, B2*, s.
ordonnez s. c. *B3, B4*; c. f. qui en ordonnent *(C)* ce qu'il voient
qu'il apartient et est tenu *(C1, C2)* comme il leur plaist et
comme au cas appartient *(C3) C* – 32 ch. ce qu'il afiert *A4*, l. s.
que il afiert *A1, A2, D* – 33 idolastres *est omis dans A4* – 35
grans congregacions *omis dans D* – 37 *de* avec *à* encenz (37)
omis dans C et B5, et grans encenz *omis dans A4*, et oudeur
d'enchens *D* – 38 *dans C, le chapitre 86 prend fin après* santé;
Et tout le jour de sa nat. dure ycelle joye *D*; m. que vous avez

ouÿ ce fait la f. d. *A3 ; de* dure *à* nativité *omis dans B5* – 43 la
Feste Blanche *A4.*

87   *Rub. :* Ci devise de la *A1, B3, B4,* Cy endroit parle d. *B5,* Chi
parle d. *D; Rub. dans C (rajoutée dans C1):* De la feste (f. faicte
C3) au chief (a. bout *C3)* de l'an ; Caan *et* fait *intervertis B2*; f.
a ch. *A4,* a leur ch. de l'an *A1, A2, A3,* au bout de l'an *B5,* ch. de
l'an *D* – 1 ch. de leur a. *B2, B3, B4, C1, C2* – 3 s. sougiet *A, C,*
subges *D*; a. l. aussi une t. f. *A, C1* – 5 s. v. adon tuit de blanches
vesteures (de vestemens bl. *C3*) h. f *C;* bl. soient h. femmes et
petiz enffans *B5*; si que chascun e. c. *A* – 6 f. puis qu'il aient le
pooir de ferlle – 8 q. bl. v. leur semble b. *A,* q. blanche chose est
euree si come il dient *C* – 10 a. bien et j. *A,* santé et j. *C*; Et li fait
on en c. j. moult de tres grant presens et divers et riches de plusieurs regions et c. de draps d'or de p. et de p. (o. et de pierres
precieuses *C3*) *C* – 11 p. et de t. les regions *B3, B4, B5,* pr. et
regions et r. *A, D* – 13 terre *omis dans D* – 14 p. precieuses *A4,*
B3, B4, B5 – 15 a celui jour *omis dans D* – 16 joie et leesce *omis*
dans C – 21 j. vient pr. *A1, A2, A4,* j. lui sont presentez et don-
nez cent m. *B5* – 22 de plusieurs parties *omis dans A2 et A4;* et
presente on en c. j. au s. pl. d. *C* – 23 et moult riches *omis dans*
A3 et A4, moult biaus et r. *A1, A2,* moult beaux et de grant valleur *C3*; r. et bien cinq m. o. *B5* – 24 qui b. s. .V.^M *omis dans C1*
– 26 r. et porte … r. qui sont *(saut du même au même l. 26–27)*
A, D – 27 v. d'argent et d'or et de l'autre h. *C* – 29 h. pour icelle
c. *A3* – 30 d. chamois *C* – 31 m. riches dr. *A;* ch. des ustancilles
necessaires a *B5,* s. pareillement ch. des ch. necessaires pour c.
A – 33 G. Kaan *B5 (et fin du paragraphe)* – 37 dus *omis dans C;*
barons *inséré une première fois entre* rois *et* dus *dans A, D, mais*
A3 supprime le second barons *et omet* dus, marchis et
barons – 38 *D remplace* mire *par* veneours – 39 f. venaour e. *C*;
o. de toutes les t. *A,* des t. *C;* d'entour *omis dans A3* – 41 entrer
est omis dans A, B1, B2, B3 et C1, C2, mais figure dans B4, B5
et C3; p. e. demeurent en tel lieu d. *A, C1, C2,* qui y puent
entrer et ceux qui sont dehors sont en tel lieu q. l. *D* – 43 ordonnez *répété dans A3;* o. a seoir en la maniere que nous avons
conté ça devant (ça devant *omis dans C2;* m. devant dicte *C3*).
Et q. i. *(47) C* – 46 s. s. gré q. *A1, A2, A4,* s. estat et degré *A3; de*
qui *à* couvenable *omis dans D* – 47 s. tuit a. en lour denz a ch.
ad. *C1, C2;* en son lieu *omis dans D* – 48 l'un des plus sages *A,*
D; s. homme e. *B4, B5;* et dit *omis dans C3* – 50 e. tous e. *D;* m.

leurs genoulz a t. *B4, B5, C2*, l. front *A, D*, l. fonz *C1, C3* – 53 p.
trois f. *B5* – 58 s. f. après les pr. *B3, B4*, f. adont selon les pr. *A4*
– 59 *de* qui *à* riche *omis dans C;* s. si grant et si r. *A2*, de si G.
valleur et richesse *A3;* G. v. que c'est mervelles *D* – 61 q. les
presents s. tous f. et il *A, B3, B4, C1, C2* – 62 et quant elles
sont mises *omis dans D* – 64 l. que nous avons devant dit *C3 (et*
fin du chapitre); o. qu'il est possible et q. i. *A3;* a. car le Grant
Sire siet a sa aute table et avec lui da la senestre part sa primier
feme et nul autre ne i siet pas puis seent tous les autres en tel
manieres et si ordreemant com je vos ai contés il tient tables tout
en tel maniere c. j. v. *F* – 65 v. les j. et faiseurs d'esbatemens qui
les resjouissent. Et q. t. *A3; dans C, le chapitre prend fin avant*
Et quant il – 66 j. e. esbatent la court et q. t. *D* – 67 *de* Et quant
à de l'an *(70) omis dans B5;* comme autre foiz avez ouÿ *A1, A2,*
A4 – 69 Et vous laisserons de ce a parler pour vous c. *B5* – 71 *B5*
termine le chapitre après barons – 72 q. aultre fois j. v. *D.*

88   *Rub. :* Ci devise des .XII.^M barons q. *A, B3, B4, D;* Cy parle des
B5; Rub. dans C (rajoutée dans C1); des .XII. barons du Grant
Kaan; .XIII. paire chascuns *omis dans D* – 1 *de* Or *à* que *omis*
dans B5; lignes 1-33 (e. p. grans) *version abrégée dans C :* O. s.
v. q. quant li granz Kaans ai doné a ces .XII.^M (.XII. *C3*) barons
ses robes (s. r. *omis dans C2*) .XIII. foiz l'an diverses si come je
vos ai conté (.III. f. ainsy que j. *C2*), il done aussi a chascune
foiz (aucune f. *C2*) a chascun (a ch. d'eulx *C3*) une ceinture
d'ergent a pierres et a perles (perelles *C2*) moult riches. Et (r.
qui *C3*) sont en somme .CLVI.^M vestemenz et autant de ceintures qui coustent grant chose (G. somme *C3*). Et ce fait li granz
sires a ce que les festes soient honorables et plus granz – 2 quesitan *omis dans F,* que vaut a dire les prosimen feoilz dou seingnor *F* – 3 autre fois *répété dans B1 et B2;* d. cy devant *A3* – 4
paire de *omis dans A3, A4 et D* – 6 toutes *omis dans B3, B5 et*
A4; t. non parelles *D* – 7 couleur *omis dans A1, A2 et A4;* a. c.
s. q. elles s. d. *A* – 8 si q. elles *A* – 9 d. p. precieuses *B3, B4, B5,*
A2, A4; de moult *omis dans A* – 10 n. et riches. Et e. *B5* – 12 qui
est *omis dans B3 et B4;* av. leurs r. u. ch. *D* – 13 o. m. belle et r.
faicte a fil d'or et d'argent moult subtillement tellement que
quant ilz sont ainsi vestuz et aoutrez il semble ch. *(17) A3;* et de
moult grant vaillance *omis dans B5* – 14 li donne il *omis dans*
A2 et A4 – 15 d. chaument *B1, B2;* d. chausses labourees d. *B5;*
le second qui est *omis dans A* – 17 o. ce vestu *B3, B4, B5, A*, s.

ainssi vestus et chauchiez *D* – 18 *de* a ch. d. *à* en a l. s. *omis dans*
D; c. trois f. *B5;* e. o. qu'il d. v. *A* – 20 s. a celles devant dittes
d. c. *B5*, a icelles en couleur m. *A3*, b. c'est de c. *B1, B2*, b., de
c. *B3, B4*, b. seullement de c. *A4* – 21 plus vaillans *omis dans A4*
et B5 – 23 p. nombrer s. *B3, B4, B5;* a p. le p. o. conter (o. estimer *A3*) ne nombrer *A* – 24 i. se vestent *B1, B2*, il se vest d'u. c.
A, F- 25 b. si qu'ils semblent estre c. *B5; de* qui *à* compaignons
omis dans A3; ainsi comme *omis dans A1, A2 et A4* – 28 qui
sont C. *A3*, q. sont entre tous C. *B3, B4*, qui vallent c. *A1, A2, A4*
– 29 .CLVI. v. *A2;* v. si riches e. *B3, B4, B5* – 31 et les chaucements *omis dans B4 et B5*, chausseures *A3*, s. l. ch. et vesteures
autres qui (*la phrase se termine ici dans A4 : de* aussi *à* assez
omis) – 33 et plus grans *omis dans A3* – 36 m. (merveillable *C3*)
a ouïr e. *A1, A2, A4, C*, b. estrange a ouÿr *A3;* en cest livre *omis*
dans A3 et C1 – 37 u. grans l. *A1, A2, A3, C* – 38 s. g. gesir d. l.
A1, A2, D, se couche d. *A3*, g. a ses pieds a la terre et f. C ; a terre
omis dans A4 – 40 tiengne a s. *D* – 41 *Le chapitre prend fin*
après cheenne *dans C2 et C3 ;* Et ce est assez estrange chose *C1*,
le chapitre prend fin ici dans C1, n. ch. qui est bien estr. ch. a o.
B5 – 42 m. merveilleuse et estr. *D* – 44 *phrase absente dans D;*
v. laisserons de ce a compter et dirons d. G. *B5* – 45 o. de la grant
(grant *omis dans A3*) ch. *A* – 48 ci aprez *omis dans A, B4 et B5*.

89   *Rub. : De* Ci *à* chapitre *omis dans A, B1, B3, B4, B5, C et D;* G.
K. ai des venoisons *C;* C. a ord. *A, B3, B4;* o. de ceulx q. *A3*,
ord. a s. g. prendre et lui apporter d. *B5;* ap. de la v. *A2*, o. qu'on
lui ap. de la v. *A4;* v. quant i. *D; de* qu. *à* bois *omis dans A, B3,*
B4, B5 et D; v. de la chasse *A3* – 1 Durant le temps q. *A3*, Ce
temps pendant q. *B5* – 3 septembre *B*, décembre *A, C;* i. est e. *A*,
i. establit *C2;* e. et ordonné q. *A3* – 4 de .LX. j. *C, VA;* env. lui d.
A3 ; autre version dans C : env. ses veneurs d. ch. et ses fauconniers (s. oyselleurs *C2*) o. et lui doivent envoyer ce qu'ilz prennent (pr. de grans bestes *C1, C2*) comme senglers, b. d. c. l. (l.
orses *C1, C2*) o. (et autres bestes sauvages *C3*) et des oyseaulx
aussi. *C3 poursuit ainsi :* Item les veneurs font traire de toutes
les bestes qu'ilz lui envoient les entr. ; et oysillier *omis dans B5*,
o. et est establi et ordree ce que chascun seingnor de gens et de
terres qe toutes G. b. *F;* et envoier ce que l'en prent (on puet *D*)
des (pr. comme *A3*) G. b. *A, D* – 6 c'est a e. (*omis dans D;* assavoir *A3*) si comme (comme *A3, D*) c. *A, D* – 7 l. ourcyauls e. *B3,*
B4, et ours *omis dans B5*, l. ourses ours e. *A*, lyons *omis dans*

A3 – 9 b. que son veneur lui envoye il f. *C1 C2*, et d'autres
oisilliers *omis dans B5* oiseleis *A1, A2*, oiseaux *A3*, oiseles *A4*,
oyseaus *C*, oisyaux, D – 11 de dedenz le ventre *omis dans C1 et
C2* – 12 c. f. ceulx qui sont a *B5, C2, C3*, f. ceulx de .XX. *A* j.
loing *C* – 14 et de celles q. *A3*; p. mie envoier l. *A4* – 15 p. toutes
prestes *A3*, t. conrrez *D*, p. (toutes *C1*) aparoillies (ap. des
contrees *C1*) et (e. toutes *C3*) conroyees *C* – 17 b. servant a son
host *D*, p. guerre *B5*, p. son ost *C* (*le chapitre prend fin ici dans
C*), p. aller en bataille quand le cas y eschiet *A3* – 19 S. t. pour
avoir son deduit *A4* – 20 aveuques elles *omis dans A2, A3, A4,
B5, D*.

90   *Rub.*: Ci devise d . *A1, A2, A3, B3, B4, B5*, Chi parle *D*; d. lous
affaitiez p. *A1, D*, loups privez pour chasser au plaisir du seigneur *A3*; et des leus *omis par A4*; d. leuz servierz p. *B3, B4,
B5*; p. ch. et deduire *B4*; *Rub. dans C*: De la chace au Grant
Kaan – l. 1 à 11: *réécrit par B5*: Le grant Kaan a loups servins,
lyons, et liepars afaittez et bons pour chacier et prendre bestes
sauvaiges et sont moult bons pour chace. Les lyons sont affaittez pour sangliers et buefs sauvages, cerfs et autres grans b.;
réécrit par A3: E. s. que le grant Cam a liepars bons et bien
duitz a chasser et prendre bestes pareillement loups qui sont
moult bons pour la chasse, semblement lyons qui sont plus
grans q. c. – 1 l. grant sire a l. assez affetiez *A1, A2, C1, C2* – 2
af. a pr. *C1, C2*, qui t. s. b. a (pour *D*) chacier et a pr. b. *A1, A2,
D*, l. faitz a pr. b. sauvaiges et G. q. *C3*; a. a. que t. s. b. *B3, B4* –
3 b. et oysiaux *D* – 4 q. de lyons aprivoisiez (privés *C3*) et afaitiez (*faitz* C3) a ce meïsme et y a avec grandisimes lyons plus G.
C; l. affetiés qui tuit prennent b. *A1, A2, A4; de* servierres *à*
bestes *omis dans D*; pr. b. sauvages *B4* – 5 enc. plusieurs l. grans
G. assez q. *A1, A2, B3, B4* – 8 t. royé par lieus (en aucuns l. *C3*)
de noir, de bl. et de rouge *C*, v. par l. *B3*, p. le l. *A* – 9 e. s. duitz
a pr. *A3*; cengliers *omis dans C* – 10 et ours *remplacé par* et
cerfs *dans B2 (répété)*, asnes sauvages *omis dans A4*; et cerfs
omis dans A2, A4 – 11 b. qui sont f. *A3* – 12 *de* des *à* car *omis
dans C et D* – 13 il (li sires *A4*) veult ch. *A4, B3, B4, C*; ch. de c.
l. *A* – 14 l. se se mest avuec .I. l. en u. *C*; av. ch. lyon a *B5* – 16
angles *B1*, aigles *au masculin dans A1, A2, A4, C1*, G. planté
d'a. volanz afaitiez a pr. *C1, C2*; s. faittes et duittes a pr. *A3* – 17
le loup *est omis dans C1 et* le loup et gourpilz *omis dans A3*; d.
e. chevaulx c.e. vollent en prenant a. *B5; après* chevriaux *C ter-*

mine ainsi le chapitre : si qu'il ne sont (se trueve *C2*) nule beste devant le seignour qui ne soit prise ou du lyon ou des aigles ; p. a. et aussi y a d'aultres aigles plus grandes qui prennent les loups et n'est nul qui devant elles p. e. *A3* – 19 G. et de grant affaire *A2 ;* et de moult grant puissance *omis dans A4* – 21 d. lui *B1*, *B2*, d. elles p. *B3*, *B4*, *B5*, *C*, d. celle aigle *F;* tr. lou qui devant eulx p. *A1*, *A2*, *A4*, *D;* p. durer qui par eulx ne soit pris *A2*, *A4* – 22 c. de ceste chasse *A3 ;* c. et devisé *A1*, *A2*, *A4*; v. laisserons a parler d. *B5* – 23 q. de ch. moult grans *A2*, *A4*.

91   *Rub. :* Ci dist d. *A1*, *A2*, *A3*, Chi parle d. *D*, Ci (C. nous d. *B4*, *B5*) dev. des (d. deux *B5*) f. *B3*, *B4*, *B5*, Des gardes sur les chiens *A*, Des braconiers au Grant Kaan *C* – 1 a deux braconniers *C2* – 2 Baian *TA*, Chaian *VA*, Baya *D;* Migan *TA*, Mugan *D*, Ningri, *VA* – 3 ap. Cunici *A1*, *A3*, *F*, Cunicy *B1*, Tunicy *B2*, *C*, Tanicy *B3*, Tuncy *D*, Taiucy *B4*, Tanty *B5*, Cunichy *A2*, Cunichi *A4*, Tinuci *TA*, Civiti *VA* – 4 l. ch. mastins *A*, *D;* d. maistre des ch. mastins *C*, d. qe tienent le chien mastin *F*, *TA* – 5 s. l. qui sont tous v. *A3*, *A4*, *C*, *D* – 6 c. c'est assavoir dix mil de c. vermeille et les autres d. m. de b. *A3*, *D*; .X.^{M} *omis dans B4 et B5 ;* autre *omis dans A2*, *A4* – 7 l. a. de blanc *C*, *TA* – 9 que je vous ay dit *omis dans D* – 10 et a ch. de ces .X.^{M} .II. ch. *C1*, *C3 ;* et (en ch. *A1*) de ces .X. mil si en y a .II. mil que chascun a (qui tiennent ch. *D*) u. gr. (u. joli *A3*) ch. *B3*, *B4*, *A*, *D*, .X.^{M} hommes a .CC. ou plus, si q. *C2* – 11 mastin *omis dans B5* – 12 s. vuet chacier *C* – 13 avec *omis dans A2*, *C;* atout *omis dans A1*, *B3*, *B5*; *après* hommes, *C1 reproduit par erreur* si qu'il en y a grand quantité ; o. b. .XX.^{M} chiens (hommes *C1*) qui sont espars d'une part et d'autre et tiennent b. *C* – 15 d. et l'autre vait aussi de l'a. p. *A;* .V.^{M} *omis dans A*, *B3*, *B4*, *B5 ;* .X.^{M} *F;* sen. en a aussi *B3*, *B4* – 16 ensemble (*de tous B5*, *D*) comme je vous ai dit *omis dans A*, *B3*, *B4*, *B5*, *C*, *D* – 19 v. leur chace et la maniere des chiens et des chaceours (*de* et *à* chaceours *omis dans C2*) *A*, *C*, *D* – 20 s. ch. et cil baron vont oiselant par les chans s. v. *C* – 21 o. il voit v. *B5* – 22 ch. c. l'un derre a ours l'autre derre I. sengler (les ungs courent aux o. les autres aux s. *C3*) ou autre b. et proignent et abatent lour proie par ça par la d'u. p. *C;* que derriere ours que derriere autres bestes *omis dans D*; d. o. que derriere cers q. d. a. *A*, *B3*, *B4*, *B5 ;* b. sauvages *B3*, *B4 ;* b. qu'ils prennent d'u. *A3 ;* et prenant *omis dans B5 ;* pr. et alans d. *A2*, *A4* – 24 a veoir et delitable *omis dans B3*, *B4 ; le chapitre prend fin après* delitable

dans *C* (*après* veoir *pour C3*) – 26 de chace *omis dans A2, A4* –
27 l. a. trois m. *A1, A2, A4.*

92   *Rub.*: Ci *à* chapitre *omis dans B3, B4, B5, C, D;* C. s'en va e.
B5 – 1 s. si demeure e. *A1, A2, A4* – 2 c. d. par l'espace de t. *A3;*
de c'est *à* fevrier *omis dans D* – 5 mer ortiane *D,* octeane *C2,
C3;* m. o. a environ .II. j. *A4,* o. ou il chevauche .II. j. *A3* – 6
après fauconniers *saut à* pelerins *dans A2 et A4;* e. porte *A1,
B3, B4, B5, C1* – 7 .V.ᶜ g. *A1, D, F* .V. mille *C* – 8 m. d'oyseaulx
e. *B3, B4,* a. oyseaulx *B5, A3* – 9 *de* assez *à* rivieres *omis dans
C* – 10 t. t. avec lui e. *A2, C* – 11 .CC. et a plus s. *A, B3, B4, D;
de* et plus *à* oisillant *(13) omis dans B5; de* en a autre *omis dans
A2; de* et plus *à* autre *omis dans C2* – 12 *de* Et *à* oisillant *omis
dans D* – 13 v. oiselant et envoient sovant au seigneur de lour
prise *C* – 14 l. propre p. *B2* – 17 Et y a bien .X.ᴹ h. entour le s.
quant il va ois. q. s. t. *A2;* s. oisele de ses g. *C1* – 18 Decaor *B1,
B2,* ap. Tostaor *B3, B4, B5, A4, TA, C2,* Tastaor *A2,* Toscaor *A1,
A3, C1, C3, F,* Castaor *D,* Chostaar *VA;* h. qui (q. se *A2, A4*)
prennent g. *A1, A2, A4; après* hommes qui *saut à* demeurent *(l.
20) A3; de* qui vault *à* et .II. *omis dans C* – 19 et ainsi font il
omis dans A2 et A4 – 20 *de* car *à* assez *omis dans B5, de* car *à*
bien *remplacé par* et *dans D* – 21 *après* terre assez, *nouvelle
rubrique dans A3 et A4:* Comment le Grant Cam va a la chasse
pour son plaisir *et dans A1, A2, D:* Comment le grant Kaan vait
en trace (en cache *D*) – 22 clamer *omis seulement dans B1, B2,*
reclamer *A2; de* et tenir *à* oisiaux *omis dans B5* – 23 s. o. se il
s'eslongent (*omis dans C3*) il n'est mestier que nus les sieve (m.
de les suivre *C3*) por ce q. l. h. (q. je vous ay dit qu'ils sont p. t.
l. 25, C2) *C;* s. o. il n'a (n'est nul *A4*) mestier que ceus qui les
getent lor voisent (v. en *A4*) derriere pour ce q. *A,* il ne est mes-
ter que celz que les getent aillent elz deriere *D* – 24 a mestier q.
D, g. pour ce q. *A3, B4, D* – 25 q. s. per *(sic)* tout le pais espandu
les prendent et les renvoient tantost au Grant Seignour (a leur s.
C3), et sachiez que chascun oisiaus ai *(sic C1)* une p. t. e. l. *C;
le second* qui *omis dans A, B4* – 26 aller *omis seulement dans
B1, B2* – 27 a. incontinant *A* – 30 l. ostoirs d. *D;* u. p. sonnette
A4, p. table d'argent a. *F;* p. eulx congnoistre *B5,* p. estre
congneus *A* – 32 e. e. le nom de son maistre e. p. *B5* – 33 de cui
il est *omis dans A3;* n. du seignour ou du baron cui li oisiaus
sera et de celui qui le garde *C* – 34 t. c. et renvoié a *C;* e. ou qui
l'a en garde *D;* a c. qui en a la garde *A3; de* et se *à* est *omis dans*

A1, A2, A4 ; et s'il n'avoit ceste tablate on l'aporte (les porte *C3*)
a .I. b. *C* – 36 i. e. on le baille a ung baron q. e. a. *A3,* e. si l'aportent et donnent a.b. *A1, A2,* il est donnes a un baron q. *D* – 37
Bularguei *F,* Bulargugi *TA,* Bularguci *VA,* Bulargusy *C2* – 38 ch.
perdues et v. d. *D;* tr. leur maistre *A4* – 39 .I. cheval ou *omis
dans B5,* ou un oisiau *omis dans D* – 40 s. de qui il soit il est m.
B3, il est *A1* – 42 b. lequel garde icelle chose ainsi trouvee et se
ainsi ne le fait est tenu et reputé larron *A3 (fin de la phrase)* – 43
p. t. il est en grant amende envers ledit baron et s. *D,* p. t. est
tenuz come lerres *C,* p. t. si est (e. la *A4)* ataint a cest baron et
(at. il est tantost pugnis se *A3)* s'il l'a si la rent de (tout *A4)*
maintenant et c. b. *A* – 44 e. aussi quant c. qui ont p. s'en v. audit
b. ilz trouvent la chose perdue *B5, qui supprime tout de* et cestui (46) *à* clerement (49) – 46 b. et cellui la si lui rent maintenant
et c. *B3* – 47 h. l. de la compaignie du seigneur adfin qu'il soit
tantost trouvé e. *D;* at. un faucon *C* – 50 perdre *omis dans
A3* – 51 et rendue *omis dans C3,* tr. et pendue *C1* – 52 Si qu'en
alant le (a. par le *A3)* s. en c. *A, D,* Et en ces deux journees qui
sont deppuis C. jusques a la m. o. on peut v. m. *B5* – 53 m.
ortiane *D,* ottiane *C2* – 54 autre fois *omis dans A2, de* si *à* dit
omis dans D – 56 ch. Et deduit d'oyseaux a G. *A3,* ch. et n'a
delit en *D;* m.beaux oiseles *A2, A4, C1 ;* a grant plenté *omis
dans A4* – 58 soiez certain que *omis dans A2, A3, A4, C* – 59
faire *omis dans A1, A2, A4, B3, B4* – 60 dedens *omis dans B3,
B4* – 61 o. batue *B5,* batu *omis dans A3, A4* – 62 *de* .XII. *à* lui
omis dans C – 64 *à* 78 *fin du paragraphe : de* Et aucune *à* faire
le *omis dans B5* – 64 c. et quant grues passent il fait maintenant
descouvrir s. ch. *(l. 68) C, D,* c. et aultres qui font guet s'il ver-
ront aucunes grues et si tost qu'ilz en voient aucune ilz le dient
et lors le Grant Cam f. d. (l. 68) *A3* – 66 q. lui vont aussi (a.
entour *A1)* m. p. *A1, A2, A4, B3, B4* – 67 q. lui diront *A1, A2, B3,
B4* – 69 que il veult et *omis dans A1, A3, A4, B3, B4, C* – 70 li
pl. et lesse aller a pl. *A, C, D;* l. prent pl. f. (pr. la grue *C)* et abat
A4, C, D, d. l. sans sortir hors de sa chambre ou assez sur s. l. et
pareillement tous les b. qui sont entour lui qui lui est un m. G.
soulas et deduit *A3 (fin du paragraphe)* – 72 *de* et toutes fois *à*
entour aussi (74) *omis dans C* – 73 s. l. et croy que oncques ne
fu qui si grant solas p. a. *D* – 75 n. s. jamais *(répété) A4* – 80
Caccia Modun *A4,* Cartitar Modum *C1, C2,* Caziar Modon *D,*
Cacciar Modun *F,* Taratar Modum *C3,* Tarcar Mondun *TA,*

Cacia Mordoi *VA* – 82 s. amys e. *B4, B5;* a. et de leurs femmes
A3, et des leurs *omis dans C1* – 85 s. c. il y peut bien largement
mille personnes *A3;* y demuere d. *C* – 86 largement *omis dans
B3, B4, B5* – 89 q. est (se tient *A4*) avuec en ceste dem. l. s. *C,
A4;* v. (par *A1*) aucun s. *A1, D,* v. par les aucuns (*sic*) *A4* – 90 m.
querre l. *A1, B3, B4,* l'envoia querir l. *A2,* l'envoie querre *A3,
A4, D;* pour venir *omis dans C* – 91 G. chambre a une grant salle
et une ch. *A3;* o. on d. *D,* o. demeure l. s. *A2, A4* – 93 q. elles t.
A4, m. elles ne sont mie avec l. g. *C, D,* m. ne se tient pas cun le
grant tende *F*; G. Kaan *B5,* la G. *A, C* – 94-102 *de* faites *à*
dedens sont *omis dans C* (*saut de* sont *à* sont) – 94 *de* et la *à*
salles *omis dans B5* (*saut de* salles *à* salles*);* o. on d. *D* – 95 .IIII.
c. *TA* – 96 c. et pieces de f. m. *D;* b. garnies d. *B3,* b. ouvrees et
couvertes de beau c. *A3* – 97 d. v. et par dessus bien vernies si
que pl. *A3* – 98 p. nuire *A, B5;* n. ne gaster *A3* – 98-102 *de*
Encore *à* jours, *phrase omise par B5* – 99 les trois s. *A3;* .II.
grans s. *A1, A2, A4, B2, B3, B4, B5, C;* o. on d. *D* – 100 dehors
omis dans A4; couv. et vernissees et par dedens f. d'e. (*l.102*) *A3*
– 101 d. a tous temps *A, B3, B4,* par tout temps *D*; f. d'ermeline
A; e. et de soubelines *A3,* de sebelynes qui moult sont beles et
riches et qui moult valent *C, qui saute la suite et reprend à* Et
toutes (*l. 111*) – 103 s. au deux (en d. *A4*) l. p. *A2, A4;* du monde
omis dans A, B3, B4, B5, p. les meilleures q. s. *B5* – 105 c. une
penne de s. *A1, A3, A4;* v. b. la forreure d'une robe (en v. b. *A3*)
.II. *A1, A3,* pour une grant robbe *D,* a un sercot *omis dans B5*; v.
b. mille l. e. *B5* – 107 les roys d. p. *A1, A2, D,* la royne *A3,* les
roines *A4,* le royaume *B5* – 108 j. v. a. nommees en s. f. ces deux
salles dessus dictes *A3* – 109 u. deité a v. *A, D;* v. et la cambre la
ou le sire dort que se tient con les deus sales est ainsi dehors de
cuir de lyons et de deus de pelles giebeline et armine et est mout
noblemant faite et ordené *F* – 111 q. les tiennent *A1, A2, A4, D,*
q. tiennent les tentes *A3,* q. y servent *B5*; le *second* sont *omis
dans B1 et B2;* s. et sont ces deux salles si riches et si nobles q.
u. (*114*) *B5;* c. t. des .II. salles *A4* – 114 .I. (petit *C*) roy ne les
pourroit p. *A, C,* un roy chrestien aroit assez affaire a les p.
D – 115 p. et les tentes des amies dou seigneur sont moult belles
aussi e. enc. (*l. 118*) *C1* – 116 b. m. et belles *A;* r. et q. *B2* – 117
s. les parens et amys du s. *B5,* les armes du s. *A1, A2* – 122 b. c.
et grosse a ces qui y menent (*sic*) et y a m. *C1* – 123 q. y arrivent
ch. *A3* – 124 m. f. astrologiens *C3;* t. a. maistres desoignaubles

C1, de soignables *C2*, necessaires *C3*, t. mestiers qui ont leur mesgnye *A3* – 125 *de* a si *à* usage *(l. 127) omis dans D; de* que *à* merveille *omis dans A, B3, B4, B5, C;* G. g. et sy a chescuns toute sa mesnie c. *C1* – 127 a. sa mesnie c. *A1, A2, A4, B3, B4, B5;* car ainsi est leur usage *omis dans A3* – 128-139 *de* Et demeure *à* croire *omis dans C1* – 129 j. austrime voile qe est en celui leu entor la Pasque nostre desuresion *(sic) F;* a la pr. *A, D;* pr. vole *A3,* voile *A4,* voille *D* – 130 p. chans p. l. *D,* e. p. estangs et r. *A3;* r. et prenoient grues et cesnes e. *F* – 131 m. et de belles contrees *A, B3, B4, B5;* b. pour bien oiseler *D (D omet la phrase suivante);* c. l'en y a G. *B3, B4, B5,* c. ou il a G. et sesnes e. t. *A* – 134 ch. et d'oiser *A4* – 135 v. et d'oisiaus *AD; D termine ainsi le paragraphe:* v. et d'o: de pluiseurs m. dont le seigneur a grant largeité et ne poroit nuls croire le deduit s'il ne l'avoit veu *D* – 136 m. si grant quantité que c'est (c'est *omis dans A2)* sans nombre s. q. *A2, A4;* t. et a si grant plenté *A1,* t. et a (a *omis dans A4)* si grant planté et en ont si G. (si G. *répété dans A2)* soulas et d. *A2, A4;* G. pl. car es dictes contrees y en y a plantuseuse-ment *(sic)* dont ilz ont passe temps et plaisir si grant que nul ne le p. cr. s'il ne l'avoit veu *(fin du paragraphe) A3* – 140 une autre chose *omis dans A2, A4;* que nulle personne *omis dans C2, C3* – 141 s. n'oseroit t. *A4;* t. n. personne p. *C* – 142 d'oise-ler *omis dans C2, C3;* pour chacier *omis dans C;* .XXX. j. *TA* – 144 v. excepté .IIII. manieres de bestes c'e. ass. *C3,* v. mais nus n'i ose pr. tant soit ces .IIII. m. *C1, C2,* enc. quant t. *A1,* enc. n'oseroit nul t. s. h. *A3* – 147 b. s'il ne le commande c'e. *B5;* b. que je vous diré *A4;* qui ci dessous sont nommees *omis dans A1, D* – 149 l. b. par tot le tens des diz .III. (quatre *C2)* mois, car li Granz Sires l'a deffendu et q. *C* – 150 q. ce f. *A, D,* q. c. ce fait feroit il s. *B3, B4,* q. feroit contraire il seroit griefvement pugny, mais ilz n'ont garde de ceste pugnicion car pour mourir ilz ne trespasseroient les com. du s. *B5;* f. seroit pugny *A3, C3* – 151 g. si obeissans a. s. *A, C* – 152 s. que s'il les tr. d. *C,* s. que alant par voie l'en les tr. *A, B3, B4,* qu'en allant ils l. t. *D,* s. car ils treuvent lesdites bestes es chemins mais ils ne leur touchent, et mult. *B5* – 153 du monde *est omis dans A4, D* – 154 q. tout e. e. *D;* e. e. toute couverte *C,* couverte et pl. *A3* – 155 M. passent c. *A1* – 156 de mars a oct. *omis dans A3,* m. jusques a o. *A1, A2,* jusques a septembre *C1;* ch. prendre (a sa v. *A) DA* – 158 Or demore le Grant Sire en cestui leu jusque en tor la Pasche de

resuresion e. q. *F* – 159 lieu *omis dans C1, C2,* dem. la *C3*; *de* et
a *à* deduit *omis dans A1, B3, B4, B5, D* – 161 *de* et s'en *à* vint
omis dans C; p. l. voie de la o. *A* – 162 m. c. et quant il chevauche t. j. *C1, C3*, m. c. et comme vous avez ouy de Cambalut
qui du Catay (*sic*). Et quant il chante tousjours va chantant et
oysellant *C2* – 163 *D achève le chapitre avec* cité; autre fois
omis dans A; o. par desus *C1*; o. conter e. *B3* – 164 t. foiz en
vient chantant et o. *A1* – 165 a grant delit *omis dans C*.

93   *Rub.*: Ci dit … chapitre *omis dans A, B3, B4, B5, C*; Ci di l. *B1,
B2*; e. commen i. f. *B1, B2*; d'o. et fait (moult *A2*) grant feste
(merveilleusement *A3*) *A*; quant il est retournez d'oiseler et
comment il fait grant feste *omis dans C*, q. i. revient d'o. *D*;
quant il est retournez d'oiseler *omis dans F* – 1 Quant l. G. C. …
entrez *omis dans A, B3, B4, B5, C, D*, Et quant il (li Granz Kaans
C) est venus e. s. m. c. *A, B3, B4, B5, C, D* – 3 j. e. riens pl. *A1,
A2*, j. e. non pl. *A3, B3, B4, B5, C, D*, j. sans plus *A4* – 6 e. p. se
palaiz de *C*. (*saut du même au même*: *le copiste a lu les deux
premières lettres de* palaiz *au lieu du début du mot* part) *B3*, se
depart *omis dans B4 devant* de ce palaiz, se depart de son palais
de Cambaluc et *omis dans B5* – 7 q. i. f. f. si comme je vous ay
conté (dit *A2, A3*) *A1, A2, A3, C1, C2, D*, que il fist faire que je
vous ay dit ça en arrieres laquelle a non *omis dans B5* – 8 C. en
laquelle a si (sa *C1, C2, D*) grant pr. *A, C, D*; pr. et la est son
palais de canes ou il se tient et ses gerfaux qui sont la e. m. *A3* –
11 m. froiz s. q. *A1, A2, A4*, m. atemprez s. q. *C*, l'e. pour le lieu
qui est molt atrempé et frez si que il s'i tient depuis l. pr. j. *A3*;
lieu *omis entre* cellui *et* est *par B3 et B4* – 12 a. .XXVIII. j. *A,
B3, B4, B5, C1, C2, D*, a. .XXVII.ᵉ j. *C3*, a. .XXIIII.ᵉ j. *B1, B2* –
14 j. blanches *omis dans C*; s. comme je vous ay dit c. *A1, A2,
A4*, s. comme je vous ay cy devant compté *A3*, j. (bl. *D*) comme
aultreffois je vous ay compté *C1, C2, D*, j. ainsi comme nous
avons devant dit *C3* – a. conté et (vai *C1*) por faire la feste de sa
nativité et la Feste Blanche *C1, C2 (C1, C2 résument les l. 16-
23); C3 omet les l. 16 à 34 depuis* et s'en revient *jusqu'à*
demeure – 16 e. s'en vient a. *A1, A3*, et se met (arriere *A2*) e. s.
m. *A2, A4*, et retourne e. s. m. *D* – l. 15-17: *saut du même au
même depuis* d. e. ca arrieres (*l. 15*) *jusqu'à* et s'en revient
arrieres e. s. m. c. (*l. 17*) *dans B3, B4*; ça arrieres et s'en revient
arrieres *omis dans B5* – 17 mois de *omis dans A, B1, B2, D* – 18
la feste de *omis dans B1, B2* – 19 n. e. decembre *A1, A2, A4, C,*

D, delier *omis dans A3 ;* e. p. novembre et octembre et d. *B* – 20
ouquel mois de fevrier *omis dans B3 (saut du même au même)* –
22 si comme je vous ay compté … par ordre *omis dans B5, D* –
23 par ordre *omis dans A2, A4* – 25 m. O. chantant e. o. *A1, B3,
B4, B5 ;* si comme je vous ay conpté *omis dans A3, D* – 26 du
premier jour de mars … .III. jors il *omis dans D*; j. d. mrs *A4*, j.
a demy (la my *A3*) may *A, B3, B4* – 29 a. s. f. mainne grant joye
et soulaz en tenant grant court si que c'est la plus merveilleuse
et nouvelle chose du monde a veoir *B5*; et grant soulas car … a
veoir *omis dans D (l. 29-31)* – 30 pour certain *omis dans A, B3,
B4* – 31 m. ch. a oir et a v. *A2* – 31-32 de la grant sollempnité que
le Seigneur fait en ces .III. jours *omis dans B5*; et fait grant
solempnité ces .III. jours *D* – 34 t. l'a. ensi partir *A1, A2, A4*, t.
l'a. ainsi sans partir *A3*; p. .VI. jours e. s. m. *A1, A3 ;* Et ensi
demuere .VI. mois en l'an en sa maistre citey de Cambaluc,
c'est s. *C1, C2*, e. sa dicte cité c'est a. s. *C3* – 34-36 tout l'an . .
. palais *omis dans D* – 36 delier *manque dans A1*, n. decembre j.
A2, A3, D – 37 p. a. e. la grant chace sus la mer *A, D*, p. a. e. ch.
vers la mer Occeane (vers la mer d'Octainne en chase *C2*) ou il
demuere le tens que je vous ai conté par devant (q. nous avons
dit devant *C3*) c'est asavoir joing, joignet, aoust e. p. s'e. r. *C* –
38 aucune fois tout *omis dans A, C, D* – 39 e. p. (se *A4*) tourne
A, arriere *omis après* tourne *par A3* – 41 que il fist faire *omis
dans A3* – 42 *les mss. C. résument le texte en reprenant certains
éléments des l. 27 à 30 :* Et puis s'en retourne en sa maistre cité
de Cambaluc. Et toutes les foiz (tant *C3*) au pesser et au (comme
a *C3*) repesser demuere .III. jours et tient sa court auuec ses
femmes (a grant deduit et *C1, C2*) a grant feste et a grant esbatement *C1, C2* (a. s. f. a moult grant feste et esbatement *C3*) *C* –
44 en sa cité *omis dans A4*; Et ensi fait et demuere t. l'a. *C1, C2*
– 47 m. G. deduit *B4, C1, C2 ;* G. d. saus les aultres lieux ou il
va ca et la *A3*, en autre part *omis dans A4, D* – 48 soy en son païs
omis devant a son plesir *par A1, A2, A4, D*, soulagant soy en son
païs *omis dans A3*, soy en *omis dans B3, B4* – l. 47-48 : sauve
aucune … plaisir *omises dans C1, C2 (C3 omet les l. 44-48).*

Rub.: li .IIII.^{XX} et .XIIII. chapitre *omis dans A, B3, B4, B5 ;* Ci
(nous *B3, B4, B5*) dit (ci devise *A2*) de la cité de Cambaluc comment elle est de grant afaire (et pleinne de gens *omis dans A4*)
A, B3, B4, B5; et moult peuplee *omis dans B3*; e. e. grant et pl.
A3; Des richaces de la (grant *C1, C2*) cité de Cambaluc *C*; Chi

parle de la cité de Cambalu comment elle est de grant affaire et plaine de gens *D* – 1 en *omis devant* la cité de C. *A1, A3, B3, B4* – 2 et si pueplee *B1, B2* (*omis dans A, B3, B4, B5, D*), p. de gens *B1, B2*, s. G. m. de genz et de maisons q. *C1*; la ville *omis dans A3 ;* et dedens la ville et dehors *omis dans C1* – 3 a croire *omis dans A1, A2*, ch. i. a nombrer *A3*, a cr. qui ne l'auroit veu et y en a autant dehors la ville que dedens par ce que i. y a *B5*; q. c. samble (estre *A1, A3*) i. ch. *A*, q. c. sans nombre *D* – 4 a. de faulxbourgs c. *A3, B4, B5*; Car y a autant de bours comme il y a de portes dont *omis dans C1* – 5 dont il y a .XII. portes *omis dans A4*, p. ce sont .XII. qui sont moult G. *A1, A2, A3, B3, B4*, dont il en y a .VII. q. s. *D* – 6 e. forsbours *A1, A2, A4, D;* esquelles i. a. pl. de gens qu'il n'ait (n'y a *B4*) dedens la cité *B3, B4*; toute *omis dans A et D devant* la cité ; *C réécrit les l. 5-6:* Et dehors chascune porte moult granz faurbours (esquex forbours *C1, C2*) a bien autant de gent come dedenz la cité – 7-9 et y a moult plantey de habergeries et de moult bones por habergier les marcheanz et les genz des estrangez et lointains païs qui aportent les presenz et les tribus au (grant *C1, C2*) seignour *C;* e. c. faulxbours d. *A3* – 8 l. forains ch. *A3, D* – 9 p. ch. a. S. (present *A1*) et p. v. a l. c. *A, D*, p. p. a. S. (a *B3, B4*) present pour vendre (rendre *B1, B2*) a l. c. *B1, B2, B3, B4* – 11 a atant c. d. *B2;* a autant de (bonnes *A1, A2*) m. *A1, A2, A4*; que c'est une grant merveille du raconter et il y en a bien autant *omis dans A, B3, B4, B5, D* – *l. 8 à 11 omises par B5 depuis* dont il y a *jusqu'à* belles maisons ; *C réécrit les l. 11-15 :* G. s. si qu'il y a bien autant de beles maisons con il a dedenz l'enceinte (l'enclos *C2, C3*) des murs de la cité sauve (reservé *C2*, excepté *C3*) celes du grant seignour et des barons don il y a moult grant cantité *C* – 14 e. aus barons *A* – 17 mors *omis dans C1*; s. i. e. idolatre *A2*, se il est idles *omis dans A3*, y. on les brule h. l. v. *B5*, Et quant les ydrent (ydres *C3*) muerent on les porte ardoir tout dehors bien loing de la vile et les sarrazins et les crestiens enfoir en certains lieus qui a ce faire sont estaubli si que la cité en est plus sainne (*l. 17-24 réécrites dans C*), l. a c. ordonné pour enfouir *D (D omet les l. 19-23* Et se il est d'autre loy . . . .v. mieulx) – 18 l. v. et les forsbours *A1, A2* – 20 l. qu'i se (on le *A2, A3*) cueuvre souz terre s. c. *A*, i. l. c. enterre *B1, B2*, i. l. c. soubz terrer *B3, B4* – 22 l. forsbours *A3* – 23 si que la terre … sainne *omis dans B5* – 25 y a telle loy que n. f. p. *B5*; fame *omis dans A1 ;* n. femme

pecheresse d. *A2, A3, A4* – 26 c. ne demeure *A* – 27 d. hors les
faulxbourgs *A3*; et si vous di … merveilles *omis dans B5*; a tant
pour les genz forains qui y sont (a grant plenté *omis dans A3*) q.
A – 28 c. e. grant merveille *A4* – 29 d. p. certain q. *A* – 30 de lor
corps *omis dans A3*; q. rechoivent hommes p. m. *D*; trestoutes
omis dans A3; q. tr. si bien a gaignier que merveilles pour la
grant habondance de gens forains *A3* – 31 p. b. v. parce que i. y
a *B1, B2*; p. b. congnoistre qu'i. *B5* – 32 G. habondance de g.
A1, A2, C1, C2, G. multitude *C3*, d. genz et grant habondance
A4, G. quantité de gens *B3*, qu'il y a beaucoup de gens *B5* – 33
d. vraiement q. *A4*; cité *omis dans C1*, e. c. ville *C2*; c. c. habon-
dent plus de marchandises de plus chieres e. d. G. valleur *B5* –
34 d. G. valleur *A3, C*; de plus *omis devant* estranges *A1*, et de
plus estranges qui soient *omis dans A3* – 35 e. que en (ceste *A1*)
cité qui soit ou monde *A* – 36 de toutes choses *omis dans C1,
C3*; y a. de toutes pars *A2, A4, C*, d. t. p. de tant de divers pais
C1, de tant et de diverses contrees *C2*, d. t. p. et de toutes
contrees *C3* – 37 le grant S. *C1, C2*; sa grant c. *C*; b. et chevaliers (*A, B3, B4, C1, C3*) dont il y a (grant nombre *A3*) tant q. p.
A – 39 l. os du seigneur que pour la court que pour la cité qui
demourent (demourerent *A4*) la entour *A*, d. s. qui assez pres
demeure *C* – 41 v. tant que sans nombre d. t. ch. *A2, A4, B3*; et
y a ung nombre infini de gens qui y arrive sans fin *A3*, il y vienent (vient *C2*) de tant de choses et tele (si grant *C2*) planté que
c'est senz nombre *C1, C2* – *B5 réécrit les l. 35 à 42 :* … de plus
estranges qu'en lieu du monde car de toutes parties, provinces
prochaines et estranges, on y en porte et maine a l'intention de
la grant court, chevallerie et seigneurie qui y est que pour les
aultres gens de celle cité si que cest chose est merveilleuse – 42
a (n'est *D*) jour en l'an q. *A, D*, a journee du m. *B4* – 43 n'y e.
.M. ch en ceste cité *A*; de quoy (dont *A3, A4*) mains draps d' (a
A4) or et de soie *A, C*; .C. ᴹ ch. de quemainz de draps d'or *B1,
B2*; .C.ᴹch. et que mainz draz a or *B3* (de draps d'or *B4*); i. n'e.
en ceste chité de soye seulement bien mille charee dont maint
draps se labuerent tant a or come aultrement *D* – 44 d. soie (ce
B1, B2) se labeurent et pluseurs autres choses *A, C*, sont fait *C;*
m. qu'il n'entroit (qui n'entre *C2*) bien en ceste cité de pure soie
mil ch. *C1, C2*, le nombre de mille charrettes chargiees de fine
soie *C3*; d. s. y sont pareillement portez et ce n'est point sans
cause *A3* (et de ce se labeurent et de maintes autres choses *omis*

dans *A3*) – B5 *réécrit les l. 42 à 51 :* On y maine plus de soye et draps d'or que d'autre chose dont je ne m'esbahys mye car en toutes les provinces et contrees d'environ n'a point de lin si qu'il couvient fere toutes les choses de soye. Bien est vray que en aucun lieu ilz ont coton et chanvre mais non pas tant que leur en fault. – 46 les provinces *omis dans A*, et les cités et villes *A3, D*, e. t. les contrees *A2, A4*, e. t. cele contree *C1, C3*, e. t. cele court *C2* – 49 n'a ne lin ne chanvre si qu'il covient faire tout de soie *C*; c. n'y croist ne lin ne chanvre *C3*; m. n. pas tant q. *A, B4, C1, C2*; n'en font fors ce p. *A2* – 50 et pour ce qu'ilz ont bon marchié de soye n'en font gueres laquelle soye vault m. *A3*, a (si *C3*) bon marchié *A1, A2, A4, C2, C3*, m. que lin ne coton *A, C1, C2, D*, qui vault mieuz que coton *omis dans C3* – 52 encore ai bien entour c. c. C, ceste grant cité d. C. *A1, A3, A4* – 53 que les autres *omis dans C2* – 54 vient (viennent *A3*) marchans *A*, v., marcheandise *B1, B2, B3, B4*; p. v. et debiter leurs marchandises et pour en a. d'a. *A3*; l. a. dont les marchans portent leurs denrees vendre en la dite cité de Cambaluc et aussi y achetent ce que bon leur semble car on y trouve de toutes choses qui toutes se vienent delivrer en ceste dite cité de toutes marchandises et prennent autres *C1, C2* (prendre d'a. *C3*) – 55 qui besoing leur est et tout y treuvent a vendre et a acheter *omis dans A3, C2, C3*; *A2 omet depuis* qui besoing est … acheter *(l. 55-56)* – 56 v. (toutes *A4*) leur marchandises *A1, A2, A4*; si que en ceste cité se fait moult grant fait de marchandise *A3* – 57 c. d. moult G. valleur *A4*; si que elle est cité de moult grant marcheandise *omis dans C3* – 58 Or vos conterai (dirons *C3*) de la force que li Sires ai en ceste dite (ville et *C2*) cité en l. *C*; a. m. tout appertement l. n. *A;* l. cité du s. *A1, A2, A4*; et du seigneur *omis dans A3*; s. v. d. e. la seque q. *A1, A2, D*, s. v. d. e. de ce que l. s. *A3*, s. v. d. ce que le seingneur a e. *A4* – 60 v. d. e. la seignourie q. *B*, la seque q. *A2*, la seignourie *omis dans A3* – 61 i. fait forgier s. m. *A3*, f. fere sa monnoie si comme je vous moustreray et deviseray clerement *B5*, f. batre et frapper s. m. *C3*, f. frapper en coing s. m. qui est d'escorche d'arbre *D*; monoie tele et en le meniere que je vos dirai (et *C3*) don il ai si grant gaaing que nuls ne si puet aparoir si com vos orrez conter (q. nuls ne se pourroit a peine nommer ainsi comme vous orrez ci apres *C3*) *C* – 62 et mousterai *omis dans A3*; clerement *omis dans A4* – 64 ne ne diray *A1*; car

il ne se pourroit dire si que vous en serez content que je di v. *A;*
s. q. vous en serez content que je dy voir et raison *B3, B4.*

95   *Rub.:* Ci dit … chapitre *omis dans A, B3, B5, D*; Comment le
Grant Kaan fait prendre pour faire monnoie escorces d'arbres
(f. despendre pour monnoie e. d'a. *A1, A2, A4,* f. faire monnoie
d'a. *A3*) qui semblent chartres (chartretes *A*) (pr. escorces
d'arbres pour f. m. et sembler ch. *B5*) *A, B3, B4, B5;* C. l. G. K.
fait faire et alouer monnoye d'escorche d'arbres *D;* par tout son
palais *A1,* qui sont … païs *omis dans D*; De la monoie de Cambaluc *C1, C2* – 2 la seque du *omis dans A3;* G. C. lequel a establi en ce lieu faire une telle monnoye que je vous diray *A3;* en
telle maniere … il fait *omis dans A3,* est establie en telle
maniere … parfaitement *omis dans D* – 4 a la quellune *A1, A4,*
a l'aquest *A2,* l. G. S. a l'aquenne p. *B1, B2, F,* a l'arquenne *B3,
B4, B5;* a l'a. et qu'il a bonne raison de f. f. *B5;* p. raison c. *A1,
A3,* p. et selonc raison car i. *A2;* e. est par bonne raison qu'il f.
faire t. m. *D* – 5 comme je vous diray *omis dans D* – 7 d'arbres
c'est assavoir de *omis dans B5* – 9 les fueilles *omis dans B5;*
toutes l. c. *B3, B4* – 10 t. l. c. en sont plainnes *A3,* e. s. couvertes
i. pr. *D,* en sont t. ch … dis *omis dans B5* – 12 e. l. bois d. l'a. *A3,
B5;* e. tayel et l'escorche grosse de d. *D* – 13 c. e. s. ainsi enle-
vee est blanche *B5* – 14 soutilz *omis dans D;* comme paupier
omis dans B5; noires s. qu'elle semble chartres *B5* – 15 q. c.
chartretes *A, D* – 17 e. l'autre … tonesel *omis dans A3* – 18 d. G.
venisien *B3, B4*; d'argent *omis dans D* – 19 l'a. u. venisien G.
d'a. *B3, B4 (omis dans B5);* l'autre vault .II. gros *omis dans A3,
D* – 20 l'autre .VI. gros, l'autre .X. gros *D* – 21 deux besans d'or
et les aultres enssus jusques a .X. besans d'or *D (D omet l. 22-
23)* – 24 t. c. chartretes *A1, A2, A4, D* – 26 n. l. couste *B3, B4* –
28 c. chartretes *A1, A2, A4* – 29 e. f. despendre a chascun p. t. s.
pr. *A1, A2, A3, D* – 30 pr. et par touz ces regnes et par toutes ces
terres et partout ou il a povoir ne s. *A1, A2, A4;* t. l. p. de toutes
ses pr. et est mise et allouee en tous ses royaulmes, terres et seignouries *A3,* par tous ses regions e. s. pr. e. partout ou il a povoir
D – 32 c. il a sa vie (s'aime *A1*) ne les ose refuser *A1, A2, A4*; e.
n'est nul si hardy d. l. refuser *A3;* q. n. tant soit grant ni soit si
osee ne si hardy de reffuser la dicte monnoie sur paine d'estre
incontinent m. a m. *B5;* et ne l'ose refuser sur painne d'estre mis
a la mort *D* – 34 por ce que … G. C. *omis dans B5* – 35 p. c. q.
la monnoie est deffendue es terres qui sont desoubz l. S. *D;* i. v.

souz la seignourie du G. K. les despendent et f. l. p. *A* – 36 e. se
alloue en paiement de marchandises soit en vendant soit en
achetant *A2* – 38 f. or. que est merveilleuse chose *B5*; Et encores
… poise pas un *omis dans D (l. 38-40)* – 39 b. d'o. ne poise p. u.
A1, A2, A3, B3, B4, B5, C, F, n. vault p. u. *B1, B2* – 43 ne les
osent vendre ainsi a nul autre en ceste cité q. a. s. *A1, A2, A4*; p.
precieuses *B3, B4, B5, D*, p. ou p. pr. n'oseroient riens vendre en
ceste chose fors a ceste monnoie et au Seigneur *D* – 44 a .XII.
barons esleus seur ce s. h. *A* – 45 c. en cest affaire *A3* – 46 bien
et largement *omis dans A3 ;* b. e. l. de la monnoie dessus dicte *D*
– 47 d. c. chartretes *A1, A2, A4*; m. v. car il ne trouveroient d. *A*;
m. v. pour ce qu'ilz puent avoir de ceste monnoie touttes denrees qu'il voient partout *D (D résume les l. 47 à 51)* – 49 s. p.
promptement *A3* – 49 et en achatent d'autres denrees ou ilz gaignent plus de la moictié *B5* – 50 m. et encore que il pueent avoir
pour celle monnoie tout ce que il veulent par tout *A1, A2, A4* –
52 que nul autre *omis dans A, D*; par chemin *omis dans A2, A4,
D* – 54 s. f. son tresor *A1*, s. f. du grant tresor *A2, A4*; et ainssi
amasse le Grant Kan un grant tresor de marchans forains qui
riens n. l. c. chascun an *D* – 57 n'a tr. pas (personne *D*) qui tant
leur en donnast *A*; p. n. pierres precieuses *B3, B4, B5* – 61 m.
neanmoins que on ne les contraigne pas *B5*; Et en porte … si
que *omis dans D (l. 61-62)* – 62 p. s. le laisse *A3* – 64 s. chartretes *A, D* – 65 p. a l'evesque *A1, A4*; a l. s. et en lessent .III. du
.C. de (pour le *D*) change *A, D* – 68 p. precieuses n. *B3, B4, B5*
– 69 a l'evesque *A1, A4*, v. s. autres riches ch. *A2 ;* v. ou quelque
aultre (aucune *D*) joyel *B5, D* – 70 p. d. c. chartretes *A1, A2, A3*;
paie moult bien *A4* – 75 l. G. seigneuries qui de ceste (cité *A, D*)
issent pour le Grant Sire *A, B3, B4, B5, D (la fin du passage (l.
76-80) est omise par A, B3, B4, B5 et D depuis* qui de toutes les
choses *jusqu'à* ça avant.

96   *Rub.*: Ci (vous *B4*) devise des .XII. barons qui sont souz toutes
les choses du Grant Kaan (Seigneur *C1, C2*) *A1, A2, A4, B3, B4,
B5, C* (b. qui sont esleuz pour avoir regard aux choses du Grant
Kaan en tout et sus tout *A3*; Chi parle des .XII. barons qui sont
sur touttes les choses du Grant Kaan *D, F* – 2 .XII. grans (grandismes C1, F) barons *A1, A2, A3, B3, B4, C, F*; i. a commis q.
A1, A2, A3, C1, C2, D, F, i. a baillé commission q. *C3* – 3 qu'il
convient (et besoigne *A1, A2, A4*) a .XXXIIII. g. pr. *A1, A2, A4,
B3, B4*, qu'il convient faire a t. q. *A3*; s. toutes les besoignes de

.XXXIII. contrees *C*; a .XXIIII. G. pr. *D* – 5 selon leurs
manieres et l. e. *C3* – 7 tous ensemble *omis dans C, F*; m. biau
palais et riche *A, D* – 8 et y a plusieurs salles *omis dans A, C1,
C2, D*, ch. et plusieurs palais *A1, A2* – 10-15 e. por chescune de
ces contrees ai .I. juge demorant en ce palais et plusours notaires
qui font ce qui besoigne (qui besoing est *C2, C3*) por la contree
a quoi il est deputez *C* – 12 e. s. e. mettent par escript toutes les
besoignes (de la province *A3*) *A1* – 14 s. ordonné *D*, Et tout ce
que il font est du commandement d. *C* – 15 q. il fait grief *B4*; et
quant aucuns faiz eschiet qui soit granz si le font savoir cil .XII.
barons au grant Seigneur (Kaan *C3*) por ce qu'il en face ce que
bon li samblera *C*; s. l. doivent faire (a *B4*) savoir *B3, B4* – 16 et
dire *omis dans A* – 18-21 s. q. il matent tel governour *C1*, que tel
gouverneur est *C2* – 20 come il lour plaist es .XXXIII. contrees
devant dites a tel tens come il lour plaist et ces qu'il ont esleu a
ce il les envoient au Grant Seignour (Kaan *C3*) (*C3 omet depuis*
es .XXXIII. contrees *jusqu'à* plaist) *C*; .XXXIIII. grans pr. *A1,
A2*, .XXIIII. G. pr. *D* – 20 q. i. sont esleu *A2, A3*, q. l'ont esleu
A4, e. q. i. sont comme il leur samble bon *B3* (esleus *omis dans
B3, B4*) – 21 s. q. bon soit et souffisant *A* – 22 d'or *omis dans C*;
c. a l. seignorie de chascune contree appartient *C* – 25 p. ou il
convient (est bon *A2, A4*) que les olz voisent *A*; o. cil .XII.
barons tele seignorie qu'il envoient les os du seignour partout
ou il lour plaist et que bon lour samble et tele quantitey qu'il
voient que mestiers est *C* – 28 mais toutes voies en parolent il au
seignour non mie por ce qu'il amande riens sus ce qu'il aront
porvehu mais por ce qu'il le sache (*C1, C2*) (mais qu'il en ait la
congnoissance seullement *C3*) *C* – 29 et sont apeley cil .XII.
barons *C*; scieng *A1, A2, A4*, C, F, sciens *A3*, straimz *B4*, streig,
D – 30 en leur langue *omis dans A, C, D* – 33 du Grant Sire *A1,
A3* (Seigneur *C*); f. du bien a q. *A2, A4*, p. de bien faire a c. *C1,
C2* – 34 les .XXIIII. contrees *C* – 35 ne vous conteray je m. *A1,
A2, A4, C*, n. v. diray p. *C3*; par non *omis dans C1, C2* – 36 p. c.
q. nous en parlerons cy apres *C3* – 38 v. conteray *A1, A2, A4*, v.
declaireray *A3*, v. deviserai (plainnemant *omis dans C2*) ci apres
et les condicions et les choses estranges qui y sont si vos dirai
comant li sires ordene a faire ses messaigeries *C1, C2*, si vous
dirons des messagiers du Grant Kaan *C3*; l. a conter de ce *A1,
A2, B3*, l. a parler *B4*; m. et ses courssiers *(omis dans A4) A*, m.

et ses courriers *B3* – 39 e. c. ilz ont leurs chevaux aroustez pour mieulx aller *A3*; p. t. a. en messages *B4*.

97   *Rub. :* Ci dit li … chapitre *omis dans A, B3, B4, B5, C, D, F;* C. de Cambaluc s. p. ses (les *D*) messages (du Grant Kan *D*) (et ses courssiers *A1, A2, A3, B3*) et v. *A, B3, B4, B5, D*; v. par m. terres et pr. *A1, A2, A4*, v. par maintes pr. *A3 ;* si comme vous orrez ci aprez *omis dans A, B3, B4, B5, D;* De l'ordenance du Grant Kaan por ses messageries et pour avoir novelles *C* – 1 Or sachiez vraiement que *omis dans D;* de *omis devant* Cambaluc *par A2* – 2 de voies et *omis dans C*; s. p. ses messages au commandement du seigneur *D* – 3 ch. q. v. en mainte contree *C*; c. a d. q. l'une ch. *B2 ;* l. s'adrecent en m. pr. *B4*; C'est a dire . . . l'autre *omis dans B5, C, D* – 4 q. l'un (tel *A2, A4*) ch. va a tel pr. *A;* et l'autre a tel *A1, A2, A4* – *3-6* Et ai li sires ordeney et estaubli por ses mesaiges et ses corriers qu'il envoie sovant en divers et en estranges païs pour aparoillier (et faire ses besongnes plus facilement *C3*) (ainsi come je vos dirai *C1, C2*) *C* – 5 Et ch. ch. porte l. n. *B5* – 6 o. i. v. mais il est moult selé *A1, A2, B2, B3, B4* (*omis dans A3, B5, D*); et est mout e. q. *A4* – *5-6* Et ainsi a . . . sage *omis dans C* – 7 l. v. que bon leur semble *B5* – *l. 7-14 réécrites dans C :* Saichiez que par tout les chemins qui de ceste citey se partent en quelque païs qu'il adracent li Granz Kaans ai fait faire de .XXV. milles a .XXV. une mout bone maison grant et bien aaisie et garnie de toutes choses et y a beles chambres et biaus palais pour recevoir aaisier et habergier les mesaiges que li Granz Sires envoie par les diverses parties du monde et ne sont les dites maisons por autre chose estaublies (ne faites *C1, C3*) *C* – 10 p. de chevaux et en celle poste *omis dans B2 (saut du même au même);* et nous disons poste de chevaux *omis dans D* – 11 s. a u. biau palais et grant et riche *A;* r. ouquel ilz se logent *A3* – 13 plaines *omis dans B1, B2 ;* ch. plaines de bons et riches litz *A3*, ch. garnies de riches l. *D* – 14 q. l. b. avec riches draps de soie *A;* e. ont tout ce que a message (leur *A3*) affiert (appartient *A4*) *A, D* – 15 riches *omis dans A1, A2, A3*; car ung roy y seroit honnorablement logié *A3*; q. s. nulz r. r. *B3, B4* – 16-18 et si trouvent … l'autre *omis dans B5 ;* Et ai toz jours en chascune de ces maisons .IIII.^C chevaux ou .III.^C selonc ce que li lieux est et que mestier est *C* – 17 ch. par chascune *omis dans A4 ;* y a .II.^C s. c. q. *A, D* – 18 pl. a l'une q. a l. *B3, B4* – 19 l. G. S. a establi qu'il besoigne et que toutes foiz demeurent (et soient *A4*) tout

appareilliez p. s. m. *A1, A2, A4*, a e. q. b. lesquelles postes s'y
treuvent pour les m. *A3*, l. G. S. l'ai ordeney qui continuelment
p. l. m. *C;* l. G. s. a establi lesquelx chevaux sont tous appareilliez p. s. m. *D – 22-27* Et ce ne faut point que en toutes les
voies principaus qui vont (mainent *C3*) par toutes les terres du
Grant Kaan de .XXV. a .XXV. milles les dites maisons ne soient
faites et ordenees en le meniere que je vos ai devisey *C* (*C3
omet de .XXV. à* devisey) – 23 fois *omis après* toutes *par A1 –
24-25* Mais ce est en toutes les plus principaus voies qui vont
aus provinces que je vous ay dit *omis dans A3, A4 (saut du
même au même)* – 27 Et pour ce que auttreffoiz fut ce que en
aucuns chemins desvoyables on ne trouvoit maison ne buiron
B5 – 28 v. p. a. autre lieu d. *A1, A2, A4,* v. p. autres voies que par
les principaus chemins ou il n'ai habitacion de gent *C – l. 29-32*:
li sires ai fait faire maisons aussi mais non pais de si grant apa-
roil come sont les autres qui sont sur les chemins principaus ne
si pres l'une de l'autre *C –* 33 l'une loing … .XLV. milles *omis
dans B (saut du même au même);* de .XXV. a .XXV. milles et
cestes sont de .XLV.^M a. .XLV. m. *C –* 36 l. a. de touttes leurs
nécessités de chevaux e. d. t. a. ch. *D –* 38 q. l. m. du seigneur
qui vont et viennent aient leur fournement (fourniture et *A3*) a
leur plaisir *A,* v. soient furnis *D*; c.q. l. m. qui y passent y aient
leurs repos et plaisirs *B5 –* 40 l. G. h. (et la greigneur grandesse
A1) qui fust onques oïe et veue. Onques nul empereour ne nul
roy ne nul seigneur n'ot tel richesce *A*; l. G. hautesce (et la greigneur grandesce *C1, C2*) que onques eust ne ne feist nuns empa-
reres ne nuns rois *C,* l. G. h. et noblece *D –* 42 pl. de .III. cenz
mille ch. demeurent en ces poestes *A,* pl. de .CC. ch. *B1, B2,* pl.
de .CC. mil ch. *B3, B4, B5, C, D, F –* 43 ch. establis pour servir
ses messaiges que nul temps ou que bien pou ne sont oysifs *B5;*
d. en ces poestes qui ne servent que p. s. m. *D –* 44 pl. de .X.^M
c'est a dire que il y a plus de .X.^M pales q. s. t. f. *B1, B2*; q. s. t.
garniz d. r. h. *B4, B5;* f. et si riche que c'est merveillez *D – l. 41-
45* Car saichiez qu'il y a bien de tex maisons ensi et a ce ordo-
nees que je vos ai dit plus de .X.^M esqueles ai plus de .CC.^M chevaus *C –* 47 s. p. nombrer n. e. *A2, A4, B3, B4, B5 –* 49 vous
omis dans A, B3, B4, C1 devant oublié; a dire et a conter *omis
dans A1, B3, B4,* o. a conter *A4 –* 50 b. f. a reconter *A3, B5,* b. f.
a raconter et r. *B4,* b. f. a compter *C, D;* a r. en ce present livre
A3 – 53 q. c. s. de .III. mille en .III. mille *B5 –* 54 u. p. chastiau

A1, D, u. chastelet *A2*, u. p. lieu o. i. *A3*, u. chastel *A4* – 57 m.
chascun porte une (bonne *A4*) conroie *A2, A4* – 58 t. pl. de sonnettes *A2, A3, A4*, t. pl. de clocquettes *D* – 59 q. i. v. que il soient
bien oys *A* – 60 a l'a. chasteau *A2, A4, D*, a l'aultre lieu distant
de tr. m. *A3 ;* j. a la terce casau o. i. *B1, B2*; ou il a .III. mille *omis
dans A2, A4*; a grant cours *omis dans B5* – 61 Et quant ceulx de
ces trois mille l'oyent ilz en appareillent ung autre ainsi garny d.
c. *B5* – 62 a. f. de sonnettes *A2, A4*, a. f. de clocquettes *D*; a h.
ainsi garny d. c. *B3, B4*; Et avant qu'il soit au lieu si en aura ung
aultre aussi fourni de campanes *A3* – 64 p. c. qu'ilz l'orront ainsi
venir *A3*, q. i. l'auront bien ouy v. *A4*; v. aus campanelles *A1,
B3, B4*, v. aux sonnettes *A4*, v. as clocquettes *D;* par le son des
campeneles *omis dans A2, A3* – 66 u. p. chartrete *A, D* – 67 q. il
b. l'e. *B1, B2* – 68 q. li donne l'escrivain *A, D;* q. e. commis a c.
f. *A3* – 68 courant *omis dans A3, D;* trois *omis devant* milles *par
A2, A3, A4* – 69 l'a. qui li donne l'autre e. s'e. v. *omis dans B3
(saut du même au même)*, l'a. q. l. donne le change *A1, A2, A4*,
et cil ont … va *omis dans A3* – 70 e. s'e. v. courant jusques aux
autres .III. milles *(répétition fautive de la phrase précédente)*
B3 – 71 a l. s. ordonné d. s. h. *B3, B4* – *l. 58 à 73* cellui qui est
encores au chemin de arriver et avant qu'il soit venu cellui du
second trois mille est prest et entend l'autre a venir et quant il
est arrivé il baille a l'autre la chartre et ce qu'il porte et s'en
retourne et l'autre tire et court comme le premier jusques aux
autres .III. mille et ainsi de trois mille en trois mille chascun
homme fait plus de dilligence que chevaulx et en ceste maniere
a le Grant Kaan nouvelles de .X. journees de loing en ung seullement et en une nuit *B5 (B5 réécrit le texte)* – 72 q. l. p. (messaiges et *A2*) nouvelles et a n. *A2, A4* – 74 v. courant *omis dans
A, D* – 75 q. i. est necessité *D* – 76 .X. j. et en dix nuis q. e. *A2,
A4*; qui est un grant fait *omis dans D* – 78 journee en une *A, B4,
B5*, j. en ung *B3* – 79 h. n. tribut *A3* – 81 e. s. chasteaux *A2, A4,
D*, p. c. casaux ou lieux *A3* – 82 pl. de sonnettes *A2, A4*, pl. de
campanes *A3*, pl. de clocquettes *D* – 83 et quant il convient faire
aucune dilligence d. p. *B3* – 84 d'a. pr. en (a *A3*) haste *A*; pr. ou
d'aucun (d'autre *D*) baron q. s. r. *A, D*; p. n. a ung grant s. *B4* –
l. 86-87 i. v. b. le jour (de *A1, A2*) .II.[c] et .L. m. (en .III. cenz *A1,
A2*) et ainsi le nuit e. v. d. *A1, A2, D* – 85 ch. de consequence *A3*,
a. ch. necessaire *B5* – 86 v. b. le (pour *A3*) jour *A3, A4* – 87 .III.[c]
et aussi la nuyt *A3, A4*; une *omis devant* nuit *B2*; en un jour *omis*

dans B3, B4 – 89 fr. et bien c. *A3*; c. e. montent a ch. *A1, D*; v. a
cheval et vont le cours *omis dans B5* – 90 v. a grant c. t. c. *A, D*;
i. p. aler de l'une poste a l'autre *B5* – 91 l'a. p. qui les sentent par
leurs sonnettes (clocquettes *D*) venir leur ont a. ap. *A2, A4, D*; o.
v. par le moyen du son des campanes *A3* – 93 h. adoubés si
comme ceuls qui (de *A4*) maintenant cil joingnent e. pr. *A1, A2,
A4*, h. bien acoustrez *A3*, h. adoubez *omis dans B5*; h. b. a. car
incontinant qu'ilz sont la venuz si baillent aux aultres c. q. o. *A3*
– *94-97* v. et tantost qu'ilz sont venus ceulx ainsi de nouvel
adoubez prennent ce que les aultres portent et sans arrester vont
le cours du cheval jusques a l'autre poste *B5* – 96 p. qui sem-
blablement l. a. apresté h. e. ch. tous frez *A3* – 97 hommes (ainsi
appareillié *D*) et chevaux (pour change *omis dans D*) touz fres
et a. *A1, A2, A4, D*; e. a. v. sans arrest c. *B5* – *98-102* c. et changant … sans durer *omis dans A3, B5* – 100 Et ces hommes sont
moult prisiez *omis dans D* – 101 o. facié l. v. *A1, A2, A4, B4, D*;
et la teste *omis dans A4* – 104 av. par aucune adventure *A3*; ch.
courant *omis dans A3, B5* – 105 l. ch. eust aucun mal ou e. *A3* –
106 tr. o. ch. aucun qui ait cheval il le peut desmonter *A3* – 108
r. mais on ne leur baille nulle fois que b. b. et faites a leur
besoing *D* – 108-109 si que toutes fois … besoingnes *omis dans
B5* – 109 b. b. et fresches a leur besoing *A, B3, B4* – 111 q. s. tant
p. *A, B3, B4, D*; q. s. touz B2 – 111-118 et des chevaux … a la
poste *omis dans B5* – 113 q. e. pres a la poste et a la cite e. f. v.
A1, A2, A4, q. e. apres la premiere poeste de ceste chité *D* – 115
p. t. et combien il en fault a chascune poeste *D* – 116 a e. que les
citez prouchaines y pourvoient et font venir chevaux qui font
donner a la poste et aussi des chasteaulx tellement que des v. ch.
et pr. *A3* – 116-117 p. et puis vient qui est aussi pres a ceste (le
tel chastel et tel *A4*) quans casaus quans chevaux p. d. *A1, A2,
A4* – 116-118 *D omet* Qui est aussi …poeste – 118 s. garnies t.
l. p. *B3, B4* – *l. 118-120* Pour savoir la maniere comment les
chevaulx des postes ne viennent point a la despense du seigneur
il est vray que les villes cités et chasteaulx proches des postes
fournissent chacun en leur egalle portion a la despense des chevaulx s. q. *B5* – 119 l. p. des cités et chastiaus (et villes *omis
dans D*) *A1, A2, A4, D*, les citez, les chastiaux et les villes *B1,
B2, B3* – 122 l. s. fournir de c. *A*, l. s. garnir de *B3, B4*; f. ses chevaux *B2*; l. s. garnir ainsi si mestier est *B5* – 123 l. d. c. chevaux
m. *omis dans A, B4, B5;* v. l. de ces messagiers e. d. *A1, A2, A3,*

v. l. des poestes et des messages *D* – 124 c. p. a parler *B3* – 125
ap. la verité *A2, A4*.

98   *Rub.:* Ci dit le .IIII.ˣˣ et .XVIII. chapitre *omis dans A, B3, B4,
B5*; s. g. q. il est s. *A4*; bl. o. mortalité de leurs bestes *A1, A2, A3,
B3, B4, B5;* Des bontez que li Granz Kaans fait a sa gent *C*; C.
l. G. K. aide ses gens quant il sont en necessité *D* – 1 Et encore
sachiez par verité que *omis dans B5;* par verité *omis dans D* – 3
l. s. a ordonné que partout ses maistresses voies envoye s. m. *C2*
– 3 e. regnes e. *A1, C1, C2, F,* e. regions *C3,* royaumes *omis
dans D;* et prouvinces *omis dans A3, C1, C2*; p. savoir si s. h *A3,
C, F,* p. savoir l'estat d. s. h. *D*; h. et subjectz *A3, B5* – 4 s. ont
point e. d. *A3* – 5 d. t. ou de (par *B3, B4*) tempeste ou d' (par *B3,
B4*) autre p. *A1, A2, A4, B3, B4, C1, C3,* p. la sterilité du temps
ou autrement *A3,* par mal temps *B5,* ou par pestillence *omis
dans B5, D,* p. deffaulte ou tempeste de temps *D,* d. d. t. ou par
grelis *F* – 6 e. d. de leurs blez ne payent n. tr. *A3*; i. les tient
quites de son droit de treuage por toute l'a. *B5,* d. il (leur *C3*)
quite le trevaige de cele annee *C1, C2, D* – 8 aveuques tout ce
omis dans A, C, D; leur fait donner d. s. bl. *A, B3, B4, B5, C, D,
F,* s. bl. ce qu'il lour faut por semer leur terres *C;* G. b. de s. ceste
fait faire l'estee et de yver fait faire tout autretel a cilz des b. *F* –
11 f. a. veoir *A1, A2, A4, C1, C2, D,* f. a. scavoir c. *A3,* f. regar-
der a c. *C3*; certainz *omis dans A, B3, B4, C, D* – 12 d. de leurs
bestes *B3* – 13 o. par aucune p. *A1, A2;* p. m. ou autrement *A3*;
a c. q. auront (ont *A3*) eu d. *A* – 14 si ne paient n. tr. *A3,* si ne leur
fait donner c. a. nul tr. *A1, A2,* se lour fait li sires cele meisme
grace come dessus est dit s. q. *C,* e. d. ilz ne paient rien ceste
annee *D* – 16 e. t. m. les reconforte grandement *B5*; c. v. a.
entendu *A4,* comme vous avez oÿ *omis dans C1, D* – 17 ch. a ses
sougez *C1, C2,* ch. a son besoing *C3*; qui en ont mestier *omis
dans A, B3, B4, C1, C2, D, F.*

99   *Rub.:* Ci dit li .IIII.ˣˣ et .XIX. chapitre *omis dans A, B3, B4, B5,
D*; pl. grans arbres par les chemins *B3, B4*; grans *omis dans A,
D*; et par les sentiers *omis dans A1, A2, A4, D,* ch. et voyes *A3*;
Des arbres que li Granz Kaans ai fait planter sus les chemins *C*
– 1 Encore sachiez que *omis dans D*; s. a ordené q. *A, B3, B4, C,
D, F* – 2 p. tous les grans chemins o. v. *B5*; m. v. que vont l. m.
A2, A4, D, par ou passent l. m. *A3* – 3 et toute aultre gent *omis
dans A2, A4,* e. t. a. maniere de g. *C3* – 4 a .II. toises et a .III. par
quoi on les voie d. l. *C1, C2,* a deux toises pres l'un de l'autre ou

a trois *C3* – 5 v. s. garnies de G. a. *C1*; p. et ainsi sont les voyes plantees de moult grans arbres qui se voyent *D* – 8 q. l. errans n. *B5*; se *devant* desvoient *omis dans A1, A2*; ne d. j. *omis dans A1, A3, C2, C3, D*; d. n. Et cist arbre sont G. *C1, C2*; assez d. G. a. *omis dans* A – 9 c. es cheminans en desers lieus dont il y a (moult *omis dans C3*) grant plantey *C*; G. reconfort a. m. *B5*; q. cheminent e. *B3, B4*; Car quant on trouve ces arbres en lieux dessers ce est grant confort a tous les cheminans *D* – 10 ch. et ce est par toutes ces voies qu'il besoignent *A1, A2, A4* (v. que l'en a abesoingniez *B3, B4*) – 10-11 Et sachiez que ces arbres sont planté par tous les chemins errans *omis dans A3, A4, B3, C1, C2, D, F*.

100   *Rub. :* Cy devise d. v. q. *A, B3, B4, B5, D*; d. Cay b. *A3*; De la meniere du vin que cil du Catay boivent *C* – 1 g. de la province du C. *A, F*, g. de la contree du C. *C1, C2*, l. G. p. de la province du C. *D, F* – 2 d. c. vivent et b. *B4, B5* – 3 f. u. bruvage d. r. *A3*, f. u. boison d. r. *B3, B4, B5*, f. u. puison d. r. *C1, C2*, f. u. boisson d. r. *C3* – 4 b. e. et li labourent e.t. m. *F* – 5 q. n. a. bruvage c. *A4* – 6 moult *omis dans A1, A2, A4, C devant* cler; moult *omis dans A1, A3, B3, B4, B5, C devant* biau, m. b. et biaus et clers *C1, C2*; fait devenir plus tost yvre *A, B3, B4*; ceulx qui en boivent q. n. f. *omis dans A, B3, B4, B5, C1, C2, D*, e. y. bien tost les gens *C3* – 7 q. n. f. autre vin de vingne *D* – 10 c. d'a. chose *A2, A3*, c. d'autres merveilleuses choses *B3*; maitere *omis dans A1, A4, B4, B5, D* – 9-10 Or vous laisserons a conter de ce et vous conterons d'autre maitere *absent de C*.

101   *Rub.:* Ci dit … chapitre *omis dans C*; Comment ilz se ardent les pierres comme feu (buche *A2*) *A1, A2, A4*; Comment ilz se chauffent et brullent pierres dont se fait feu *A3*; Cy (vous *B4*) devise (dit *B5*) comment ils ardent lez pierres comme busche *B3, B4, B5*, (Ci devise *omis dans C3*) des pierres que on art come busche *C*, Comment ilz ardent les pierrez en guise de bois *D* – 1 il est voirs que *omis dans D*, q. par toute la contree du C. *C*; Cartay *A2* – 2 q. se tirent des m. *A3*, q. se treuvent e. m. *B5*, q. on chieve es m. *C1*, q. on tire es m. *C2* – 3 comme vainne *omis dans C*, m. par vainnes qui ardent c. bos *D* – 4 fait *omis devant* buche *A3, A4*; et ardent celles pierres comme buche *B5*; ne fait la *omis dans C3*, f. q. l. boix *D* – 5 c. b. il maintienent les feu miaus que ne funt les leignes *F*; m. l. f. l. s. et les faites bien aprendre *F* – 6 l. m. bon feu et tellement s. *A3*, l. f. si chault q. s.

b. *C2*; f. et est si bon feu q. *D* – 7 b. q. ou païs *C*; p. n. brulent a.
ch. *A3*, p. n'art on se pou non d'autre buche (d'a. chose *C2*) *C* –
8-10 Et si ont ellez assez buche mais il ont les pierres por moins
et se valent muez *C*, est il voir quil ont leingnes asez *F* – 9 b. a.
dont ilz ne brullent p. *A3* – 9-10 et cousent … busche *omis dans*
C; c. mains et s. *G.* e. de leingnes *F* – 10 ne fait (la buche *D*)
omis dans A, B3, B4, B5, D.

102   *Rub. :* Cy devise … livre *omis dans A, B3, B4, B5, D,* Comment
le Grant Kaan fait repondre *A1, A2, A4*) (mucier *B3, B5,*
repondre et mucier *B4,* respandre D) sez blez, *A1, A2, A4, B3,*
B4, B5, D, C. l. G. C. donne de ses blez pour subvenir a ses gens
A3, pour secourir sez gens *B3, B4, B5;* (ou temps *omis dans B5*)
de karesme *B3, B4, B5,* ou temps de karesme … mestier *omis*
dans D; c'est assavoir a ceulz qui en ont mestier *omis dans B3,*
B4, B5 – 1 Sachiez que *omis dans D;* sceurement *omis dans B3,*
B4, B5; q. l. G. K. se pourvoit de blez q. i. *B5* – 2 de blez *omis*
après habondance *dans B5* – 3 a. grandisme q. *A1, A2, F* – 5 f.
s. bien poursongnier et garder q. *A2, A4,* fait si bien garder q.
B5, f. s. bien essuier *D,* s.b . estudier *F;* q. il ne se gastent por
.III. anz *F* – 6 et entendez *omis dans D;* sceurement *omis dans*
A, B3, B4, B5; d. t. bl. forment, orge, mil, riz (panise *A1, A2, F,*
seigle *A3*) et aultres bles (e. a. grains *D*) A, D, F, d. t. blés forment … blés *omis dans B* – 8 a. (aucune povreté et A2) ch. d'aucun de ses blés A1, q. q. il vient a. ch. *B5*; de blez *omis par D*
après cherté – 9 t. le seigneur assez de ce lieu (dont mestier leur
est *A1, A2*) *A1, A2, A4*; de ce lieu ouquel a esté mis *A3,* l. G. K.
fait tirer de ses blez pour secourir les diseteux *D* – 10 s. l. m. se
vent ou vault u. b. *A3, F* – 11 tant que il aient bon marchié communal *B3, B4*; f. donner assez au marchié commun *D;* mais
chest a chascun q. *D* – 12 meilleur marchié et *omis dans A, B3,*
B4 – 15 q. s. gens n. p. *A1, A2, D,* q. s. peuple *A3;* a. povreté ne
chierté *A2, A4,* a famine *B5,* a. diserte *D;* s. p. ne peut cheoir en
famine ne cherté *A3.*

103   *Rub. :* Le .C. et .III. chapitre *omis dans A; Ci dit … chapitre *omis*
dans D; Cy devise c. l. G. K (sire *B4*) B3, B4, B5; l. G. S. fait
aumosne et charité aux povres gens *A4* – 1 j. v. a. conté (et dit
A1, A3) c. A; j. v. a. dit et parlé du G. bien que le G. K fait a son
peuple ou temps de cherté *B5* – 2 l. G. C. fait grant provision d.
t. ch. *A3* – 3 a. s. p. pour obvier a famine et a cherté *A3* – 4 Or si
vous vueil ore conter comment il f. ch. *A* – 5 G. a. aux povres de

la (tres grande *A2*) cité de Cambaluc *A2, A3, A4*; *D omet de*
Depuis que je vous *jusqu'à* Cambaluc *(l. 1-6)* – 8 e. les povres
souffraiteux *B5;* e. d. tel mesnie sont .VI. en un ostel et de tel
.VIII. et de tel .X. *A1, A2, A4, B3, B4, B5*; en tel .VIII. et en tel
.X. *D*; d. t. m. ou povres sont six *A3* – 9 dix et de tel douze et
mains et pl. *A2* – 10 si comme il sont *omis dans D* – 11 en s. une
grant somme e. u. grant nombre *A2*, s. q. en somme montent
grant nombre de povres *A3*; a *omis devant* chascune *dans B3,
B4* – 12 et a telz pauvres l. f. d. *B5*; an *omis devant* forment *dans
B3, B4* – 12 chascun an *omis dans B5* – 14 fois *omis dans B2* –
15 q. v. chascun pour aller a sa court querir son a. *B5*; en sa court
omis dans A2 -16 s. p. a. tous ceulz qui y vont u. G. p. *B1, B2,
B3, B4*; u. (tres *A2*) G. p. chaut *A1, A2*, u. pain chault *B4;* ilz ont
chascun ung pain chault et y vont tous les jours querir ceste
aumosne pl. d. *B5* – 17 ne nulz n'i est refusé … Seigneur *omis
dans B3, B4* – 19 et sachiez que *omis dans A1, A2, B3, B4, B5*,
et sachiez que … an *omis dans D* – 20 e. est. c. a. ordinairement
durant tout l'an *A3* – 21 s. G. bien de s. *A2, A4* – 22 et il ont a s.
G. b. *A1, A2, B3, B4*; que il l'aiment et doutent et *omis dans A1,
A2, B3, B4, F;* et a ceste cause les povres en aiment le seigneur
si qu'ilz l'aourent c. d. *B5;* Et il le tiennent … dieu *omis dans
A3* – 24 Or vous ay conté et dit de son ordemement (ordonnance
A2, A3) (et charité *A3*), c. de celle belle ordonnance *B5*; de
Cambaluc *omis dans A3* – 26 d. G. ch. et riches q. y s. *B3, B4,
B5* – 26 d. G. ch. et riches *A1, A2*, d. grans richesses et singu-
lieres choses *A3*, d. grans choses et des grans richesses *A4;* Or
avez oy de Cambaluc sy vous diray de Catay et des granz choses
et riches *D*.

Index des noms propres

L'astérisque renvoie aux notes

Glossaire

L'astérisque renvoie aux notes

achater, **95**, 37, *acheter*.

adoubez, **97**, 93, *équipé*.

afaitier, affaitier, **90**, 9, 16, 19, *dresser, éduquer*.

affaire, **94**, rub., *rang, dignité, importance ;* de grant –, *de grand importance*.

aider, – a, **98**, rub., *venir en aide à*.

amie, **81**, 20, *concubine*.

aourer, **79**, 29, *adorer*.

aourner, **88**, 8, *orner*.

apartenir, **95**, 76 ; **96**, rub., *concerner, appartenir ;* il appartient, **96**, 23, *il convient*.

apenser, soi –, **76**, 36, *concevoir, imaginer*.

apertement, **75**, 10 ; **93**, 23 ; **96**, 36 ; **97**, 125, *clairement, explicitement*.

appareil, **77**, 8, *préparatif ;* demeurer en son –, **80**, 6, *rester sur le pied de guerre*.

appareillier, **77**, 23, *rassembler ;* – tout son pooir, **76**, 42, *rassembler ses forces armées* ; **96**, 39, **97**, 20, 35, 61, 63, 67, 69, 82 ; **97**, 92, *préparer, équiper ;* soi –, **77**, 1, *se préparer, s'équiper*.

archiee, **83**, 80, *portée d'un arc*.

ardoir, **94**, 18, *brûler*.

*arquenne, **95**, 4, *arcane, secrets, opération mystérieuse*.

ars *(plur. de* arc*)*, **83**, 11, 18, *arcs*.

assez, **83**, 74, *en abondance*.

*astrenomien, **77**, 24, *astrologue, chaman*.

*asur, **83**, 91, *malachite*.

ataint, **92**, 44, *accusé*.

atourner, **87**, 54, *arranger, disposer*.

atout, **78**, 79 ; **86**, 29, *avec*.

aucun, **93**, 47 ; **94**, 48, *quelque*.

baillie, **80**, 64, *pouvoir*.

baller (bailler), **97**, 67, *remettre en mains propres*.

*baron, **78**, 78 ; **80**, 11, 63 ; **82**, 13, *seigneur, grand personnage représentant Khoubilai*.

batu, a or –, **92**, 61, *tissé de fils d'or*.

beneureuse, **87**, 8, *de bon augure, qui porte chance*.

*besant, **95**, 21, 22, 23, 24 ; **102**, 10 *monnaie d'or de Byzance*.

besoigne, **80**, 10, *voir* besoingne.

besoing, **84**, 48, *nécessité ;* estre – a, **81**, 33 ; **94**, 55 ; **96**, 26 ; **97**, 36, *être nécessaire*.

besoingnable, **92,** 125 ; **95,** 77 ; **96,** 3 ; **97,** 86, *utile, nécessaire.*
besoingne, **97,** 19, *obligation, affaire, tâche ;* avoir –, **87,** 32, *être utile.*
besoingner, – a, **96,** 13 ; **97,** 18, *être nécessaire à, être utile à.*
blez, **98,** rub., 4 ; **102,** rub., 2, 6, 7, *céréales, grains.*
*borgal, **88,** 15, *cuir de cheval tanné.*
borg, bourg, **94,** 4, 5, 6, 7, 18, 22, *quartier extérieur à la cité.*
*braconnier, **77,** 22, *conducteur de chiens braques.*
breteche, **78,** 16, *tour en bois garnie de créneaux.*
*bulargusi, **92,** 37, *gardien (des objets trouvés).*

*campanele, campenele, **97,** 58, 62, 82, 92, *clochette.*
campanne, **84,** 46, *cloche.*
*camut, **88,** 15, *cuir très fin.*
cane, *canne, roseau ;* palés de – **93,** 9, 42, 45, *palais de roseaux.*
*canton, **84,** 36, *coin, angle.*
carquois, **83,** 11, *étui à flèches.*
casal, casau, **97,** 54, 60, 81, 117, *hameau, maison.*
caver, soi – de, **101,** 2, *être extrait de.*
chaiere, **80,** 61, *siège, trône.*
chainture, **88,** 13, *ceinture.*
chambre, **96,** 9 ; **97,** 12, *pièce.*
change, pour – de, **97,** 97, *à la place de.*
changer, soi –, **97,** 71, *se relayer.*
chapellet, **92,** 21, *capuchon d'un oiseau de chasse (terme de fauconnerie).*

charetee, **94,** 43, *quantité transportée sur une charrette.*
chargié, **95,** 10, *plein, qui a en abondance.*
charnelz, **91,** 2, *de même sang.*
chartre, **95,** 15, 24, 28, 47, *feuille de papier monnaie ;* **97,** 66, *lettre, document officiel.*
chaucement, **88,** 15, *chaussures.*
chaut *(subst. masc.),* **93,** 10, 46, *chaleur ; (adj.),* **100,** 8, *fort, capiteux (à propos du vin).*
cheenne, **88,** 41, *chaîne.*
cheoir, **98,** rub., *tomber.*
chevetain, chevetaingne, chevetainne, **82,** 20 ; **85,** 6, 7, *chef, capitaine d'une armée.*
chemin, par –, **95,** 53, *sur les routes.*
cheminer, **94,** 8 ; **99,** 10, cheminans, **ceux** *qui voyagent le long des routes.*
chief, **80,** 58 ; **85,** 24, *tête ;* **85,** 33, *bout, extrémité;* au – de, **81,** 34, *au bout de ;* **86,** 43, – de leur an, *fin de l'année (en février)* ; **77,** 25, venir a – de, *venir à bout de, vaincre.*
chiere, *(adj. fém.),* **94,** 34, *précieuse, de grande valeur.*
chierté, **102,** 8, 15, *pénurie, manque ;* **103,** 3, *disette.*
clamer, **92,** 21, *appeler un oiseau de chasse (terme de fauconnerie).*
coingnier, **94,** 61, *frapper (une monnaie).*
communal *(adj.),* **85,** 40, *commun, qui est à tous.*

communement, **95**, rub., *habi-
tuellement.*

confermer, **96,** 22, *donner son
accord.*

confort, **99**, 9, *aide.*

congneu, **91**, 10, **92**, 34*, reconnu,
identifié.*

congregacion, **86,** 35, *réunion,
assemblée.*

contenance, **80,** 69, *conduite,
façon d'être.*

content, estre –,75, 12*, être satisfait*; **94**, 66, se tenir pour –,
être satisfait.

contraire, faire grant –, **84**, 19,
causer de grands ennuis.

contralier, **79**, 27*, se moquer.*

contre, – l'autre, **84**, 41, *dans
l'axe de l'autre.*

contree, **77**, 15; **87**, 12, *région,
pays, territoire.*

cornon, **83,** 72, *angle, coin.*

cors, au grant –, **97**, 95, *au grand
galop, à grande vitesse* (voir
cours).

coulombe, **92,** 96, *pilier.*

courans, **97**, 89, *rapide.*

coureeur, coureur, **96**, 38; **97**,
rubr., *éclaireur.*

cours, a grant –, **97**, 60, *à grande
vitesse;* aler le –, **97**, 90, *galo-
per.*

court, tenir –, **97**, rub., *réunir ses
seigneurs, tenir sa cour.*

couverture, **83**, 46*, toiture.*

creance, faire la – de, **85,** 55, *goû-
ter, tester (des mets).*

crut, **79**, 30, *voir* croistre.

croistre, **79**, 30*, se propager;* **80**,
25, *développer, augmenter.*

*cunicy, **91**, 3, *maître des chiens,
coureur rapide.*

damoiselle, **81,** 14, suivante; **81,**
32, *jeune fille vierge.*

deduit, **92,** 137, *plaisir.*

deffaute, – de temps, **98**, 4, *intem-
périe.*

deffendre, **76**, 10, *s'opposer*; **95**,
29, *interdire.*

*delier, **83**, 3; **93**, 19, 36,
décembre.

delit, **93**, 47, *plaisir procuré par
les joies de la chasse et par
celles de l'amour.*

demeurer, **93**, 3, 10; **94**, 7, 26; **95**,
62; **96**, 7, 11, 30, *rester, habiter, séjourner;* **97**, 42, *attendre, rester sur place.*

departir, soi – de, **93**, 6, *quitter.*

deputer, **96**, 14, *assigner, délé-
guer.*

derechef, **79**, 13, *à leur tour.*

derrain, au –, **78**, 70, *à la fin, en
fin de compte.*

deschevauchier, **97**, 107, *faire
descendre de cheval.*

desconfit, **78**, 73; **80**, 5, *vaincu
complètement, mis en
déroute.*

desdire, **95**, 79, *contredire.*

desers, **99**, 9, *non planté (d'arbres).*

deservir, **79**, 39; **80**, 23, 29, *méri-
ter.*

desmesure, a –, **77**, 43, *d'une
manière excessive.*

desore, **84**, 58, *maintenant,
désormais.*

despense, **97**, 112, *frais,
dépenses.*

desvoiable, **97**, 28, 121, *imprati-
cable, inaccessible.*

194 GLOSSAIRE

desvoier, soi –, **99**, 7, *se tromper de chemin, s'égarer.*
devise, **103**, 2, *partage, distribution.*
deviser, **75**, rub., **94**, 62; **95**, 74; **103**, 1, *raconter, décrire.*
dignité, **92**, 109, *objet digne d'admiration.*
dommage, **98**, 4, 6, 12, 14, *dommage, perte, préjudice.*
doubtance, **85**, 4, *crainte, peur.*
doubter, **103**, 23, *redouter, craindre.*
doute, **80**, 7, *peur.*
douter, **77**, 2, *craindre.*
douteuse, **78**, 62, *redoutable.*
drap, **92**, 61, *étoffe.*
droit *(subst.)*, **76**, 12, *droit, justice; (adj.),* **81**, 8, *officielle, légitime (à propos d'une épouse).*
droiture, **77**, 3; **79**, 37, *droit, justice;* faire de –, *agir selon le droit.*
durer, **83**, 6, *s'étendre, mesurer;* **97**, 102, *supporter, tenir.*

embleez, **92**, 115, *embarrassé, empêché.*
encensier, **87**, 56, *encensoir.*
encontre, **85**, 20, *du côté de, en direction de.*
encore, et –, **95**, 41; et – plus **96**, 15, *en outre, en plus.*
encuiries, **92**, 96, *recouvertes de cuir.*
endementieres que, **89**, 1, *pendant que.*
endementres que, **78**, 29, *lorsque, au moment où.*

*ensolez, haut –, **83**, 44, *élevé, qui a un étage.*
entaillier, **80**, 40, *incruster;* **92**, 109, *couper, tailler.*
entendement, venir a son –, **76**, 50, *réaliser ses projets.*
erraument, **78**, 48, 76, *aussitôt, sur-le-champ.*
errans, chemins –, **99**, 11, *grands chemins, routes.*
esbahi, **77**, 4, 37, *qui reste bouche bée, stupéfait.*
eschiele, **78**, 29, 37, *troupe rangée, escadron.*
*escollié, **81**, 15, *eunuque.*
escrin, **87**, 26, *coffre.*
*escrivain, **96**, 10, 12, *secrétaire, greffier.*
esleu, **95**, 44; **96**, 1, 20, *choisi, désigné.*
eslire, **96**, 18, *choisir;* **103**, 7, *désigner.*
espandre, **93**, 13, *répandre.*
espie, **77**, 35, *observateur, guetteur.*
esprouver, soi –, **82**, 11, *faire ses preuves.*
essoingne, **97**, 106, *obstacle, accident.*
establissement, **96**, 5, *organisation, coutumes.*
establir, **97**, 19, 113, *décider.*
estrange, **77**, 15; **85**, 37 *étranger;* **85**, 37; **94**, 35; **97**, 78, *surprenant, rare.*
estuier, **102**, 5, *garder, tenir en réserve.*

façon, **81**, rub., *portrait;* **83**, 4, *apparence (d'un palais).*

faille, sanz –, **78**, 62, *sans aucun doute, à coup sûr.*

faire, **95**, 79, *agir.*

*fascier, **85**, 57, *bander, envelopper de linges.*

feel, **85**, 4, *fidèle.*

felonnesse, **78**, 59, *cruelle, terrible, acharnée.*

felonnessement, **78**, 51, *cruellement.*

fiance, faire la – a, **79**, 13, *faire allégeance à.*

fier, **90**, 11, *sauvage, féroce.*

fin, **95**, 38, *pur, précieux (à propos de l'or).*

finer, **92**, 133, *cesser.*

flun, **83**, 76; **84**, 22, *rivière.*

force, par force, **83**, 80, *artificiellement;* faire – de, **94**, 49, *tenir compte de, recourir à.*

*forestier *(subst.)*, **94**, 8, 28, *étranger.*

forni, fourni (de), **97**, 14, 44, 62, 118, *équipé, pourvu (de).*

forment, **102**, 6, *blé.*

frain, **83**, 20, *mors (d'un cheval).*

frés, **93**, 11, *frais;* **97**, 89, *reposé (en parlant de chevaux).*

fust, **92**, 96, *bois;* **95**, 12, *tronc.*

gaaingnier, **94**, 31, *gagner de l'argent, faire un gain.*

garder, – a, **98**, 11, *prendre soin de.*

garnie, **97**, 23, *équipée d'armes.*

gas, faire – de, **79**, 25, *se moquer de.*

gaster, **95**, 64, *abîmer.*

generation, **79**, 21; **81**, 21, 24; **82**, 22; **86**, 35, *peuple, race;* **83**, 50, *espèce (en parlant de choses).*

gens, gent, genz, **75**, rub., 5; **97**, 126; **98**, rub.; **99**, 3; **102**, rub., *les sujets;* grant –, **76**, 46; poi de –, **77**, 11, *combattants à pied, fantassins par opposition aux chevaliers.*

*gerfaut, gierfaut, **80**, 62, **92**, 7, 16, *sorte de faucon au plumage clair, gerfaut.*

gesir, – avec, **81**, 17, *coucher avec.*

grandesce, **81**, 3, 4, *taille;* **84**, 54, *grandeur, gloire.*

grant *(adj.)*, **97**, 32, *long (en parlant d'une étape); (subst.),* estre en – de, **76**, 43, *être désireux de.*

griés, **96**, 15, *grave, important.*

*gros,. – venicien, **95**, 18, 19, 20, *monnaie utilisée dans les colonies vénitiennes.*

hanap, **85**, 51, *coupe à boire.*

harnois, **83**, 21; **87**, 28; **97**, 45, *armement, équipement.*

hautesce, **85**, 5, **97**, 40, *grandeur, gloire.*

herberge, **84**, 4; **97**, 29, *logis, auberge.*

herberger, **94**, 7; **97**, 12, 15, *se loger, habiter.*

hoir, **76**, 13, *héritier.*

hom, **76**, 32, *vassal.*

*iamb, **97**, 9, *relais pour les chevaux de poste (mot mongol).*

*idle, **94**, 17, *idolâtre, pour désigner un adepte du lamaïsme
ou du bouddhisme tibétain.*
issir, **76**, 3, *descendre (à propos
de lignage).*

jerfaut, **97**, 103 *(voir* gerfau*t).*
journee, **77**, 29; **78**, 11; **97**, 32,
73, *étape, déplacement fait en
un jour.*
jouvent, **76**, 30, *jeunesse.*
justice, maintenir une terre en –,
75, rub. 5, *tenir un territoire
dans sa juridiction, régir une
terre.*

karesme,   **102**,   rub.,   *disette,
famine.*

labeurer, soi –, **94**, 44, *être travaillé, brodé (en parlant de
tissus).*
labouré, – de, **88**, 16, *travaillé,
fabriqué avec.*
largement, **95**, 46, 59, *abondam-
ment.*
lierre, **92**, 44, *voleur.*
*lion, lyon, **90**, 6, *tigre.*
loins *(adj.),* **94**, 19, *écarté, éloigné; (adv.),* **99**, 6, *au loin.*
loy, **94**, 19, *religion, culte.*

mace, **78**, 50, *masse.*
maintenant, **79**, 3; **95**, 32; **97**, 62,
93, *sur-le-champ, aussitôt;*
maintenant que, **78**, 40, *dès
que.*
maistre *(adj.),* **99**, 2, *principal, le
plus important;* **83**, 1; **92**, 1,
93, 2, 16, 27, 34, 43, la – cité,

*capitale (en parlant d'une
cité).*
maistre *(subst.),* **83**, 72, *nord-
ouest. D'abord nom d'un vent
puissant (latin* magistrale),
*puis indication de direction.
C'est le* maestro *de la naviga-
tion en Méditerranée.*
maitiere, **100**, 10, *sujet.*
*marchandise, marcheandise, **94**,
57, *commerce, négoce;* **95**,
36, *marchandises, produits.*
marchié, **102**, 3, a grant –, *à bon
compte, à bon prix;* **103**, 4,
grant –, *prix avantageux.*
meller, soi – de, **95**, 77, *s'occuper
de.*
mendre, **83**, 26; **85**, 41, *plus
petite.*
merveille, **75**, 2; **78**, 52; **80**, 28;
83, 54, *prodige.*
mesnie, **103**, 7, 8, 12, *famille,
habitants d'une maison.*
message, **76**, 48, *message;* **80**,
65; **96**, 38; **97**, rub., 11, 20,
27; **98**, 2; **99**, 3, *messager.*
messageries, faire –, **97**, 56, *être
messager.*
mestier, avoir – de, **92**, 24, 28; **98**,
17; **102**, rub., 18, *avoir
besoin;* estre – a, **95**, 50, *être
nécessaire à.*
mil, **102**, 7, *millet.*

*nacaire,   **78**,   39,   *tambourin,
grosse timbale.*

*paile, **80**, 58, *dais.*
panise, **102**, 7, *plante céréalière,
variété de millet.*

penne, **92,** 103, 107, 108, *fourrure.*

poeste, **97,** 96, *voir* poste.

poison, **100,** 3, *boisson.*

ponent, **92,** 89, *le couchant, l'ouest.*

pooir, pouoir *(subst.),* **76,** 30, 42, *forces armées, pouvoir;* faire son –, **76,** 45, *faire tout son possible;* de son –, **86,** 27, *selon sa capacité.*

portrait, pourtrait, **80,** 53; **83,** 48, *peint.*

*poste *(subst. fém.),** **97,** 9, 10, 16, 23, 30, 52, 118, 119, 121, 124, *relais de poste.*

pourfitable, **96,** 21, *utile.*

pourpris, **83,** 14, 34, *enceinte, enclos.*

pourveoir, **96,** 25, *prévoir, aviser;* soi –, **102,** 1, 14, *s'approvisionner.*

*primeveille, **92,** 129, *printemps (italianisme).**

priser, **95,** 45; **97,** 100, *estimer.*

privilege, **80,** 48, 55, *document officiel (émanant de Khoubilai) donnant un droit ou une autorisation.*

proprement, **97,** 43, *spécialement.*

proudome, – d'armes, **76,** 22, *efficace, courageux au combat.*

province, **76,** 28, *contrée;* **79,** 15, *région (inféodée à Naian);* **82,** 15; **87,** 11, *région (inféodée au Grand Khan).*

pucelle, **81,** 23, *jeune fille vierge.*

qarniaus, **84,** 32 *créneaux.*

quarré *(adj.),* **83,** 5; **84,** 26, *qui a une forme carrée.*

quarre, **84,** 26, *côté d'un carré.*

quarreüre, quarrure, **83,** 5, 39; **84,** 35, *côté.*

quartier, **83,** 9, 13, *coin, angle.*

*quesitan, **88,** 2, *garde impérial.**

que…que, **78,** 66, 67; **84,** 27; **94,** 37, *aussi bien... que.*

raison, **95,** 4, *raison;* **75,** 14, la – comment, *pourquoi.*

ramentevoir, **97,** 50, *rappeler.*

reclaim, **92,** 21, *sifflet pour rappeler les oiseaux de chasse (terme de fauconnerie).*

recreu *(p. p. de* recroire), **97,** 105, *fatigué, épuisé.*

regne, **87,** 12, *royaume, seigneurie.*

remander, **76,** 50, *envoyer un message en réponse.*

remest *(prés. 3 de* remaindre), **82,** 6, *il reste.*

repondre, **102,** rub., *mettre à l'abri, conserver.*

rese, **83,** 77, *filet de pêche.*

retenu, **78,** 77, *retenu prisonnier.*

reveler, soi –, **84,** 19, *se rebeller;* revelez, **76,** 40; **97,** 85, *rebelle.*

riche, **96,** 8; **97,** 11, 13, 45, *superbe;* **97,** 15, *puissant.*

sage, **82,** 10; **95,** 44, *avisé, expérimenté.*

saiete, **78,** 53, *flèche.*

saintuaire, **86,** 13, *ceinture.*

sauf, saus, sauve **94,** 13, *excepté;* – ce que, **97,** 31; – que, **94,** 13; **97,** 120, *excepté que, sauf que.*

sceue, a la – de, **96**, 27, *à la connaissance de.*

sceurement, **102**, 6, *assurément.*

seant, **81**, 7, *proportionné, harmonieux, convenable (à propos d'un nez).*

*sebelin, **92**, 103, 105, *fourrure de zibeline.*

*seique, **94**, 60; **95**, 2, 58, 65, *lieu d'émission et de frappe des monnaies, Hôtel de la Monnaie.*

seignourie, **76**, rub., 6, 36; **80**, 34, 36, 41; **95**, 31; **96**, 18, 23, 24, *pouvoir, domination*; estre de la – de, **79**, 16, *relever de la juridiction de.*

seingnourie, **102**, 16, *voir seignourie.*

sens, **76**, 8; **77**, 4, *intelligence, jugement.*

sercot, **92**, 105, *surcot.*

*servierres, lous –, **90**, 4, *espèce de lynx,* dit *loup–cervier.*

seurcuidance, **80**, 13, *orgueil, ambition.*

seurement, **78**, 3, *sereinement, calmement.*

si comme, **76**, 13, *étant donné que.*

siege, **76**, 20, entrer en son –, *monter sur le trône*

sollempnité, **93**, 31, *cérémonie publique et solennelle, fête.*

sonner, **78**, 36, 40, *jouer d'un instrument.*

soubgis, **87**, 5, *sujets.*

souffraiteux, **103**, 8, *nécessiteux, misérable.*

souffreite, **98**, rub., *manque, disette.*

souffrir, **78**, 75, *patienter, attendre.*

soulacier, **87**, 66, *divertir;* soi –, **77**, 42, 75, *prendre du plaisir (en amour).*

soulager, **93**, 48, *prendre du plaisir, se distraire.*

soulas, a grant –, **80**, 3, *en s'adonnant au plaisir*; **83**, 104; **85**, 77; **93**, 5, *plaisir, divertissement;* mener grant –, **93**, 5, 30, *prendre grand plaisir avec, s'amuser avec.*

soulaz, **85**, 77, *voir* soulas.

sousmis *(p. p. de* sousmettre*)*, **96**, 2, *qui a reçu l'ordre de.*

souspost, **87**, 3, *assujetti, soumis.*

soustenir, **98**, 16, *soutenir, protéger.*

*soute, de –, **84**, 28, *dessous, en bas.*

soutil, **95**, 11, 13, *fin, mince.*

soutiller, **84**, 30, *devenir plus fin, aller en diminuant.*

soutilment, **83**, 59; **88**, 16, *finement, délicatement.*

*strainz, **96**, 29, *ministre (mot d'origine chinoise).*

sus, **93**, 37, *près de.*

*table, – des commandemens, **80**, 33, *tablette de commandement.*

tant comme, **97**, 90, *autant que.*

tantost que, **97**, 65, *aussitôt que.*

tenir, soi – pour content, **94**, 66, *être satisfait.*

terre, **75**, rub., *territoire où s'exerce un pouvoir, une juridiction.*

tolir, **76,** 36, *enlever, prendre.*
tost, **77**, 14, *vite.*
*tonesel, **95**, 17, *denier tournois.*
tonsel, **95**, 16, *voir* tonesel.
*toscaor, **92**, 18, *gardien, sentinelle.*
touaillon, **85,** 58, *serviette.*
traire, du cheval –, **97**, 91 ; **102**, 9, *aller à cheval.*
tramontane, **83**, 79; **85**, 19, *nord.*
trepeteur, **85,** 75, *danseur, sauteur.*
trés, **83**, 57, *traverses, poutres.*
tresor, **75**, 8, *richesse.*
treu, **97**, 79 ; **98**, 14, *tribut, taxe.*
treuage, **98**, 7, *tribu, taxe, impôt.*

une, **86,** 21, *une seule et même.*
usance, **78**, 34, *usage, coutume.*

vaillance, **85,** 44; **87**, 60 ; **94**, 34 ; **97**, 46, *valeur.*
vaillant, – d'armes, **82**, 13, *valeureux, courageux.*
vainne, **101**, 3, *filon, veine de charbon.*

*vair, **83,** 67, *cheval tacheté*
vaisselemente, **80,** 24; **87,** 27; **95**, 68, *argenterie, vaisselle précieuse.*
valoir, **101**, 9, avoir de la valeur ; – a dire, **75**, 4, *vouloir dire, signifier.*
valour, **76,** 9, *qualités, valeur.*
vasselage, **76,** 11, *vaillance.*
veoir, **94,** 31, *voir, comprendre.*
vergié, **90,** 8, *rayé.*
*vernigal, **85,** 45, 47, 49, 50, *coupe de luxe, sans anse et vernissée.*
viande, viandes, **85,** 56, 59, 67, *nourriture.*
vis, **85,** 20, *visage.*
vistement, **77,** 2, *rapidement, vite.*
vivre *(inf. subst.)*, **102**, 13, *subsistance.*
voir *(adj.)*, **75,** 11, *vrai, véridique.*

*ydolastre, **86,** 33, *païen, bouddhiste.*

Planche I: Ms. *A4*, fol. 145. Portrait du Khan

Planche II: Ms. *C3*, fol. 15. La famille Polo aux pieds du Khan
(cliché Bibliothèque nationale de France, Paris).

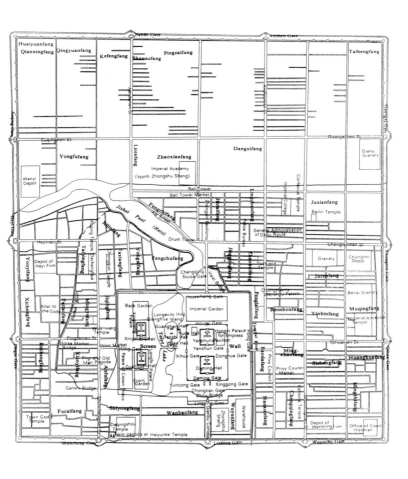

Planche III: Plan de Dadu, capitale du Khan.

Planche IV: Musée de Taipei. Chabi, épouse préférée de Khoubilai.

205

Planche V: Ms. *A2*, fol. 36. Les quatre femmes du Khan
(cliché Bibliothèque nationale de France, Paris).

Planche VI: Ms. *B1*, fol. 86. Repas du Khan
(cliché British Library, Londres).

Planche VII: Ms. *B2*, fol. 239. Anniversaire du Khan
(cliché Bodleian Library, Oxford).

Planche VIII: Ms. *A2*, fol. 39. Repas du Khan
(cliché Bibliothèque nationale de France, Paris).

Planche IX: Ms. *A4*, fol. 140. Sélection de concubines par le Khan.

210

Planche X: Musée de Taipei. Chasse du Khan.

211

Planche XI: Ms. *A2*, fol. 31 v°. Le Khan à la chasse
(cliché Bibliothèque nationale de France, Paris).

212

Planche XII: Ms. *A2*, fol. 42 v°. Déplacement du Khan à dos d'éléphant
(cliché Bibliothèque nationale de France, Paris).

Planche XIII: Vue de la Grande Muraille (section de Badaling près de Beijing), sans doute du temps des Ming.

Planche XIV: Tour d'angle de l'enceinte de Pékin (époque Ming et Qing), photographiée en 1933.

Table des Matières

Mise en pages:
Atelier Perrin – CH-2014 Bôle

Impression :

Imprimerie Paillart
F-80103 Abbeville

Mai 2004